Ilija Trojanow und Susann Urban

durch Welt

Meditationen

Spaziergänge

Entbehrungen

Verwandlungen

Ilija Trojanow. Fußwärts

Auch wer hinkt, geht noch.
Stanisław Jerzy Lec

1.

Mit dem Gehen ist es wie mit dem Schreiben, fast jeder kann es. Und trotzdem ist es eine Kunst, eine Lebensform, eine Haltung. Viele gehen durch den Wald, durch die Welt, gehen zur Arbeit, zum Wirtshaus, gehen samstags einkaufen, sonntags spazieren. Viele sind zu Fuß unterwegs. Bewegen sich von irgendwo nach irgendwo. Aber sind sie deswegen Geher? Man muss Henry David Thoreau nicht zustimmen – *Im Laufe meines Lebens habe ich nur ein oder zwei Menschen kennengelernt, die die Kunst des Gehens, will sagen die Kunst des Spazierens beherrschten …* – um den Unterschied zu erkennen zwischen jenen, die Gehen als reine Notwendigkeit, wenn nicht gar Plackerei erachten, und jenen, die Sinn und Gefallen daraus schöpfen, Freude, Ekstase, Euphorie. Wer das Gehen einmal entdeckt hat, spürt das Bedürfnis, sich seiner Existenz immer wieder in Bewegung zu vergewissern. Der Aufbruch ist sein täglicher Ausbruch. Eine lebensnotwendige Dosis. *Wenn ich nicht schnell und weit gehen könnte, würde ich explodieren und sterben* (Charles Dickens). Wie eine Droge, nach der man süchtig ist. Manch ein obsessiver Geher wie etwa der englische Schriftsteller Will Self, der mit Spaziergängen von zehn Meilen begann und inzwischen 100-Meilen-Touren bewältigt, war früher ein Junkie. Wer einmal das Versprechen seiner Schritte erkundet hat, der hat eine neue Einstellung zur Entfernung. Hölderlin legte beachtliche Strecken zu Fuß zurück, an manchen Tagen bis zu fünfzig Kilometern. Beim Wandern fühlte er sich so wohl wie sonst nie. Was andere als Gewaltmärsche betrachten würden, waren für ihn heilende Aus-Flüge. Dorothy Wordsworth ging schon in jungen Jahren in Keswick im Lake District regelmäßig an die dreißig Meilen am Tag. Oft zusammen mit ihrem Bruder William, der in seinem Leben laut den Schätzungen seines Freundes Thomas De Quincey an die 175 000–180 000 Meilen gelaufen sein soll. *Die Straße der Exzesse führt zum Palast der Weisheit.* (William Blake)

Wenn es stimmen sollte, was der prototypische deutsche Geher Johann Gottfried Seume einst schrieb – *Ich halte den Gang für das Ehrenvollste und das Selbständigste in dem Mann und bin der Meinung, dass alles besser gehen würde, wenn man mehr ginge* –, wieso sind wir meistens lahm und faul? Seume kannte schon vor zweihundert Jahren die visionäre Antwort: *Wer zu viel in dem Wagen sitzt, mit dem kann es nicht ordentlich gehen.* Der gemeine Deutsche fährt laut einer Studie der ARD in seinem Leben 820 000 Kilometer mit dem Auto und geht läppische oder erstaunliche (je nach Standpunkt) 25 000 Kilometer zu Fuß. In der Einführung zu seinem meisterhaften Bericht über das Entdecken der Wüste, »Desert Solitaire«, fordert Edward Abbey die Leser auf, auszusteigen: *Vom Auto aus kannst du nichts sehen; du musst diese verdammte Vorrichtung verlassen und zu Fuß losgehen, besser noch, loskriechen, auf Händen und Knien, über den Sandstein, durch Dornengebüsch und Kakteen. Erst wenn Blut deine Spur markiert, wirst du eventuell etwas sehen.* Nur wer sich der Landschaft physisch aussetzt, kann sie erfahren.

Wer glaubt, man sieht mit den Augen allein, irrt. Wer ausschreitet, der lernt mit dem ganzen Körper zu sehen. Durst schärft den Blick. Wer den eisigen Wind spürt, weiß mehr vom Horizont. Sich aussetzen ist vor allem eine kognitive Übung. *Zu Fuß kann man besser schauen* (Paul Klee), derart präzise schauen, dass man das Erblickte zeichnen könnte.

Nichts entgeht der eigenen Aufmerksamkeit; jeder Stein, jede Pflanze wird zu einem Gesprächsangebot. Wald wird zu einzelnen Bäumen, Savanne zu einzelnen Blättern, Wüste zu einzelnen Felsen. Oder in den Worten von Werner Herzog: *Nur wer geht, sieht die Mäuse.*

Gehen ist eine Bewegung des potentiellen Innehaltens, stets und überall können wir stehenbleiben. Schon Poseidippos wusste, dass die Zeit auf Zehenspitzen läuft, unablässig läuft. Im Gehen laufen wir den Gelegenheiten nicht davon. Geschwindigkeit ist ein Reißwolf, der unsere Träume zerfetzt. Der Geher sieht die Zeit mit anderen Augen. Bewegung verliert ihre Flüchtigkeit, gehend graben wir uns tiefer und intensiver in die Welt hinein, verweilen, anstatt auf der Oberfläche dahinzugleiten, bleiben verwundbar, auf uns allein gestellt. Der Augenblick ist das Ziel. Aus Mühsal entsteht Freiheit.

2.

Laufen ist keineswegs die effizienteste menschliche Fortbewegungsform. Unabhängig davon, wie man läuft, ob auf den Ballen oder den Fersen, Gehen ist energetisch effizienter. Das unterscheidet uns von der Tierwelt. Antilopen können besser hüpfen, Pferde besser galoppieren, wir aber sind von Natur aus Geher, und wenn wir es eilig haben, können wir durchaus beachtlich schnell gehen. Beim Gehen werden erstaunliche sechshundert Muskeln und hundert Gelenke verwendet. Was uns banal erscheint (*Geh doch mal ne Milch holen*), besteht aus einem komplexen Zusammenspiel von Bewegungen der Gelenke, einer selektiv gesteuerten Aktivität der Muskeln und einer Positionswahrnehmung, die es dem Menschen ermöglicht, sich mit einer bestimmten Geschwindigkeit in eine von ihm gewählte Richtung zu bewegen. Ein kleines Wunder mit anderen Worten.

Kein Wunder hingegen, dass die Schuhindustrie sich dieser Komplexität angenommen hat, um für jeden Fuß und jeden Anlass das richtige Gehwerk zu offerieren. Erfahrene Geher misstrauen der neuesten Wanderschuhtechnik. Die oberste Regel des Gehens ist die Leichtfüßigkeit. Lieber einige Tage Schmerzen und Blasen ertragen, als einen Klotz am Bein haben, der die sensiblen Füße zwar schützt, aber das Gehen an den Boden fesselt. Denn der Körper, das spüren Geher mit jedem Schritt, ist nicht nur Fortbewegungsmittel, sondern auch Last. Da ist jedes Kilo zu viel. *Anfänger schreiben von Problemen mit den Stiefeln, sie dürfen nicht drücken, sie sind noch zu neu. Ich versuchte es mit etwas Schaumstoff, und bei jeder Bewegung bin ich vorsichtig wie ein Tier und habe, glaube ich, auch die Gedanken von Tieren* (Werner Herzog). Später, mit Blasen an beiden Fersen, Blasen auf beiden Zehenballen, spürt Herzog nur noch Schmerzen und Entrückung … *ich ging dort hin, auf Füßen, die so müde wären, dass ich keine Besinnung mehr hatte.*

Alle Geher erleben einen Leidensweg, ob sie mit (falschem) Schuhwerk oder barfuß laufen: Schmerz, Durst, Erschöpfung. Dem Wetter (fast) schutzlos ausgesetzt, stapfen sie durch die Jahresläufte, bei Kälte, bei Hitze. Beim Ausloten der eigenen Körpergrenzen nähern sie sich der Natur, dem Leben.

Gehen ist eine Reise aus der Welt, die wir geschaffen haben, in die Welt, die uns geschaffen hat.

3.

Doch möglicherweise kommt der Tag, da das Wandeln auf Gottes Erde gleichbedeutend sein wird mit dem unbefugten Betreten des Grundbesitzes irgendeines Herrn.

Henry David Thoreau

Fußnahme ist das Gegenteil von Landnahme. Pfade sind die eingeschriebene Gewohnheit der Landschaft. Zäune sind die Usurpationen des Eigentums. Vermessungen, Besetzungen. Der elektrische Zaun zwischen Wildnis und Zivilisation durchzieht jeden Geher. Versperrt ihm den Weg. Die feudale, aristokratische Inbesitznahme des Landes musste in langen, schwierigen Gefechten, die bis in unsere Tage fortdauern, zurückgewiesen werden. »Betreten verboten!« gehört zu den hässlichsten Ordnungssätzen der Zivilisation. In England erkämpften sich die Geher das Wegerecht durch Wälder und Felder (*right of way*). Auf der Insel existiert heute ein weitreichendes öffentliches Wegerecht, in Deutschland hingegen nur eine als »Betretungsrecht« deklarierte Einschränkung des Eigentumsrechts. In den skandinavischen Ländern hat Jedermann/Jedefrau allgemeine Zugangsrechte, ein Gewohnheitsrecht namens Allemansrätten.

Nicht nur das private Einsperren der Landschaft reizt den Geher. Ebenso Kommerzialisierung und Gentrifizierung. Ian Sinclair, ein von Surrealisten und Situationisten beeinflusster, entschiedener Verfechter des Gehens als Daseinsform und Erkenntnisweg hat in seinem erstaunlichen Bericht »London Orbital« eine Odyssee entlang der Ringautobahn um London, der M25, beschrieben. Seine Vor-gehens-weise bestand darin, sich – begleitet von Mitverschwörern – jenem Teil der Stadt auszusetzen, in dem der Mensch als Fußwesen nicht mehr vorgesehen ist. Der bewusste Anachronismus des Projekts, jeder Schritt gegen den vorausahnenden Sekundenzeiger gesetzt, erscheint als verzweifelter, wenn nicht gar wahnwitziger Versuch, die von Sinclair immer wieder beklagte Zerstörung unserer Lebensräume zu benennen, zu beschwören, zu bekämpfen. Der Flaneur, von Shopping Malls und Highways erschlagen, wird bei Sinclair als *fugueur* wiedergeboren, als postmoderner Don Quixote: *Wenn man bereit ist, klassische Verhaltensmuster über Bord zu werfen, und ohne Ziel drauflos marschiert, dabei neugierig die hässlichsten und profansten Ecken unter die Lupe nimmt, kommt man zum Schluss, dass es in unseren Städten und Landstrichen von Hintersinnigkeiten, optischen Spielereien und zufälligen Widersprüchlichkeiten nur so wimmelt.*

4.

Gehen als kulturspezifisches Phänomen, als ideale Form der Fortbewegung, entwickelt sich erst mit dem Aufkommen der Massenverkehrsmittel gegen Ende des 18. Jahrhunderts. Davor gab es die längste Menschheitszeit keine Alternative zum Gehen für den allergrößten Teil der Bevölkerung. Buddha, Jesus und Mohammed waren Geher. Auch Plato, Virgil und Horaz (die antiken Denker genossen es, im Gehen zu diskutieren, aber sie gingen nie auf Wanderschaft). Der Pfad war von Anfang an das Gegenteil der Furche, Homo faber beäugt seit je misstrauisch die Schritte und Sprünge von Homo ludens. Der erste große Denker des idealisierten Gehens war Jean-Jacques Rousseau, der auf seinen ausgedehnten Wanderschaften versuchte, dem kontaminierenden Einfluss der Zivilisation zu entkommen, in die Reinheit der Natur zu gelangen, völlig er selbst zu sein, sein eigener Herr, ohne Ablenkung oder Hinderung.

Was er in den *Bekenntnissen* sowie *Träumereien eines einsamen Spaziergängers* beschreibt, zeugt von dem Drang, einer traumatischen Vergangenheit und unerträglichen Gegenwart zu ent-gehen. Die *Träumereien* sind wohl das erste Buch, das Gehen zugleich als formprägenden Einfluss aufnimmt, denn die assoziativ mäandernden Kapitel sind angelegt wie tägliche Spaziergänge. Rousseau fand viele Nachahmer. Der gesellschaftskritische Publizist und Pädagoge Johann Michael Afsprung wanderte 1782 durch die Schweiz und schrieb einen radikaldemokratischen Reisebericht, Johann Kaspar Riesbecks *Briefe eines Reisenden Franzosen* erschienen 1783, er reiste zu Fuß, darauf folgten Poeten wie Christoph Meiners, 1784, Gerhard Anton von Halem, 1790, Johann Gottfried Ebel, 1792, Friedrich Leopold von Stolberg, 1794, Johann Wolfgang von Goethe, 1779 und 1797. Der Reisebericht wandelte sich vom politischen zum literarischen Medium, verdichtete die Fußreise zum Topos: so 1797 in *Der gestiefelte Kater* von Ludwig Tieck, 1809 in den *Wahlverwandtschaften* Goethes, 1826 im *Taugenichts* von Eichendorff, 1835 im *Lumpazivagabundus* Johann Nestroys und nicht zuletzt in den Müllerliedern Schuberts. Bei den Romantikern wurde das Gehen zu einem symbolischen Akt der freien Weltaneignung. Verherrlicht wurde nicht nur das Gehen, sondern auch alle mit dem Gehen assoziierten Berufe, in Gedichten und Liedern, oft aus der Warte des Sonntagsgehers. Johann Gottfried Seumes *Spaziergang nach Syrakus* von 1802 wird gerne als Höhepunkt jener Zeit gesehen und ist doch eigentlich ein Kontrapunkt. Seume ist Realist, kein Romantiker, empfindsam, doch nicht schwärmerisch.

Ein Jahrhundert später hatten sich Motivation und Aspiration entscheidend verändert. Die erste Krise des industrialisierten Kapitalismus trieb die Menschen, nunmehr aus ökonomischem Druck, auf die Straße. Die Moderne definierte den

Geher, einst Philosoph und Revolutionär, als Vagabunden und Visionär. 1927 strichen 70 000 Menschen durch die deutschen Lande, sechs Jahre später war es knapp eine halbe Million. Das Unbehauste dieser Grenzgänger, materiellem Leid geschuldet, war zugleich symptomatischer Zustand sowie abenteuerliche Lockung, wie die damals enorme Popularität der Bücher von Jack London, B. Traven sowie der Filme von Charlie Chaplin bekundet. Wer nur seinen Füßen vertraute, galt als melancholischer Verlierer und rebellischer Kämpfer zugleich, er wurde zum gefeierten Volkshelden. Das Klopfen des Wanderstabs auf staubiger Landstraße, *off-beat* des erschütterten bürgerlichen Selbstwertgefühls, war zugleich Ikone der Hoffnung und des Widerstands.

Gustav Brügel, Landstreicher und Schriftsteller aus Balingen bei Stuttgart, gab 1927 die erste Zeitschrift der Vagabunden, den *Kunden*, heraus; Gregor Gog übernahm nach der ersten Nummer und gründete die Bruderschaft der Vagabunden. Pfarrer, Dichter, Anarchisten, Maler, Träumer und Wanderprediger, Jugendbewegte und Asoziale gingen auf die Landstraße, im Kontakt mit den Berliner Anarcho-Syndikalisten und der Gilde freiheitlicher Bücherfreunde. 1928 fand der erste öffentliche Vagabundenabend in Stuttgart statt, weitere folgten in Berlin, Mannheim, Hamburg, Dortmund. Pfingsten 1929 trafen sich in Stuttgart sechshundert Vaganten aus Deutschland, Österreich, Böhmen, Polen, Dänemark, Finnland, Ägypten. 1930 drehte die UFA einen Vagabundenfilm mit Gregor Gog und anderen Vagabunden. Im gleichen Jahr gab es in Deutschland acht Ausstellungen von Vagabundenkünstlern. 1933 wurde Gregor Gog verhaftet, kam in ein Konzentrationslager und floh Ende 1933 in die Schweiz. Die Bücher der Vagabunden wurden verboten, das gesamte Archiv abtransportiert. Die folgenden zwölf Jahre genügten, um Kultur und Tradition der Vagabunden fast vollständig auszurotten.

5.

Gehen ist eine subversive Lebensform. Arbeitsverweigerung. Müßiggang – seit der Epoche der Jäger und Sammler, die durchschnittlich nur zwanzig Stunden in der Woche für ihr Überleben aufwenden mussten. Solche Verheißungen sterben niemals aus. Sie gehen auf im fahrenden Volk, unter Bettlern, Deserteuren, Dieben, Hausierern, Kriegsversehrten, Landstreichern, Schaustellern, Spielleuten, Tramps, Vaganten, Wanderarbeitern, Zigeunern, Tippelbrüdern, Obdachlosen, Vertriebenen wie auch Ausgewanderten, ausgesondert oder ausgestiegen, fußgläubig viele von ihnen.

Mit unerbittlichem Hass wurden sie verfolgt von den Sesshaften, denen die Ausfüßigen suspekt, gar gefährlich erschienen. Unerwünschte wurden abgeschoben, in Schubkarren zum nächsten Ort gefahren, wenn sie nicht laufen konnten. Wer zurückkam, riskierte Pranger, Verstümmelung, Brandmarkung. Kleine Vergehen wurden mit unverhältnismäßig hohen Haftstrafen gesühnt. *Auswärtige Bettler, Landstreicher und anderes liederliches Gesindel sollen diese Lande bei Strafe des Karrenschiebens oder anderer Strafe meiden!*, verkündete das Herzogtum Braunschweig einst an seinen Grenzen. Wer einmal auf die staubige Straße geriet, blieb dort. Man lehrte einander das Überleben und grenzte sich ab: Zinken informierten über Sesshafte, über örtliche Chancen und Gefahren, das Rotwelsche war dem braven Bürger unverständlich. Betteln wurde als Kunst betrieben, Rollen wurden exakt gespielt. Hausierer verkauften Fliegenwedel, Nähzeug, Nägel, Stoffe, Holzlöffel, Körbe; polnische und rumänische Bärenführer, Musikanten, Artisten, Puppenspieler führten ihre Kunststücke vor, Quacksalber, Wunderdoktoren, Steinschneider und Urinbeschauer gaben zu heilen vor. Angesichts der strengen Hierarchien der

Sesshaften, der unwirtlichen Größe der Städte wuchs der Reiz der Straße als Gegenentwurf zur bestehenden Ordnung. Nomadenhafter Trieb wurde ins Asoziale ausgegrenzt.

6.

Wenn ich meine Füße ruhen lasse,
hört auch mein Kopf auf zu funktionieren.
Johann Georg Hamann

Poeten per pedes! Wer hätte das gedacht: die Füße sind für das Dichten so wichtig wie der Griffel. Veränderte Wahrnehmung führt zu neuer Erkenntnis. Denn die unbekannten Wege führen zu unvertrauten Pfaden im Kopf. Es deutet alles darauf hin, dass sich die Gedanken beim Gehen williger verfertigen. *Setz dich hin* wäre als Rat kontraproduktiv, geradezu eine Aufforderung, die eigene Kreativität auszutrocknen. Für Virginia Woolf waren ihre täglichen, langen Spaziergänge ein integraler Bestandteil des Schreibprozesses. Nachdem sie in der mit hohen und engen gotischen Fenstern ausgestatteten Villa namens Asham House einen Zusammenbruch erlitten hatte, vertraute sie ihrem Tagebuch an: *Was würde ich nicht darum geben, durch Firles Wälder zu streifen, staubig & erhitzt, die Nase heimwärts gewandt, jeder Muskel müde & der Verstand in süßen Lavendel gebettet, so gesund & gelassen & reif für die Arbeit des morgigen Tags. Wie ich alles wahrnehmen würde – der Satz dafür käme einen Augenblick später & säße wie angegossen & dann auf der staubigen Straße, [...] würde sich meine Geschichte von selbst erzählen ...*

Gedankenschritte. Gibt es ein schöneres Wort? Die inhärente Weisheit der Sprache. Das Gehen fördert, inzwischen wissenschaftlich nachgewiesen, das Denken aufgrund der besonderen Eigenschaften einer Region unseres Gehirns namens Hippocampus (ein vielversprechender Name, gewichtig und weitläufig) von der Größe eines Knopfs (eines Gehrockknopfs, selbstverständlich). Im Hippocampus werden unsere Gedanken aus dem Kurzzeitgedächtnis ins Langzeitgedächtnis übertragen. Aus Impressionen werden Erinnerungen, aus Wahrnehmungen Phantasie. Die Nervenzellen bestimmen den Takt, auch im Hippocampus. Laut den Wissenschaftlern kommt es auf einen gleichförmigen Rhythmus an, auf einen Rhythmus wie jenen des gleichmäßigen Gehens. *Keep the beat.* Wer hätte gedacht, dass die freiwillige Wiederholung des ewig gleichen Schrittes das Denken befördert.

Im 18. und 19. Jahrhundert wurde der Hippocampus besonders in Großbritannien exzessiv stimuliert. Lange Zeit wurde die englische Literatur wortwörtlich ergangen. Robert Louis Stevenson, Thomas Carlyle, Sir Walter Scott waren allesamt ausschweifende Geher. Auf einer Wandertour mit William und Dorothy Wordsworth von Alfoxden nach Lynmouth und zurück im November 1797 fand Samuel Coleridge die Inspiration für »The Rhyme of the Ancient Mariner«. Jane Austen war eine Geherin und so schreiten ihre Heldinnen fußbewusst durch ihre Romane. Ebenso die Brontë-Geschwister. Der zu Unrecht vergessene George Gissing beschrieb in einem Brief an seinen Bruder vom 30. Mai 1880 das Geheimnis des ambulanten Schaffens: *Wie Du weißt, marschiere ich zweimal die Woche zu Bertz [gut 11 Kilometer] hinaus; an den anderen Tagen ist mir eher selten nach einem Spaziergang zumute, bei dem ich einzig der Gesundheit willen durch die Straßen trabe. Diese zwei Abende sind mir allerdings lieb und teuer; auf diesem Gang hin und zurück kommen mir die meisten meiner guten Einfälle. Wenn ich zu lange an einer verzwickten Stelle herumbossle, schiebe ich die Weiterarbeit sehr häufig bis zu einem dieser Abende hinaus, wo sich das Problem gewiss ambulando lösen lässt.*

Trotz Arthur Rimbaud, Friedrich Hölderlin und Friedrich Nietzsche (dessen Gesamtwerk als »Philosophie im Gang« bezeichnet werden könnte, denn die abschweifende und fragmentarische Form, die sich gegen jegliche strenge Systematik richtet, ist eine Folge seiner Gewohnheit, beim Gehen zu denken und zu notieren), die Briten waren und bleiben die größten Geher. Wer eine Anthologie über alles Fußläufige zusammenstellt, der muss aufpassen, nicht der Anglophonie geziehen zu werden. Junge Adepten begegnen alten Meistern, etwa in dem großartigen Buch von Robert MacFarlane *The Old Ways*, der schon im Titel auf jene Markierungen hinweist, die sich durch die erinnerte Landschaft der Sehnsüchte ziehen. Im fernen Japan, hat der Schamane Bashô seinem Schüler erzählt, wie er auf seinen langen Wanderungen in den Norden mit den längst verstorbenen Poeten gesprochen habe, seine Reise somit ein Gespräch war zwischen einem Geist und einem baldigen Geist. Laut Ian Sinclair gibt es unter Schreibenden die *pods* und die *peds*. Erste sitzen in ihrem Zimmer und zeichnen die Welt, wie es ihnen beliebt. Letztere schreiben im Rhythmus ihrer Reisen, ob auf Wander- oder Pilgerschaft oder auf Gralsuche. Zwischen diesen beiden Gruppen gähnt zweifellos ein tiefer Graben.

7.

Es gibt so etwas wie eine autobiographische Psychogeographie. Ein verinnerlichter Atlas eigener Qualität. Ich blättere ihn durch … ein Pfad durch einen Wald, nächtliche Stille, ein Fluss, der sich auf einmal vor uns auftut, mein Vater nimmt mich huckepack, watet auf die andere Seite. Die unvertraute Anspannung der Eltern, koloriert mit kindlichem Übermut. Das war mein erster Fußmarsch, die Flucht von Ost nach West, durch den Eisernen Vorhang. Ich blättere weiter ... der endlose Pfad entlang der Caldera, Staub und Durst, Ausblicke über den Großen Graben, meine nölende Stimme, weil die Wanderung kein Ende nimmt, drei Schlangen, die sich vor uns verkriechen, das Gefühl von Stolz, die Strecke bewältigt zu haben, einmal rundherum. Dann den Abstieg hinab, bei jedem Schritt ausrutschend. Das war, mit zehn, am Mount Longonot, meine erste von vielen Wanderungen. Ich blättere weiter ... mit zwei Freunden auf der Ladefläche eines Pick-ups, der von der sambischen Stadt Livingstone ostwärts fährt, nach einer Stunde zu einer Farm abbiegt, so dass wir schweren Herzens und schwer beladen die restlichen zwei Dutzend Kilometer zur Grenze nach Botswana zu Fuß bewältigen müssen. Ein Soldat, der uns den Weg versperrt, das Gewehr auf uns richtet, während er uns verhört (in Südafrika herrscht die Apartheid, der südafrikanische Geheimdienst hat neulich Bombenanschläge verübt, wir sind drei junge weiße Männer, unterwegs im Niemandsland). Wir versuchen so unverfänglich zu antworten, wie wir unschuldig sind, aber wir haben sein tiefstes Misstrauen erregt. Immer wieder fragt er, das Gewehr auf uns gerichtet, wieso wir nicht so wie alle anderen Reisenden mit dem Auto oder dem Bus unterwegs seien. Wieso, wiederholt er einige Male, wieso zu Fuß? Das macht uns verdächtig. Jahre später werde ich auf einem mehrmonatigen Fußmarsch durch Tansania in einem Dorf unweit einer verwilderten Kautschuk-Plantage eines längst vergessenen deutschen Farmers verhaftet. Wer mir denn die Erlaubnis gegeben habe, dorthin zu gehen, wo ich gegangen sei? (Der Verhörende war im Hauptberuf Englischlehrer an der örtlichen Schule und zudem betrunken). Ich holte das Schreiben eines Ministeriums aus dem Rucksack. Der Text wurde Buchstabe um Buchstabe verschlungen. Dieses Dokument erlaube mir nicht, überall hinzugehen, wo ich hingehen wollte. Ich widersprach. Wir stritten, einige Stunden lang. Dann sagte der Verhörende: Kaufst du mir ein Bier?

8.

Ein Fußgänger scheint hier ein Wundertier zu sein, das von jedermann, der ihm begegnet, angestaunt, bedauert, in Verdacht gehalten und geflohen wird ... Wer eine weite Reise zu Fuß täte, würde für einen Bettler oder Spitzbuben gehalten.

Karl Philipp Moritz über England im Jahre 1782

Geher teilen Erfahrungen der Ausgrenzung. In der Zivilisation ist Gehen einfach, aber nicht selbstverständlich. Diejenigen, die zu Fuß unterwegs sind, gehören nicht zur vornehmen Welt. *Man könnte sagen, dass die Karosse nicht so sehr zum Fahren notwendig ist als um zu existieren* (Jean-Jacques Rousseau in »Julie oder Die neue Héloïse«). Im Mittelalter galt Landstreicherei als soziales Verbrechen. Daraus ergab sich eine Ambiguität im Verhältnis des Etablierten zum Flüchtigen, die jahrhundertlang anhielt. Den englischen Dichtern der Romantik wurde so oft Unterkunft und Essen verweigert, dass Percy Shelley vorschlug, sie sollten das schwarze Gewand der Priester tragen, um respektabel zu erscheinen. Für William Wordsworth war das Gehen eine demokratische Kunstform, eine Übung, die soziale Unterschiede in Frage stellte und überwand. Auf Englisch existiert der modische Ausdruck »Mäandertaler«, von hektischen Zeitgenossen gemünzt auf jene, die herumlungern und trödeln. Ein verächtlicher Ausdruck für Verweigerer, für Deserteure. Ein in sich stimmiges Wort, denn spätestens seit dem 19. Jahrhundert ist der Fortschritt als gerade Linie begriffen worden. Ein Schritt vor, zwei Schritte seitwärts gilt als ineffizient und somit in der Leistungsgesellschaft wie Sabotage.

The Lettrist International, Vorläufer der Situationistischen Internationale, betrachtete Gehen als einen Weg, den Status quo in Frage zu stellen. Indem man in der Gruppe von Zufall zu Zufall schritt, stimuliert vom Unerwarteten am Wegrand, die Nächte hindurch, in Diskussionen und Träumen vertieft, der nahenden Revolution zugeneigt, entfloh man dem bourgeoisen Alltag und verweigerte sich den herrschenden Regeln, auch des Kunstbetriebs. Guy Debords *Théorie de la dérive* beschreibt eine Strategie der spielerischen, psychogeographischen Aneignung, indem man unterschiedliche Räume auf neuen Wegen durchschreitet. Im Gegensatz zu den Surrealisten und ihrem Versuch, den Gang von unbewussten Sehnsüchten lenken zu lassen, schwebte Debord eher so etwas wie eine *Reconnaissance* vor, durchgeführt von Mitgliedern einer Stadtguerilla, in Vorbereitung auf eine tatsächliche Übernahme der Macht.

Aldous Huxley und Ray Bradbury wurden in Los Angeles von der Polizei aufgefordert, sich auszuweisen. Irgendwas stimmt nicht mit einem Menschen, der zu Fuß geht, anstatt mit dem Auto zu fahren. Als ich den gesamten Wilshire Boulevard entlangging, vielleicht die längste Straße der Welt, erkundigte sich ein Streifenwagen, ob ich Hilfe benötige. Meinen sehnlichsten Wunsch konnte die Polizei nicht erfüllen. Ich wusste nicht, wie ich mich angesichts der geometrischen Anordnung der Straßen treiben lassen sollte. Das ewig gleiche Gitter weckte keine Neugier, auch wenn die Straßen in Los Angeles immerhin Namen führen – Maple, Palm, Oakhurst –

nicht nur Nummern. Es schien mir, als wäre jede Abbiegung beliebig, ein und dasselbe, ob links oder rechts irrelevant, weil sich nach einigen Schritten wieder eine Pseudoalternative aus 90 Grad-Winkeln ergeben würde. Das Gehen ist in künstlich angelegten Straßennetzen wenig erquicklich.

9.

Auf dem Asphalt botanisieren gehen.
Walter Benjamin über das Flanieren

Stadtstreicherei im Gehrock, mit Halstuch und Hut. Herumlungern mit philosophischer Panade. Wie Søren Kierkegaard, der wohl erste Flaneur. Ein Großstadtgeher, der ein Leben lang Kopenhagen durchstreifte. *Vor allem verliere nie die Lust zu gehen. Jeden Tag gehe ich mich in einen Zustand des Wohlbefindens, und gehe fort von jedweder Krankheit; ich bin zu meinen besten Gedanken gegangen, und ich kenne keinen Gedanken, der so bedrückend wäre, dass man ihn nicht gehend hinter sich lassen könnte.* Dem Flaneur wird die Stadt zur Landschaft, aus dem Bedürfnis heraus, die Landschaft in die Stadt zu holen. Für den Flaneur weitet sich die Stadt zur Landschaft aus. Doch der Flaneur ging in den Jahren nach dem Ersten Weltkrieg zunehmend ziel- und zweckgerichtet, die rein ästhetische, absichtslose Betrachtung der Dinge verschwand allmählich. Da die neuen Flaneure einem Beruf nachgingen, erhielt das Flanieren einen abgesteckten, zeitlich festgelegten Rahmen. Und auch wenn Schriftsteller und Journalisten über mehr Zeit verfügen als der normale Bürger, so ist ihr Flanieren anders als jenes des Dandys. Mit den neuen Akteuren im öffentlichen Raum veränderte sich die Flanerie, begann ihre Vermarktung. Walter

Benjamin schrieb, alles sei im Begriff, sich auf den Markt zu begeben, die Architektur, die Dichtung … auch das Flanieren, man zögere noch auf der Schwelle. Mit dem Flaneur begab sich die Intelligenz auf den Markt.

Die Schwierigkeiten dieses Spagats werden an den Texten von Franz Hessel sichtbar. Er war in den zwanziger Jahren aus finanziellen Gründen gezwungen, über seine Eindrücke in Paris für ein Lokalblatt zu berichten und geriet dabei in einen inneren Konflikt. Ihm wurde klar, dass er das Flanieren und das Schreiben nicht vereinbaren konnte. Entweder konnte er in alter Weise umherschlendern oder er musste sich über den von ihm zu verfassenden Text Gedanken machen, dann allerdings gelang ihm das freie und reine Flanieren nicht mehr. Walter Benjamin bemerkte 1929, mit Franz Hessel habe der Flaneur seine letzte Stippvisite gegeben.

Inzwischen ist die Stadt vom allgegenwärtigen Markt erdrosselt, erschlagen worden. Das Gehen, das mich interessiert, ist frei von kommerziellen Interessen und Einflüssen. Aus Sicht der Stadt, deren Silbensprache aus dem Alphabet der vielfältigen Schritte entstanden ist, fehlt es der Fußgängerzone an wahren Fußgängern, denn der manipulierte Konsument ist ein Zombie mit Kreditkarte, ausgerichtet, abgerichtet, seine Bewegungen geplant, gelenkt, gesteuert. Harun Farocki reflektiert in seinem Dokumentarfilm *Die Schöpfer der Einkaufswelten* die Forschungen der Verkaufspsychologen, wie man die Schritte der Passanten bzw. Besucher von Shopping Malls verkaufsfördernd beeinflussen kann, etwa indem man Bodenbeläge legen lässt, die den Gang bremsen. Im Film wird ein Labor gezeigt, in dem das Gehverhalten der Konsumenten erforscht wird. Gehen ist ein Ausbruch aus der Konditionierung, insofern ist das Gehen durch eine Shopping Mall geradezu eine contradictio in adiecto.

10.

Während der Arbeit an diesem Buch verbrachte ich zehn Wochen in London und erwanderte mir die Stadt. Entlang der Themse, aber auch kreuz und quer durch das East End, diesen Fleckenteppich aus Verfall und Gentrifizierung. Einmal diente mir das Ufer, ein anderes Mal meine Verwirrung als Orientierungshilfe. *Es gibt keinen Weg, der Weg wird durch das Gehen geschaffen* (Antonio Machado). Wege der Sehnsucht. Abkürzungen, Ausschweifungen. Zu Beginn Schritte der Euphorie, Schritte der Erwartung. Am Morgen eine Beschwingtheit, am Abend eine Sattheit. Die Stille am Fluss, das Plätschern der Wellen, das frühlingshafte Singen der Vögel. Die Überraschung als beglückendste aller Wahrnehmungen. Und die Muße, sich Fragen zu stellen, denen man im Sitzen aus dem Weg gehen würde. Am Ende des Tages ein Sammelsurium im Notizbuch, scheinbar beliebig, eine einmalige, höchst subjektive Lektüre der städtischen Landschaft. Ein Dialograum, der kein zweites Mal betreten werden wird.

Am Ende: Erfahrung statt Erfolg.

Aufbrüche

Elizabeth von Arnim. Freiwillig unfreiwillig

Jeder, der zur Schule gegangen ist und sich noch daran erinnert, was er dort gelernt hat, weiß, daß Rügen Deutschlands größte Insel ist und daß sie in der Ostsee vor der Pommerschen Küste liegt.

Um eben diese Insel wollte ich in diesem Sommer wandern, doch keiner wollte mitkommen. Wandern ist die vollkommenste Art der Fortbewegung, wenn man das wahre Leben entdecken will. Es ist der Weg in die Freiheit. Denn wenn man sich anders als auf seinen eigenen Füßen vorwärts bewegt, so geht das viel zu schnell, und man versäumt tausend kleine zarte Freuden, die am Wegrand warten. Fährt man mit einer Kutsche, so ist man durch eine Vielzahl von Dingen, auf die man Rücksicht nehmen muß, gebunden; die acht wichtigsten davon sind die Pferdebeine. Und was ein Auto angeht, so war der Sinn meiner Unternehmung nicht, schnell anzukommen, sondern lange dort zu sein.

Nacheinander forderte ich die geeignetsten meiner Freundinnen auf – mindestens ein Dutzend –, mit mir zu wandern. Alle miteinander gaben mir zur Antwort, das würde sie ermüden, auch sei das einfach langweilig. Wenn ich versuchte, den ersten Einwand zu entkräften, indem ich ihnen sagte, wie enorm gesund es für die deutsche Nation sein würde – und besonders für den Teil davon, der erst geboren werden sollte –, wenn die Frauen öfter um Rügen herumwanderten, sahen sie mich mit großen Augen an und lächelten. Wenn ich aber den zweiten Einwand entkräften wollte und ihnen auseinandersetzte, daß wir durch unseren eigenen Geist gottähnlich würden, rissen sie die Augen noch weiter auf und lächelten nur noch mehr.

Somit kam Wandern nicht in Frage, denn allein konnte ich es nicht. Das grimmige Ungeheuer Konvention, dessen eiserne Klauen mich allezeit umklammern und mich allezeit hindern an allem, was gesund und harmlos ist, machte diesem Plan ein für allemal ein Ende, selbst wenn ich mich nicht vor Landstreichern gefürchtet hätte, was ich aber tat. Daher fuhr ich mit der Kutsche, und zwar rund um Rügen herum.

Lew Tolstoi. Zigeunertraum

Es gab eine Wanderpilgerin, Fedosjuschka, eine fünfzigjährige kleine, stille, blatternarbige Frau, die schon mehr als dreißig Jahre barfuß und in Ketten unterwegs war. Sie vor allem liebte Prinzessin Marja. Eines Tages, als Fedosjuschka im dunklen Zimmer; beim Licht nur einer kleinen Lampe von ihrem Leben erzählte, kam Prinzessin Marja auf einmal mit einer solchen Kraft der Gedanke, dass allein Fedosjuschka den wahren Weg des Lebens gefunden habe, dass sie sich entschloss, selbst auf Wanderschaft zu gehen. Als Fedosjuschka schlafen gegangen war, dachte Prinzessin Marja lange darüber nach und fasste schließlich den Entschluss, dass sie, wie seltsam es auch sein mochte, auf Wanderschaft gehen müsse. Sie vertraute ihre Absicht nur einem geistlichen Mönch an, Vater Akinfi, und der Geistliche hieß ihre Absicht gut. Unter dem Vorwand, den Wanderpilgerinnen ein Geschenk zu machen, verschaffte sich Prinzessin Marja die vollständige Kleidung einer Wanderpilgerin: das Hemd, die Bastschuhe, den Kaftan und das schwarze Tuch. Oft trat sie zu der geheimen Kommode und hielt unschlüssig inne, ob die Zeit, ihre Absicht in die Tat umzusetzen, nicht bereits gekommen sei.

Oft, wenn sie den Erzählungen der Pilgerinnen zuhörte, waren deren einfache, für sie mechanische, für die Prinzessin jedoch von tiefem Sinn erfüllte Reden wie eine Erweckung, so dass sie mehrmals schon bereit war, alles im Stich zu lassen und aus dem Haus zu fliehen. Im Geiste sah sie sich bereits mit Fedosjuschka im groben Hemd, mit Stock und Schultersack über die staubige Straße schreiten, auf ihrer Wanderschaft ohne Neid, ohne irdische Liebe, ohne Wünsche, von Gottesknecht zu Gottesknecht, und schließlich dorthin gelangen, wo es weder Trauer noch Wehklagen, sondern ewige Freude und Seligkeit gibt.

›Ich komme an einen Ort und bete; noch ehe ich mich eingewöhne, ihn liebe, gehe ich weiter. Und werde gehen, bis mir die Beine krumm werden, dann lege ich mich irgendwo hin, sterbe und komme endlich in jenen ewigen, stillen Hafen, wo es weder Trauer noch Wehklagen gibt!‹, dachte Prinzessin Marja.

Doch dann, wenn sie ihren Vater sah und besonders den kleinen Koko, wurde sie wieder schwach in ihrem Entschluss, weinte heimlich und fühlte, dass sie eine Sünderin sei, die den Vater und den Neffen mehr liebte als Gott.

Max Beerbohm. Spaziergang

In meinem Leben habe ich keinen einzigen Spaziergang gemacht; zwar kam ich zu Spaziergängen mit, aber das ist etwas völlig anderes. Sogar als ich noch plappernd neben meiner Bonne herzockelte, sehnte ich mich voller Bedauern nach der guten alten Zeit, als ich noch in den Genuss von vier Kinderwagenrädern gekommen war und nicht meine eigenen zwei Beine benutzen musste. Als ich größer wurde, schien mir der größte Vorteil des Lebens in London jener, dass mich nie jemand zum Spaziergang aufforderte – davor war man durch die dortigen Missstände wie den ständigen Lärm und die Hektik, den Nebel und das allüberall lauernde Elend gefeit. Wann immer ich mit Freunden auf dem Land weilte, war ich jedoch gewärtig, dass jederzeit einer von ihnen, es sei denn, es regnete, unvermittelt sagen konnte: »Lass uns doch einen Spaziergang machen!« Und zwar in einem Befehlston, den anzuschlagen ihm bei keinem anderen Thema auch nur im Traum eingefallen wäre. Offensichtlich ist der Mensch der Meinung, der Wunsch nach einem Spaziergang wäre ein von Natur aus edles Ansinnen und gäbe ihm das Recht, selbigen jedem aufzuzwingen, den er gemütlich lesend in einem Sessel antrifft. Es ist ein Leichtes, einen alten Freund mit einem Nein abzuspeisen, im Falle einer bloßen Bekanntschaft muss jedoch eine Ausrede gefunden werden. »Ich würde ja gerne, aber …«, woraufhin mir nie etwas anderes einfällt, als »ich muss noch einige Briefe schreiben«. Diese Floskel ist in dreifacher Hinsicht unbefriedigend. 1. Sie ist unglaubwürdig. 2. Man ist gezwungen, sich aus seinem Sessel zu erheben, an den Schreibtisch zu setzen und aus dem Stegreif einen Brief zu verfassen, bis der Spazierwütige (der schlichtweg nicht genügend Mumm besitzt, einen der Lüge zu bezichtigen) endlich aus dem Zimmer trampelt. 3. Sonntagmorgens verfängt sie nicht. »Die Post wird erst am Nachmittag abgeholt« macht ihr den Garaus und man kann sich genauso gut stillschweigend seinem Schicksal fügen.

Spazieren um des Spazierens willen mag jene höchst löbliche Sache sein, für die sie von denen, die sie ausüben, gehalten wird. Mein Einwand lautet: Spazierengehen lähmt den Geist. So mancher hat mir anvertraut, dass sein Geist nie besser funktioniere, als wenn er die Straße entlang oder durch Wald und Wiese streife. Diese großspurige Behauptung wird nicht von meinen Erinnerungen an jene Sonntagmorgen gestützt, wenn mich andere Gäste zwangen, mich ihrem Abenteuer anzuschließen. Die Erfahrung lehrt mich, dass egal wie amüsant oder lehrreich einer im Sessel sitzend oder vor dem Kamin stehend auch zu plaudern weiß, ihm diese Fähigkeit umgehend abhandenkommt, sobald er einen zu einem Spaziergang mitnimmt. Die gedanklichen Einfälle, die ihm innerhalb der vier Wände so rasch und zahlreich kamen, wo sind sie hin? Wo das enzyklopädische Wissen, das er so leichthin verbreitete? Wo die Geistesblitze, die wie ein Sommergewitter über jedes (angeschnittene) Thema hereinbrachen? Seine bisher so beweglichen Gesichtszüge sind versteinert, das Funkeln im klaren Auge erloschen. A. (unser Gastgeber) sei ein durch und durch feiner Kerl, sagt er. Fünfzig Yards später fügt er hinzu, A. sei einer der großartigsten Burschen, die er kenne. Wir zockeln ungefähr dreihundert Schritte weiter, da sagt er, Mrs. A sei bezaubernd. Gleich darauf meint er, sie sei eine der bezauberndsten Frauen, die er je getroffen habe. Wir kommen an einem Wirtshaus vorbei. Er liest vor: »The King's Arms. Schankerlaubnis für Bier und Branntwein.« Ich ahne, dass er mir während des restlichen Spaziergangs jede Inschrift vorlesen wird, die unseren Weg kreuzt. Wir kommen an einem Markstein vorbei, er zeigt mit seinem Spazierstock darauf und sagt: »Uxminster. Elf Meilen.« Am Fuß eines Hügels macht die Straße eine scharfe

Biegung. Er deutet auf die Mauer und sagt: »Schritttempo fahren.« Ein gutes Stück vor uns auf der anderen Straßenseite entdecke ich ein kleines Schild an der Hecke. Er entdeckt es auch und hat ein Auge darauf. Und tatsächlich sagt er bald darauf wie zu erwarten: »Unbefugten ist das Betreten des Grundstücks verboten.« Armer Kerl, geistig völlig heruntergekommen.

Das Mittagessen bei den A.s wirkt jedoch heilsam und er läuft wieder zu Hochform auf, ist abermals Mittelpunkt der Gesellschaft. Bestimmt wird er nach der bitteren Erfahrung von heute Morgen nie wieder zu einem Spaziergang aufbrechen. Eine Stunde später sehe ich ihn jedoch in Begleitung erneut ausschreiten. Ich sehe ihm nach, bis er verschwunden ist, und weiß genau, was er zu seiner Begleitung sagt, nämlich, ich sei ein ziemlicher fader Spaziergenosse. Bald darauf wird er hinzufügen, ich sei einer der fadesten Menschen, mit denen er je einen Spaziergang gemacht habe. Anschließend wird er sich mit Hingabe dem Vorlesen von Schildern und Inschriften widmen.

Woher kommt dieser abrupte Geisteszerfall jener, die um des Spazierens willen spazieren gehen? Was geschieht da? Soweit ich verstehe, wird der Mensch nicht von seinem Verstand zu diesem Vorhaben getrieben, sondern offenkundig von etwas, was über das Denken hinausgeht, seiner Seele vermutlich. Ja, es muss die Seele sein, die dem Körper dieses »Im Laufschritt marsch« zuraunt. »Halt! Bleib ruhig bequem sitzen«, fährt der Verstand dazwischen und fragt die Seele höflich: »Wohin soll's denn gehen und zu welchem Behufe setzt du den Leib in Bewegung?« – »Zu überhaupt keinem Behufe«, gibt die Seele zur Antwort, »und ein Ziel gibt's auch keines. Es sieht dir ganz ähnlich, mir ständig raffinierte Hintergedanken zu unterstellen. Der Leib geht spazieren, weil das Spazierengehen an sich ein eindeutiges Zeichen von Vornehmheit, Redlichkeit und unerschütterlicher Charakterfestigkeit ist.« – »Wohlan, Vagus, wage weite Wege. Ich jedoch«, sagt der Verstand, »weigere mich rundweg Teil dieses unsinnigen Vorhabens zu sein. Ich lege mich so lange schlafen.« Damit kuschelt sich der Verstand in seine Gehirnwindungen und fällt in traumlosen Schlummer, aus den ihn nichts reißen kann, bis der Leib wieder sicher in den vier Wänden zurück ist.

Selbst wenn man einen bestimmten Ort zu einem bestimmten Behufe aufsucht, plädiert der Verstand doch sehr dafür, man solle doch lieber ein Fahrzeug nehmen, zettelt aber keinen Streit deswegen an, sondern dient einem brav, bis man sich zu einem *Spaziergang aufmacht*. Während die Beine im Wettstreit miteinander liegen, schürft der Verstand keine tiefen Gedanken, wird nicht einmal einen ernsthaften solchen fassen, sich jedoch bereitwillig einer Vielzahl von Aufgaben widmen – vorausgesetzt, dass die Beine sich gleichfalls nützlich machen und nicht einfach nur in der Gegend herumtaumeln, bloß um den Stolz der Seele zu befriedigen. In der Tat wurde diese Abhandlung heute Morgen im Laufe eines Spaziergangs in Gedanken verfasst. Ich gehöre nicht zu jenen Eiferern, die um von A nach B zu kommen, stets ein Fahrzeug benötigen. Ich gehe Leibesertüchtigungen keinesfalls aus dem Weg, ich nehme sie, wie sie kommen und mit Humor. Dass kränkliche Personen ständig darüber plappern und sich ihnen im Übermaß widmen, ist kein Grund sie zu verschmähen. Ich neige zur Ansicht, dass Leibesübungen in Maßen recht gut für einen sind, rein körperlich gesehen. Aber sollte der Fall eintreten, dass niemand meinen Besuch wünscht und ich nicht den Wunsch verspüre, jemanden zu besuchen und es innerhalb meiner eigenen vier Wände rein gar nichts zu tun gibt, werde ich jedoch keinesfalls einen Spaziergang machen.

Honoré de Balzac. Theorie des Gehens

Der Gang ist die Physiognomie des Körpers.

Müssen wir nicht bei der Vorstellung erblassen, daß ein scharfer Beobachter ein Laster, ein schlechtes Gewissen, eine Krankheit allein an der Bewegung eines Menschen erkennen kann. Welch reiche Sprache liegt in diesen unmittelbaren Wirkungen eines sich ahnungslos offenbarenden Willens! Die mehr oder weniger ausgeprägte Neigung eines unserer Glieder, die gleichsam telegraphische Form, die sich gegen unseren Willen die Gewohnheit zugezogen hat, der Winkel oder die Krümmung, die wir ein Glied beschreiben lassen: Sie alle sind von unserem Willen gezeichnet und von erstaunlicher Aussagekraft. Das ist stärker als das Wort, hier ist unmittelbar der Geist am Werk. Eine einfache Geste, ein unfreiwilliges Zucken der Lippen kann eine schreckliche Tragödie auslösen, die sich lange Zeit zwischen zwei Herzen im verborgenen abspielte. Daher ein weiterer Merksatz:

II

Blick, Stimme, Atmung, Gang sind identisch: Da es aber dem Menschen nicht gegeben ist, über alle vier verschiedenen und gleichzeitigen Ausdrücke seines Denkens zu wachen, suche man denjenigen, der die Wahrheit spricht, und man kennt den ganzen Menschen.

[...]

Daher dieses Axiom:

III

Der Ruhezustand ist das Schweigen des Körpers.

IV

Die langsame Bewegung ist ihrem Wesen nach hoheitsvoll.

Glauben Sie etwa, der Mann, von dem Vergil spricht und dessen Auftreten die Wut des Volkes beschwichtigte, trat tänzelnd vor die empörte Menge?

Daher können wir es zum Prinzip erheben, daß die Sparsamkeit der Bewegung dem Gang sowohl Adel als auch Anmut verleiht.

Verrät ein Mann, der schnell geht, nicht schon sein halbes Geheimnis? Er ist in Eile. Der Arzt Gall hat bemerkt, daß das Gewicht des Gehirns und die Zahl seiner Windungen bei allen Lebewesen in einem Verhältnis zur Schnelligkeit ihrer Bewegungsabläufe steht. Vögel denken sehr wenig. Menschen, die aus Gewohnheit schnell gehen, haben in der Regel einen spitzen Kopf und eine eingedrückte Stirn. Daraus folgt logischerweise, daß ein ewig herumhetzendes Wesen zwangsläufig auf das geistige Niveau eines Ballettänzers hinabsinkt.

Folgen Sie mir!

Wenn die wohlbemessene Langsamkeit des Gehens auf einen Mann hinweist, der Zeit und Muße hat, mithin reich oder adelig, ein Denker oder Philosoph ist, dann müssen auch die Einzelheiten notwendig mit dem Prinzip übereinstimmen: Daher werden auch die Gesten sparsam und langsam sein.

Damit gewinnen wir einen weiteren Merksatz:

V

Jede abgehackte Bewegung verrät ein Laster oder schlechte Erziehung.

Haben Sie nicht auch schon oft über Leute gelacht, die *herumwuseln*? Diese Leute laufen unentwegt hin und her, sie schwirren ständig um jemanden herum, sie müssen alles anfassen, sie erheben sich, sie setzen sich wieder, sausen herum, stecken in alles ihre Nase. Herumwuseln heißt eine Menge zielloser Bewegungen machen, sich wie die Fliegen aufzuführen. Herumwuselnden Leuten sollte man möglichst aus dem Weg gehen, sie schlagen einem entweder den Schädel ein oder zerbrechen ein kostbares Möbel.

Haben Sie sich nicht auch schon über eine Frau amüsiert, bei der jede Bewegung, sei es mit den Armen, dem Kopf, den Füßen oder dem Körper, einen spitzen Winkel bildet?

Oder über Frauen, die Ihnen die Hand geben, als würden ihre Ellenbogen von einer Feder hochgeschnellt?

Über solche, die sich stocksteif hinfallen lassen oder wie ein Springteufel hochschnellen?

Diese Sorte Frauen ist sehr häufig tugendhaft. Zwischen der Tugend einer Frau und dem rechten Winkel besteht nämlich ein inniges Verhältnis. Alle Frauen, die sich, wie man so schön sagt, einen Fehltritt haben zuschulden kommen lassen, fallen dagegen durch die herrliche Rundheit ihrer Bewegungen auf. Wäre ich eine Mutter, die feierlichen Worte des Tanzmeisters »Rund die Ellenbogen« würden mich für meine Töchter zittern lassen. So kommen wir zum nächsten Axiom:

VI

Anmut verlangt nach runden Formen.

[…]

VII

Alles in uns hat an der Bewegung teil, doch nichts sollte überwiegen.

Tatsächlich hat die Natur unseren Bewegungsapparat so ingeniös und gleichzeitig so einfach konstruiert, daß er, wie alle ihre Schöpfungen, von einer wunderbaren Harmonie zeugt. Wird diese aber durch eine schlechte Gewohnheit gestört, entsteht Häßliches und Lächerliches, denn wir spotten niemals über eine Häßlichkeit, die der Mensch nicht selbst verschuldet hat: Über falsche Gebärden fallen wir nicht weniger unbarmherzig her als über Unwissenheit und Dummheit.

Tomas Espedal. Gehen

Warum nicht mit einer Straße beginnen. Jener Straße und Strecke, die ich zwei Jahre fast täglich hin und zurück gegangen bin. Die Bjørnsonsgaten, viel befahren und schmutzig, Arbeiterwohnungen in Reihen zu beiden Seiten des Schattens, der einem Weg gleicht, einer Verkehrsader, blutarm und kalt, ein schmaler Bürgersteig, an Fabrikgeländen, Tankstellen vorbei, zum Danmarksplass, dem finstersten Lichtkreuz der Stadt. Eine schäbige Straße, durchzogen von entmutigenden Spuren: ein sterbender Baum, das halb verfallene Holzhaus und eine abgasstaubige Hecke, das Fenster, hinter dem sie steht und ihren Wollpullover auszieht.

Eine schäbige Straße, meine Adresse und Lieblingsroute in die Stadt. (Heute – ich wohne inzwischen auf der anderen Seite der Stadt, in einer hellen, sauberen Wohnung mit Terrasse und Blick aufs Meer – nehme ich zuweilen den Bus zur Bjørnsonsgaten, um wieder auf dieser Straße und der alten Strecke in die Innenstadt zu gehen.) Die Straße öffnet sich rechter Hand zur Berufsschule und zum Sportplatz Krohnsminde, linker Hand zu Hochhäusern und dem Wasser der Solheimsviken, ich schlendere an den Kochlehrlingen auf der Steintreppe zur Schule vorbei, sie rauchen im Stehen unter ihren luftigen weißen Kochmützen, als hielten sie mit den Mützen die Wolken in die Höhe; sieben, acht angehende Köche neben den Friseurlehrlingen aufgereiht, die man unschwer an ihren Frisuren erkennt, rote, grüne Mähnen in allen Längen und Richtungen (eine der jungen Frauen hat sich die Haare in einer Schiene von der Stirn bis in den Nacken abrasiert, als führte die Straße über ihren Kopf), und ich gehe geradeaus, zum Danmarksplass. Unter den Verkehrsknotenpunkt. Rechts oder links im Tunnel der Unterführung? Er gabelt sich, heute gehe ich nach rechts, und im Nachhinein muss ich froh sein, nicht nach links gegangen zu sein, denn kurze Zeit später, auf der rechten Route, gleich hinter dem Forum Kino, nach dem Hang zum Store Lungegårdsvann hinunter, auf der Brücke, wo auf dem Asphalt Fische liegen und sterben, treffen die Sonnenstrahlen ein Verkehrsschild und ein Glücksgefühl übermannt mich überraschend. Es sagt nichts weiter als: Du bist glücklich. Hier und jetzt. Grundlos. In diesem Moment bist du glücklich, ein Geschenk. Anders lässt es sich nicht beschreiben. Ich habe nicht die geringste Veranlassung, glücklich zu sein, bin verkatert und deprimiert, habe vier Tage ununterbrochen getrunken, wohne allein in einem dreckigen Haus in einer schäbigen Straße, schlafe auf einer Matratze, keine Möbel, bin verlassen worden von ihr, mit der ich es schaffen zu können glaubte. Ich bin auf dem besten Weg, mich zugrunde zu richten, es ist eine harte und ernste Untergangsarbeit, ich trinke und gehe vor die Hunde, und dann bin ich urplötzlich glücklich. Warum? Weil die Sonnenstrahlen ein Verkehrsschild treffen? Es verschlägt mir den Atem, ich muss stehenbleiben. Mein Körper ist von warmer und jubelnder Klarheit erfüllt. Die Gedanken erwachen und verlieren an Gewicht, es ist eine ganz konkrete Erfahrung, meine Gedanken werden leichter, und ich gehe, nun leichter, weiter Richtung Nygårdshøyden und Innenstadt. Langsam wird mir klar: Du bist glücklich, weil du gehst.

[...]

Oh, ja, warum nicht mit Rousseau, Jean-Jacques, beginnen, der in seinen *Bekenntnissen* schreibt: »Niemals habe ich so viel gedacht, nie bin ich von der Tatsache meines Daseins, meines Lebens und, wenn ich so sagen darf, meines Ichs so erfüllt gewesen als auf meinen einsamen Fußwanderungen. Das Gehen hat etwas, was meine Gedanken erregt und belebt; wenn ich mich nicht bewege, kann ich kaum denken, mein Körper muss gewissermaßen in Schwung geraten, um auch meinen Geist zum Schwingen zu bringen. Das freie Land, die Aufeinanderfolge so vieler freundlicher Anblicke, die frische Luft, der große Hunger und die Gesundheit, die ich mir stets beim Gehen erwerbe, die Ungezwungenheit des Gasthauses, die Entfernung alles dessen, was mich meine Abhängigkeit fühlen lässt und mich an meine wahre Lage erinnert, befreit meine Seele, verleiht mir eine größere Kühnheit des Denkens [...].«

Rousseau ist nicht der Erste, der eine Verbindung zwischen Gehen und gutem Denken herstellt, aber er ist der erste bedeutende Autor, der darüber reflektiert, was es eigentlich heißt, zu gehen; er schreibt dem Gehen einen romantischen Wert zu: Man kommt der Natur näher; dem Ursprünglichen, und empfindet sogleich Wohlbehagen, ein reines Glücksgefühl, außerdem ist man frei. Der Gehende fühlt sich frei. Er kann seine Wege selbst wählen. Außerdem ist es gut für das Denken und die Gesundheit, sich zu Fuß fortzubewegen. Am besten gehen wir aus der Stadt heraus, ins Freie, aufs Land und in die Natur; das befreit die Gedanken und wirkt appetitanregend. Aber was sollen wir essen? Jean-Jacques war ein Freund und Fürsprecher der Natur, ein Vegetarier war er jedoch nicht. Wir finden ein Wirtshaus im Text und stellen uns eine wohlschmeckende Mahlzeit mit ausgesprochen köstlichen Getränken vor. Wir sind folglich nicht in der Gewalt der Natur, wir halten uns noch in einiger Entfernung zur Wildnis auf: Wir befinden uns mit anderen Worten an einem Ort dazwischen. Und dieses Dazwischen ist der Ort der Romantik. Wir haben einen hübschen Spaziergang aus der Stadt hinaus gemacht und sind noch ein ganzes Stück von der Wildnis, von unberührter Natur entfernt. Wir befinden uns an einem Ort zwischen der Stadt und ihrem Gegenpol, dem Wildwüchsigen. Hier ist der Mensch von der Forderung nach Wissen und Bildung befreit.

Wir haben Theater und Museen und Kunst hinter uns gelassen, mit denen die Hässlichkeit des modernen Lebens überpudert wird. Doch wir sind nicht so weit entfernt, dass wir nicht mehr zur Wärme des heimischen Herds und den abendlichen Notizen zurückkehren können. Wir halten uns in einer Idylle auf, einer Landschaft, in der ein angenehmer Ausblick den nächsten ablöst. Wir können die Stadt nicht sehen. Wir haben Aussicht auf eine Kulturlandschaft mit Ackerbau und kleinen Bauernhöfen. Hier steht ein Wirtshaus, eine Kirche mit Glockenturm. »Absolute Stille indes«, schreibt Rousseau, »macht traurig. Sie bietet ein Bild des Todes.« Nein, wir können die Vögel und den Bach hören, der zwischen den Feldern in Gräben geleitet wird. Dort hinten grast eine Schafherde, und in passender Entfernung erblicken wir Pferde und Kühe. Am schönsten ist jedoch die Aussicht auf einen kleinen See, in dem das Boot des einsamen Wanderers liegt. Hier rudert er allein, mit einem Ruder hinaus, und liegt stundenlang rücklings auf dem Boden des Boots, bis er ekstatisch ausruft: »Oh, Natur! Oh, meine Geliebte!«

Jean-Jacques schwärmt für die Natur. Sie ist, wenn man so will, seine Geliebte. Er liebt die Natur wie eine Frau. Bei Rousseau ist die Natur in erster Linie eine Vorstellung. Sie ist sauber und unproblematisch, bereinigt von Konflikten und Schlacke. Natur ist bei Rousseau eine Vorstellung von einem besseren und ursprünglicheren Ort für die Menschen. Es scheint, als nähme Rousseau die Natur als eine Abwesenheit von Stadt wahr, von allem, was er verachtet: Diskussionen und Eitelkeit. Gesellschaftliches Leben und Kunst. Fort sind die Straßen und der Lärm, die Hetze und alles Falsche; die Krämer und Anwälte, die Journalisten und Künstler. Fort sind Industrie und Technologie. Hier in dieser Abwesenheit ist der Mensch natürlich: »Er durchstreift die Wälder, ohne Industrie, ohne Reden, ohne

Heimstatt, ohne Krieg und Verbindungen. Er braucht die anderen nicht und hat auch nicht den Wunsch, ihnen zu schaden.«

Der Wanderer ist also, Rousseau zufolge, ein einfacher und friedlicher Mensch. Er ist frei. Er hat die Stadt zurückgelassen, Familie und Verpflichtungen verlassen, seiner Arbeit Lebewohl gesagt. Lebewohl der Verantwortung. Lebewohl dem Geld. Er hat Abschied genommen von seinen Freunden und der Geliebten, von Ambitionen und Zukunft. Er ist ein wahrer Rebell, doch nun hat er auch der Rebellion Lebewohl gesagt. Er wandert allein im Wald, ein Herumtreiber. Er geht die Wege ohne allzu viele Habseligkeiten, er hat sich die Welt und ihre Möglichkeiten zu eigen gemacht. Was er benötigt, trägt er in einem Sack auf dem Rücken.

Jean-Jacques verlässt das Wirtshaus. Der rebellische Mann und Naturliebhaber ist einfach gekleidet, trägt ein langes hellbraunes Baumwollgewand über einer kurzen Hose mit langen Wollstrümpfen. Er trägt dünne, aber feste Schuhe. Er verlässt das Wirtshaus. Jetzt muss er sich entscheiden, ob er umkehren und heimgehen oder noch ein Stückchen weiter gehen soll. Jean-Jacques kehrt um, er will zu seinem Haus und zum Schreibtisch zurück. Sobald er daheim ist – es ist ein kleines Schlösschen, eine reiche Freundin hat es ihm überlassen –, setzt er sich an den Schreibtisch am Fenster. Hier schreibt er in den *Träumereien eines einsamen Spaziergängers*: »Ich plante also, die allgemeine Befindlichkeit meiner Seele in der jetzigen Situation zu beschreiben – der absonderlichsten wohl, die einem Sterblichen widerfahren kann –, und am besten, glaubte ich, gelänge mir dies, wenn ich getreulich die Träumereien protokollierte, die meine einsamen Spaziergänge beleben, kaum dass ich meinen Kopf gewähren und meine Gedanken sich völlig ohne Zwang und Steuerung entwickeln lasse. Nur in diesen Stunden der Einsamkeit, da ich Gelegenheit zum Nachsinnen habe und mich nichts ablenkt oder stört, bin ich ganz und gar ich selbst und gehöre mir allein; nur in diesen Stunden kann ich ehrlicherweise von mir behaupten zu sein, wie die Natur mich wollte.«

Jean-Jacques Rousseau. Träumereien eines einsam Schweifenden

Donnerstag, den 24. Oktober 1776, wanderte ich nach dem Mittagessen die Boulevards entlang und folgte der Rue du Chemin-Vert zur Höhe von Ménilmontant. Weiter ging es über Fußpfade nach Charonne, durch Weinberge und Wiesen, die sich anmutig zwischen den beiden Dörfern erstrecken. Nun wollte ich über die gleichen Wiesen wieder zurück, wählte aber diesmal einen Umweg. Ich durchlief die Gegend mit jenem Vergnügen, das mir reizende Landschaften immer bereiten – und auch mit Neugierde, denn da und dort standen Pflanzen im Gras, die ich interessiert beschaute. Ich entdeckte gleich zwei, die ich in der Umgebung von Paris nur selten sah, die hier aber reichlich wuchsen. Die eine war das Bitterkraut, *Picris hieracioïdes*, aus der Familie der Korbblütler, die andere das Sichelblättrige Hasenohr, *Bupleurum falcatum*, aus der Familie der Doldenblütler. Der Fund erheiterte mein Gemüt für eine ganze Weile, und auch der nächste stimmte mich froh: ich stieß nämlich auf eine in höheren Lagen noch seltenere Pflanze, das Wasserhornkraut, *Cerastium aquaticum*. Trotz des Unfalls, der mir am gleichen Tage zustieß, habe ich nicht versäumt, sie mithilfe eines Buchs, das ich bei mir trug, zu bestimmen und in mein Herbarium zu legen.

Ein paar weitere Pflanzen, die ich noch in Blüte fand, examinierte ich ebenfalls sorgfältig. Zwar erkannte ich sie sofort, doch bereitet es mir immer wieder Vergnügen, sie genau zu betrachten und zuzuordnen. Nach und nach wandte ich mich aber von der Beobachtung der Einzelheiten ab und überließ mich dem Eindruck des Ganzen. Es erfreute meine Sinne ebenso; viel stärker aber berührte es meine Seele. Seit einigen Tagen war die Weinlese beendet. Die Spaziergänger aus der Stadt kamen schon nicht mehr; selbst die Bauern verließen bis zur Winterarbeit die Felder. Die Fluren – zwar noch grün und einladend, aber zum Teil bereits entlaubt und fast menschenleer – zeigten überall das Bild der Einsamkeit und des nahen Winters. Der Anblick bot eine Mischung aus schönen und traurigen Eindrücken, die meinem Alter und meinem Schicksal so sehr entsprach, dass ich ihn geradezu auf mich beziehen musste. Ich sah mich am Ende eines unschuldigen und unglücklichen Lebens, die Seele noch voller lebhafter Empfindungen und den Geist noch mit einigen Blüten verziert; doch waren die längst in all dem Gram und Ärger verwelkt und verdorrt. Einsam und verlassen spürte ich die Kälte des nahen Frostes besonders hart. Früher hätte ich mir in solcher Lage Menschen nach meinem Sinne kurzerhand vorgestellt und mit ihnen meine Einsamkeit bevölkert, doch meine versiegende Phantasie schaffte das nicht mehr. Seufzend musste ich mich fragen: was habe ich hienieden getan? Zum Leben war ich geboren, und ich sterbe, ohne gelebt zu haben. Wenigstens habe ich dies nicht selbst zu verantworten. Zwar vermag ich dereinst meinem Schöpfer keine guten Werke darzubringen, denn man ließ sie mich nicht tun. Vorweisen könnte ich aber immerhin: gute, nur eben vereitelte Absichten; wohlmeinende, nur eben unwirksam gemachte Gesinnung; schließlich eine Geduld, die der Verachtung der Menschen erfolgreich standgehalten hat. Voller Rührung rekapitulierte ich, wie ich als junger und wie ich als reifer Mann empfand, was ich nach meiner Verbannung aus der menschlichen Gesellschaft fühlte und welche Seelenregungen mir die langen Jahre der Abgeschiedenheit eingaben, in der ich meine Tage werde beschließen müssen. All die Sympathien ließ ich Revue passieren, die mein Herz je vergab, all die Zuneigungen, die zu verschenken es zärtlich, aber auch blind genug war, jedoch nicht minder die keineswegs traurigen, sondern tröstlichen Gedanken, von denen sich mein Geist seit einiger Zeit nährt. Ich schwelgte geradezu in den Reminiszenzen und hätte sie gern festgehalten; deswegen wollte ich sie mir gleich noch einmal vergegenwärtigen, zumindest so deutlich, dass ich sie beschreiben konnte. Ihre Aufzeichnung würde mir sicherlich kaum weniger Vergnügen bereiten als zuvor die Erinnerungen selbst, deren Strom ich mich ausgeliefert hatte. Über diesen stillen Betrachtungen verstrich der Nachmittag. Recht zufrieden mit dem, was ich heute vollbracht hatte, trat ich den Heimweg an, als mich das Ereignis, das ich nun erzählen werde, jäh aus den tiefsten Träumereien riss.

Gegen sechs Uhr stieg ich von Ménilmontant herab. Ich befand mich in etwa auf der Höhe des *Galant Jardinier,* da sah ich plötzlich, wie die Leute, die vor mir gingen, auseinanderstoben. Eine große Dänische Dogge schoss auf mich zu. Sie bemerkte mich, hatte aber, weil sie in vollem Lauf vor einer Kutsche herrannte, keine Möglichkeit mehr, anzuhalten oder auszuweichen. Dass der Hund mich umriss, konnte ich – so durchfuhr es mich schneller als ein Blitz – nur vermeiden, indem ich hochsprang und ihn unter mir hinwegrasen ließ. Dieser Gedanke, den ich weder genau zu überlegen noch auszuführen die Zeit hatte, war der letzte vor meinem Unfall. Ich erlebte weder den Zusammenstoß noch den Sturz noch das Mindeste von dem, was folgte, bis ich wieder zu mir kam.

Es war fast dunkel geworden, als ich das Bewusstsein wiedererlangte. Drei oder vier junge Leute hielten mich untergefasst und erzählten mir den Hergang des Unglücks: die Dänische Dogge hatte ihren Schwung nicht bremsen können und war mir mit solcher Wucht und Geschwindigkeit gegen die Beine geprallt, dass es mich vornüber geworfen hatte. Belastet vom Gewicht des gesamten Körpers, war mein Oberkiefer auf das raue Pflaster geschlagen. Die besondere Heftigkeit des Sturzes erklärte sich daraus, dass die Straße abwärts führte und mein Kopf daher tiefer gelandet war als meine Füße.

Kurz darauf wäre mir der Wagen, zu dem die Dogge gehörte und der ihr auf dem Fuße folgte, über den Leib gerollt, hätte nicht der Kutscher die Pferde sofort zum Stehen gebracht. Dies berichteten mir die Leute, die mich aufgehoben hatten und noch stützten, als ich wieder zu mir kam. Was ich nun fühlte, war dermaßen eigentümlich, dass ich es hier unbedingt beschreiben muss.

Es wurde Nacht. Ich gewahrte den Himmel, ein paar Sterne und ein wenig Grün. Diese erste Empfindung hatte etwas Köstliches. Ich spürte zunächst nur durch sie, dass ich überhaupt existierte. Ich gelangte in diesem Augenblick zum Leben, und mir schien, als erfüllte ich alle Dinge um mich herum mit meiner zarten Daseinskraft. Weil ich nur das Gegenwärtige wahrnahm, erinnerte ich mich an nichts. Ich hatte keine klare Vorstellung über meine Person und keinerlei Ahnung, welches Missgeschick mich da getroffen hatte; ich wusste nicht mehr, wer ich war und wo ich war; ich fühlte weder Schmerz noch Furcht noch Unruhe. Ich sah mein Blut fließen, wie ich einen Bach hätte fließen sehen, ohne auch nur daran zu denken, dass dieses Blut irgendetwas mit mir zu tun hatte. In meinem ganzen Wesen fühlte ich eine wunderbare Ruhe, der, sooft ich mich daran erinnere, keines der Vergnügen gleichkommt, die mir je vergönnt waren.

Man fragte mich, wo ich wohnte; ich vermochte es nicht zu sagen. Ich erkundigte mich, wo ich sei; man antwortete mir: auf dem Haute-Borne-Hügel; man hätte mir ebenso gut sagen können: auf dem Berge Atlas. Ich brauchte allgemeinere Angaben und erfragte mir Zug um Zug Land, Stadt und Viertel. Aber ich fand mich immer noch nicht zurecht. Erst nachdem ich den ganzen Weg vom Unfallort bis zum Boulevard zurückgelegt hatte, entsann ich mich meiner Adresse und meines Namens. Ein Herr, den ich nicht kannte, begleitete mich freundlicherweise ein Stück. Als er hörte, wie weit weg ich wohnte, riet er mir, beim Temple eine Droschke zu nehmen. Aber das Gehen machte mir keine Beschwerden; ich ging sogar sehr leicht, ohne Schmerz oder Wunden zu spüren, spuckte freilich noch reichlich Blut. Ein eisiger Schüttelfrost befiel mich, sodass meine malträtierten Zähne unangenehm aufeinanderschlugen. Am Temple standen Kutschen, aber da mir das Laufen keine Mühe bereitete, wollte ich doch lieber zu Fuß weitergehen, statt mich in eine Droschke zu setzen und darin womöglich totzufrieren. Tatsächlich bewältigte ich die halbe Meile vom Temple bis zur Rue Plâtrière ohne Probleme, sorgsam dem Menschengewühl und den Wagen ausweichend, und lief meinen Weg im Ganzen so, wie ich ihn auch bei bester Gesundheit gegangen wäre. Ich kam an, öffnete das Geheimschloss, das man kürzlich in meine Haustür gebaut hatte, ich stieg im Dunkeln die Treppe hoch, betrat endlich meine Wohnung und dachte, eigentlich sei ja nichts weiter passiert – außer eben meinem Sturz und seinen Folgen.

Will Self.
Mein Vater war ein Wandersmann

Mein Vater erzog mich zum Wanderer. Und wenn ich sage, er war ein Wanderer, meine ich vierundzwanzigstündige Durchquerungen von Dartmoor mit lediglich ein paar Stückchen Schokolade und einem Apfel als Wegzehrung. Als ich neben ihm herzockelte, war er leider für derartige Gewaltmärsche schon etwas zu alt; trotzdem festigte sich unsere Beziehung bei diesen Wanderungen, insbesondere nach der Trennung meiner Eltern, da war ich neun, und wir verbrachten die gemeinsame Zeit hauptsächlich per pedes. In unserem postindustriellen Zeitalter gibt es bestimmt nur wenige Menschen, die eine ähnliche Erfahrung gemacht haben: Vor einigen Jahren besuchte ich einen Freund, der in Dorset in der Nähe von Charmouth lebt, stand auf den berühmten Kalksteinklippen und verschwendete keinen Gedanken an ihren Fossilienreichtum – welcher der Auslöser für die Revolution der Wissenschaft im 19. Jahrhundert gewesen war –, sondern an das letzte Mal, als ich an dieser Küste gewesen war, da war ich nämlich mit meinem Vater zu Fuß aus Taunton gekommen.

Es war ein gut siebzig Meilen lange Wanderung gewesen und mir ist nicht mehr viel davon in Erinnerung geblieben, bis auf einen Abend, an dem wir gemeinsam mit einer Gruppe Minenarbeiter, die auf Urlaub war, in einem Pub auf dem Land saßen. Mein Vater verabscheute die Schankgesetze herzlich und ließ mich bei dieser Gelegenheit etliche Gläser Cider trinken – ich muss zwölf oder dreizehn gewesen sein. Und er diskutierte mit den Minenarbeitern: über das Warum und Weshalb der Steuerpolitik der damaligen Regierung, die Macht der Gewerkschaften und gegen Mitternacht kam die Sprache auf den Gesellschaftsvertrag und Jean-Jacques Rousseau.

Es war Rousseau, ebenfalls ein großer Wanderer, dem auffiel, dass wir im Schritttempo denken, und obwohl meine Beziehung zu meinem Vater weiterhin wunderbar belastet blieb, habe ich in den zehn Jahren, die seit seinem Tod vergangen sind, sein Vermächtnis immer mehr schätzen gelernt, nämlich all seine im Schritttempo bei unseren Wanderungen geäußerten Gedanken, der stete Viervierteltakt seines Metrums, während er die Landschaft las und anschließend interpretierte.

Die Aborigines glauben, dass sämtliche Urpflanzen auf ihrem riesigen ausgedörrten Inselkontinent über die Arafurasee her einwanderten und sich anschließend ins Inland begaben, auf ihrem Weg dorthin Mangrovensümpfe, Berge und Wüsten ins Leben sangen. Wenn es nicht einigermaßen abstrus wirken würde, unterstellte ich gerne meinem Vater, einem auf Stadt- und Raumplanung spezialisierten Akademiker, dass er sich auf unseren Wanderungen durch England und Wales das Land »ersang«.

Später dann auch in Australien, wohin er 1980 auswanderte. Einige der letzten gemeinsamen Wanderungen führten uns in die Berge entlang des Mudgee River oder ins Tidbinbilla-Naturreservat, die beide ungefähr eine Autostunde von seiner Wohnung in Canberra entfernt lagen. Seit seinem Tod ist der Wanderdrang, den ich immer schon verspürte, der jedoch von anderen Vergnügungen ans Haus gefesselt worden war, überwältigend geworden. Ganz konventionell fing es mit malerischen Ausflügen ins schottische Hochland und Spaziergängen entlang der Küste in Suffolk an, doch bald darauf zog es mich zu einer anderen Art des Wanderns: eine gewissermaßen antiromantische Suche nach dem Erhabenen, nicht in der Natur, sondern in jenen Bereichen der Zivilisation, die überwältigend unbeachtet bleiben.

So bin ich also in den letzten sechs Jahren jeden Sommer von meinem Heim im Süden Londons entlang der Hauptkompasslinien gewandert: erst nach Norden, dann nach Nordwesten, Süden, dann Südosten. Ich konzentriere mich auf das allein zu Fuß richtig erkundbare Hinterland der Stadt, das andere Reisende einfach per Zug oder Auto überspringen. Ich erfreue mich an dem merkwürdig isolierten Ackerland, das durch den Verlauf der Autobahnflüsse von der Außenwelt abgeschnitten ist, und schleiche auf Zehenspitzen, wobei ich mir wie ein Eindringling vorkomme, auf mit Dornengebüsch gesäumten Pfaden durch menschenleere Landschaften – bis ich auf eine Straße stoße.

Rebecca Solnit. Wanderlust

Der Rhythmus des Gehens ruft eine Art Rhythmus des Denkens hervor, daher ist die Geschichte des Gehens auch die veranschaulichte Geschichte des Denkens – denn die Regungen des Geistes kann man nicht nachverfolgen, die der Füße sehr wohl.

Offenbar lösen Bewegung und das bei dieser Bewegung Wahrgenommene bestimmte Vorgänge im Gehirn aus, wodurch das Gehen vielschichtig und schöpferisch wird: Es ist gleichzeitig Mittel und Zweck, Reise und Ziel.

Die alte rote Militärpiste schlängelte sich durchs Tal empor. Hin und wieder konzentrierte ich mich auf den Akt des Gehens, aber meist geschah es unbewusst, die Füße schritten mit dem ihnen eigenen Wissen aus, wie das Gleichgewicht zu halten, Steinen und Furchen auszuweichen, welches Tempo anzuschlagen sei und so konnte ich in Ruhe die Berge in der Ferne und den Blumenreichtum in der Nähe betrachten: Frühlingssterne; pergamentartige rosafarbene Blumen, deren Namen ich nicht kenne; Unmengen an gelb blühendem Sauerklee und mitten in der letzten Biegung eine papierweiße Narzisse. Nach zwanzig Minuten mühseligen Bergaufstapfens bemerkte ich den Geruch nicht mehr. Früher war hier eine Molkerei ansässig gewesen und das Fundament eines Bauernhauses sowie ein paar alte Obstbäume haben sich auf der anderen Seite des feuchten, mit Weiden bestandenen Talbodens gehalten. Die längste Zeit war diese Gegend Nutzfläche, erst später entwickelte sich daraus ein Erholungsgebiet: zuerst lebten hier Miwok-Indianer, dann Farmer, die nach hundert Jahren einem Militärstützpunkt weichen mussten, als die Küste angesichts einer virtuellen und auf die Luft ausgerichteten Kriegsführung immer mehr an Bedeutung verloren. Damals wurde das Gebiet dem National Park Service und damit auch Menschen wie mir übereignet, die der langen Tradition des Spazierengehens zum reinen Vergnügen huldigen. Anders als die Molkereigebäude werden die gewaltigen Geschützstellungen, Bunker und Tunnel nie verschwinden; die lebendige Hinterlassenschaft der Gartenblumen zwischen den Wildpflanzen verdankt sich wahrscheinlich den für die Molkerei arbeitenden Familien.

Spazieren ist mäandern und so mäanderte ich von meinem Narzissenbüschel zur nächsten Biegung der roten Straße, zuerst in Gedanken und dann zu Fuß. Die Militärstraße stieg hoch zum Gipfel und kreuzte den Pfad, der mich über die windumwehte Bergkuppe führen würde, dann abwärts, ehe er langsam zur Westseite des Gipfels hinaufkletterte. Auf dem Bergrücken, unter dem sich der Fußpfad entlangschlängelte, schaute eine alte, von einem achteckigen Zaun umgebene Radarstation ins nächste Tal hinab. Die Betonbunker samt diverser Überbleibsel auf Asphaltuntergrund waren Teile eines Nike-Raketensteuerungssystems, das einst die Atomraketen unten im Tal auf andere Kontinente gerichtet hatte; bekanntermaßen war keine einzige Rakete abgefeuert worden. Man stelle sich die Ruine als Memento an das abgesagte Ende der Welt vor.

Wie jeder Leser von Thoreaus »Gehen« weiß, führt diese Betätigung unweigerlich zu anderen Themen, man kommt von einem aufs andere, zum Beispiel an der Götterblume unterhalb der Raketenbasis auf der nördlichen Landzunge der Golden Gate Bridge vorbei. Es ist meine Lieblingsfeldblume, ihr Becher violett, die Spitzen schwarz, aerodynamisch geformt, auf einen Flug wartend, der natürlich nie stattfindet, gerade so, als hätte sie vergessen, dass Blumen Stiele haben und Stiele Wurzeln. Das Buschland zu beiden Seiten des Wegs grünte saftig; es war während der Trockenmonate von der Kondensation des

Meernebels gewässert worden, als Nordhang zudem schattenbegünstigt. Das Raketensteuerungssystem assoziiere ich immer mit Wüste und Krieg, die Böschungen darunter erinnern mich an englische Hecken, diese Feldgrenzen mit ihrem Vogel- und Pflanzenreichtum an die dortige ländliche Idylle. Hier wuchsen Farne, wilde Erdbeeren und unter einen Kojotenbusch geduckt blühten ein paar weiße Iris.

Obwohl ich über das Wandern sinnieren wollte, musste ich unwillkürlich über alles Mögliche nachdenken, über Briefe, die ich hätte schreiben sollen, oder über Gespräche, die ich geführt hatte. Zumindest war ich, als ich über das Telefonat mit meiner Freundin Sono an diesem Morgen nachdachte, nicht völlig vom Weg abgekommen. Ihr Lastwagen war vor ihrem Studio in West Oakland gestohlen worden und obwohl alle schrien, das sei ja die absolute Katastrophe, meinte sie, ihr täte es nicht besonders leid und sie wolle das Fahrzeug auch nicht so bald ersetzen. Voller Freude erlebe sie, wie ihr Körper bestens in der Lage sei, sie von einem Ort zum anderen zu bringen und ihr Viertel und dessen Bewohner hautnah und besser kennenzulernen, ein echtes Geschenk.

Wir sprachen davon, dass man zu Fuß oder bei der Benutzung der Öffentlichen Verkehrsmittel ein ganz anderes Zeitgefühl habe, weil man Abläufe vorab planen müsse, statt in letzter Minute irgendwo hinzuhetzen, und über das Gefühl und Gespür für einen Ort, der sich nur zu Fuß einstelle. In unserer Zeit leben viele Menschen in verschiedenen Räumlichkeiten – Heim, Auto, Fitnessstudio, Büro, Einkaufsläden –, alle säuberlich voneinander getrennt. Zu Fuß hingegen entfällt diese Trennung, man bleibt mit allem verbunden, denn während man von einer Räumlichkeit zur anderen unterwegs ist, bewohnt man den Raum dazwischen genauso wie die Räumlichkeiten selbst. Man lebt gewissermaßen in der Welt als Ganzes, und nicht nur in den Räumlichkeiten, die gebaut wurden, um sich vor ihr zu schützen.

Mein schmaler Pfad stieg an und ging in eine alte, graue Straße über. Der Schritt vom Weg auf die Straße öffnete gleichzeitig den Blick auf den gesamten Ozean, der sich bis Japan erstreckt. Jedes Mal durchfährt mich bei diesem Schritt zur neuerlichen Wiederentdeckung des Meeres tiefe Freude, ein Meer, das an den lichtesten Tagen wie gehämmertes Silber glänzt, grün, wenn es bedeckt ist, braun, wenn das Winterhochwasser den losgelösten Schlamm der Bäche und Flüsse weit hinaus mit sich führt, eine schillernde Blauvielfalt, wenn vereinzelte Wolken am Himmel stehen, unsichtbar einzig an den nebelverhangensten Tagen, wenn lediglich der Salzgeruch von seiner Anwesenheit kündet. An diesem Tag war das Meer von gediegenem Blau, floss Richtung Horizont, wo weißer Nebel den Übergang zum wolkenlosen Himmel verschwimmen ließ. Von nun an führte mein Weg bergab. Ich hatte Sono von einer Anzeige erzählt, die ich vor ein paar Monaten in der Los Angeles Times gesehen hatte und die mich seitdem beschäftigte. Darin wurde ein Lexikon auf CD beworben und der Text, der eine ganze Zeitungsseite einnahm, verkündete: »Früher sind Sie im strömenden Regen quer durch die Stadt marschiert, um unser Lexikon zu Rate zu ziehen. Wir sind recht optimistisch, dass sich Ihr Kind nur zu einem Mausklick überwinden muss.« Wahrscheinlich stellte der Gang des Kindes durch den Regen die eigentliche Wissensbildung dar, zumindest die der Sinne und der Phantasie. Vielleicht wird das Kind mit dem CD-Lexikon von seiner eigentlichen Aufgabe abkommen, doch dem Abkommen vom Wege in einem Buch oder virtuellen Nachschlagewerk sind Grenzen gesetzt, weniger sinnlich ist es ohnehin. Es sind die unvorhersehbaren Ereignisse, das Unerwartete zwischen all den regulierten Abläufen, die das Leben lebenswert machen. Seit mehr als zweihundert Jahren erkundet man hauptsächlich Stadt, Land und Wiese zu Fuß, stößt beim Spaziergang auf das Unerwartete, Unvorhersehbare, doch mittlerweile ist diese Art der Fortbewegung von mehreren Seiten bedroht.

Henry David Thoreau. Vom Spazieren

Ich glaube, daß ich meine körperliche und geistige Gesundheit nur bewahre, indem ich täglich mindestens vier, gewöhnlich jedoch mehr Stunden damit verbringe, absolut frei von allen Forderungen der Welt durch den Wald und über Hügel und Felder zu schlendern. Und an was, so wird man mich gewiß fragen, denke ich dabei? Zuweilen denke ich dabei daran, daß die Handwerker und Ladenbesitzer nicht nur die Vormittage, sondern auch die Nachmittage in ihren Werkstätten und Läden verbringen, viele von ihnen auch noch mit gekreuzten Beinen – als wären Beine nicht zum Stehen und Gehen, sondern zum Sitzen gemacht –, und dann finde ich, diesen Menschen gebühre eine gewisse Anerkennung, weil sie ihrem Leben nicht schon längst ein Ende gemacht haben.

Ich kann keinen Tag in meinem Zimmer verbringen, ohne Rost anzusetzen, und zuweilen, wenn ich mich um vier Uhr nachmittags, gewissermaßen um die elfte Stunde, zu einem Spaziergang fortgestohlen habe, zu spät, um das Tagwerk noch zu retten, da die Schatten der Nacht sich bereits mit dem Licht des Tages mischen, habe ich ein Gefühl, als hätte ich eine Sünde begangen, für die ich büßen muß. Und doch bin ich, wie ich gestehe, verblüfft über das Beharrungsvermögen und vor allem die moralische Gefühllosigkeit meiner Nachbarn, die sich Wochen und Monate, ja ganze Jahre von früh bis spät in Büros und Werkstätten einschließen. Ich weiß nicht, aus welchem Stoff die gemacht sind, die um drei Uhr nachmittags dasitzen, als wäre es drei Uhr morgens. Bonaparte hat von der Tapferkeit um drei Uhr morgens gesprochen, doch die ist nichts im Vergleich zu der Tapferkeit, die man braucht, um sich um drei Uhr nachmittags frohen Mutes an die Belagerung der eigenen Person zu machen, mit der man bereits den ganzen Vormittag verbracht hat, und eine Garnison auszuhungern, der man sich eigentlich verbunden fühlt. Ich frage mich, warum in den Straßen meiner Stadt um diese Zeit – sagen wir zwischen vier und fünf Uhr nachmittags, wenn es für die Morgenzeitung zu spät und für die Abendzeitung zu früh ist – keine große Explosion zu hören ist, welche die unzähligen althergebrachten, zahmen Gedanken und Vorstellungen in alle vier Winde zerstreut, um sie auszulüften, wodurch das Übel kuriert wäre.

[...]

Wenn wir einen Spaziergang machen, wenden wir uns ganz natürlich den Feldern und Wäldern zu: Was würde aus uns werden, wenn wir uns nur im Garten oder auf der Promenade bewegen würden? Selbst die Vertreter einiger Philosophenschulen haben, da sie selbst nicht in den Wald gingen, die Notwendigkeit verspürt, den Wald herbeizuholen. »Sie pflanzten Haine und Alleen aus Platanen«, und unternahmen in diesen offenen Säulengängen *subdiales ambulationes**. Selbstverständlich ist es sinnlos, unsere Schritte zum Wald zu lenken, wenn wir dort nicht wirklich ankommen. Ich bin beunruhigt, wenn ich merke, daß ich eine Meile in den Wald hineingegangen bin, ohne auch im Geist dort zu sein. Bei meinen Nachmittagsspaziergängen möchte ich meine morgendlichen Beschäftigungen und meine Verantwortung gegenüber der Gesellschaft vergessen. Doch manchmal gelingt es mir nur schwer, das Städtchen abzuschütteln. Der Gedanke an irgendeine Aufgabe schießt mir durch den Kopf, und ich bin nicht mehr dort, wo mein Körper ist – ich bin nicht mehr bei Sinnen. Auf meinen Spaziergängen möchte ich jedoch bei Sinnen sein. Was soll ich im Wald, wenn ich dabei an etwas denke, was nicht im Wald

* Eigentlich *subdiales inambulationes* (Plinius): Spaziergänge unter freiem Himmel

ist? Ich bin voller Argwohn, und ein unwillkürlicher Schauder überläuft mich, wenn ich feststelle, daß ich verstrickt bin in das, was man gemeinhin gute Werke nennt – denn auch dies kommt zuweilen vor.

Meine Umgebung ermöglicht viele schöne Spaziergänge, und obgleich ich seit vielen Jahren fast täglich und manchmal sogar tagelang unterwegs bin, ist der Vorrat noch nicht erschöpft. Ein gänzlich neuer Ausblick ist ein großes Glück, das für mich an jedem beliebigen Nachmittag möglich ist. In zwei oder drei Stunden kann ich in einer Gegend sein, die mir so fremd ist, wie ich sie mir nur wünschen kann. Ein Farmgebäude, das ich zuvor nicht wahrgenommen hatte, ist manchmal so interessant wie die Behausung des Königs von Dahomé. In der Tat läßt sich zwischen den Möglichkeiten, die eine Landschaft in einem Radius von zehn Meilen bietet – einer Strecke, die man an einem Nachmittag bewältigen kann –, und dem etwa siebzig Jahre währenden menschlichen Leben eine Ähnlichkeit erkennen. Mit beidem ist man nie ganz vertraut.

Die heutigen sogenannten zivilisatorischen Fortschritte, wie das Errichten von Häusern, das Roden von Wäldern und das Fällen aller großen Bäume, entstellen die Landschaft bloß und machen sie zahmer und billiger. Wo ist das Volk, das mit dem Verbrennen der Zäune beginnt und den Wald stehen läßt? Ich sah halberrichtete Zäune mitten in der Prärie enden und einen weltlich gesinnten Geizkragen in Begleitung eines Landmessers die Grenzen seines Besitzes inspizieren, während ringsumher der Himmel die Erde berührte, doch er bemerkte die umherfliegenden Engel nicht, sondern suchte in diesem Paradies nichts weiter als ein altes Pfostenloch. Ein zweiter Blick zeigte mir, daß er, umgeben von Teufeln, inmitten eines morastigen, stygischen Sumpfes stand und zweifellos seine Grenze gefunden hatte – drei kleine Steine, welche die ehemalige Position eines Pfostens markierten –, und als ich genauer hinsah, erkannte ich, daß sein Landmesser der Fürst der Finsternis war.

[...]

Ich halte es für falsch, jeden Menschen oder jeden Teil des Menschen zu kultivieren, ebenso wie ich es für falsch halte, jeden Hektar Boden zu kultivieren. Ein Teil davon soll bestellt werden, doch der größere Teil soll Wald oder Wiese bleiben und keinem unmittelbaren Zweck dienen, sondern durch den jährlichen Zerfall der Pflanzen, die er trägt, einen Humus für die ferne Zukunft bilden.

Robert Louis Stevenson. Vom Wandern

Man darf sich nicht vorstellen, eine Wandertour sei, wie manche uns das weismachen wollen, nur eine bessere oder schlechtere Art, eine Region anzuschauen. Es gibt viele Arten, auf die man eine Landschaft genau so gut betrachten kann, und keine ist kraftvoller – frömmelnden Dilettanten zum Trotz –, als dies aus einem Eisenbahnwaggon heraus zu tun. Auf einer Wandertour aber ist die Landschaft quasi ein Teil der Ausrüstung. Derjenige, der wirklich dieser verschworenen Gemeinschaft angehört, sucht auf der Reise nicht nach dem Malerischen, sondern nach gewissen vergnüglichen Stimmungen – von der Hoffnungsfreude und dem Elan, mit denen der Marsch am Morgen begonnen wird, bis zum Frieden und der geistigen Erfüllung, die die abendliche Rast bringt. Er vermag nicht zu sagen, ob er seinen Rucksack mit größerem Vergnügen aufsetzt oder abnimmt. Die Erregungen des Aufbruchs stimmen ihn schon ein auf diejenigen der Ankunft. Was immer er tut, trägt nicht nur seinen Lohn in sich selbst, sondern wird in der Folge noch immer mehr belohnt, und so führt ein Vergnügen wie an einem endlosen Band zum nächsten. Das ist es, was nur so wenige verstehen können; entweder verbummeln sie die Zeit oder sie machen fünf Meilen die Stunde, sie können sich nicht für das eine oder andere entscheiden, bereiten sich den ganzen Tag auf den Abend und am Abend auf den nächsten Tag vor. Und obendrein mangelt es diesem Über-Wanderer am rechten Verständnis. Sein Herz erhebt sich gegen diejenigen, die ihren Curaçao aus einem Schnapsglas trinken, nur weil er selbst ihn aus der Pulle säuft. Er mag nicht glauben, daß das Aroma sich im kleineren Quantum besser entfaltet. Er mag nicht glauben, daß unzumutbare Entfernungen abzuwandern heißt, sich abzustumpfen und zum Tier zu machen, und er wird die abendliche Herberge mit erfrorenen Sinnen und einer sternenlosen Finsternis im Kopf erreichen. Für ihn gibt es die sanft erleuchteten Abende des gemäßigten Wanderers nicht! Es ist nichts Menschliches mehr an ihm, als das körperliche Bedürfnis nach einem Bett und einer doppelten Nachtmütze; selbst seine Pfeife, wenn er denn ein Raucher ist, schmeckt nicht recht und macht ihm keine Freude. Es ist das Schicksal solcher Menschen, doppelte Mühsal auf sich zu nehmen, um Zufriedenheit zu erlangen, und am Ende – nicht zufrieden zu sein. Er ist, kurz gesagt, der Mann aus dem Sprichwort: Der Erste wird der Letzte sein.

Man sollte also, um sich recht daran erfreuen zu können, eine Wandertour allein unternehmen. Wenn man in Gesellschaft geht oder auch nur als Paar, handelt es sich schon nur noch dem Namen nach um eine Wandertour; es wird zu etwas anderem und nimmt mehr die Natur eines Picknicks an. Man sollte sich allein auf eine Wandertour begeben, weil Freiheit essentiell dazugehört. Weil man in der Lage sein sollte, anzuhalten und weiterzugehen, diesen oder jenen Weg zu nehmen, wie die Laune einen gerade reitet. Und weil man sein eigenes Tempo gehen muß und nicht neben einem Wettkampfwanderer hertraben oder im Mädchentempo trippeln sollte. Außerdem muß man für alle Eindrücke offen sein und seine eigenen Gedanken die Farbe dessen, was man sieht, annehmen lassen. Man sollte ein Röhrchen sein, auf dem jede Art Wind seine Musik machen kann. *»Ich kann nicht erkennen, welcher Witz darin liegen soll«*, sagt Hazlitt, *»zu wandern und zur gleichen Zeit zu reden. Wenn ich auf dem Land bin, möchte ich wie das Land dahinvegetieren.«* – Und damit ist schon alles auf den Punkt gebracht. Man sollte kein Geschnatter um sich haben, das einem in der meditativen Morgenstille den Ellbogen in die Seite rammt. Und solange jemand noch hin und her überlegt, kann er sich selbst dieser feinen Vergiftung, die von viel Bewegung an der frischen Luft herrührt, mit einer Art Verwirrung und Schwerfälligkeit des Kopfes beginnt und in einer unbegreiflichen Friedlichkeit endet, nicht aussetzen.

Zu Beginn jeder Tour, etwa am ersten Tag, gibt es Augenblicke der Bitterkeit, in denen der Reisende seinem Rucksack gegenüber eher kalte Gefühle hegt, schon halb entschlossen ist, ihn einfach über die nächste Hecke zu werfen und, wie Christian bei ähnlicher Gelegenheit, *»drei Sprünge zu tun und singend weiterzuzieh'n«*. Und doch wird der Rucksack bald zu einem Sitz der Beschwingtheit. Er wird zum Magneten – der Geist der Reise fährt in ihn. Und ganz sicher ist von allen möglichen Stimmungen die, in der ein Mann die Straße unter die Füße nimmt, die beste. Natürlich wird er *weiterhin* seine Befürchtungen wälzen, er *wird* Abudahs Kästchen öffnen und Arm in Arm mit der alten Vettel gehen. Denn wo immer er sich auch befindet und ob er nun schnell oder langsam geht, die Chancen zu scheitern sind vorhanden. Um so schändlicher für ihn! Mögen es auch dreißig Mann hoch sein, die sich alle zur gleichen Stunde auf den Weg machen – ich würde eine große Summe darauf setzen, daß sich nicht ein einziges trübes Gesicht unter ihnen findet. Schön wäre es, könnte man in einem Tarnmantel jeden dieser Wanderer an einem Sommermorgen auf den ersten Meilen des Weges begleiten. Dieser hier geht schnell, mit scharfem Blick, ist ganz auf sich selbst konzentriert, er sitzt an seinem Webstuhl und faßt die Landschaft mit Kette und Schuß in Worte. Dieser späht um sich, wie er so über die Wiesen geht; am Kanal hält er inne, um die Libellen zu beobachten; er lehnt am Weidetor und kann gar nicht genug bekommen vom Anblick der selbstgefälligen Kühe. Und hier kommt ein anderer, schwatzend, lachend und vor sich hin gestikulierend. Sein Gesichtsausdruck ändert sich von Zeit zu Zeit, Entrüstung blitzt aus seinen Augen oder Zorn umwölkt seine Stirn. Er komponiert Artikel, hält feierliche Reden und führt nebenbei die leidenschaftlichsten Interviews. Ein wenig weiter wird er vielleicht auch noch zu singen beginnen. Nur gut für ihn, vorausgesetzt, er ist kein Virtuose in dieser Kunst, wenn ihm hinter der nächsten Kurve kein sturer Bauer begegnet, denn in einem solchen Fall wüßte ich kaum zu entscheiden, wessen Qual größer oder ob die Verwirrung des Troubadours schwerer als die ungeheuchelte Bestürzung des Grobians zu ertragen ist. Die ansässige Bevölkerung kann sich, da sie obendrein an das seltsam maschinenhafte Gebaren gewöhnlicher Landstreicher gewöhnt ist, die Fröhlichkeit dieser Passanten in keiner Weise erklären. Ich kannte jemanden, der als entsprungener Irrer festgenommen wurde, weil er, obwohl ein ausgewachsener Mann mit rotem Bart, beim Gehen hopste wie ein Kind. Und Sie wären erstaunt, würde ich von all den gesetzten und gelehrten Köpfen erzählen, die mir gestanden, daß sie auf Wandertouren sängen – und zwar sehr schlecht – und rote Ohren bekämen, wenn, wie oben beschrieben, der unheildrohende Bauer hinter einer Kurve mit ihnen zusammenprallte. Hier ist, damit Sie nicht glauben, ich übertriebe, Hazlitts eigenes Geständnis aus seinem Essay *Über Fußreisen*. Es ist so wahr, daß alle, die es nicht gelesen haben, mit einer Steuer belegt werden sollten: –

»Man gebe mir den klaren blauen Himmel über dem Kopf«, sagt er, *»einen grünen Rasen unter meine Füße, eine sich windende Straße voraus und einen dreistündigen Anmarsch zum Abendessen – und etwas zum Nachdenken! Es ist hart, wenn ich auf diesen einsamen Heiden kein Spielchen treiben kann. Ich lache, ich laufe, ich springe, ich singe vor Freude.«*

Bravo! Nach dem Abenteuer meines Freundes mit dem Polizisten hätten Sie sicher nicht gewagt, dies in der ersten Person zu publizieren, oder? Aber es gibt heutzutage eben keine Tapferkeit mehr, und wir alle müssen – selbst in Büchern –

vorschützen, so stumpf und läppisch wie unsere Nachbarn zu sein. Das war bei Hazlitt anders. Und beachten Sie, wie gelehrt er in Bezug auf die Theorie der Wandertour (und überhaupt im ganzen Essay) ist. Er ist keiner dieser heutigen Athleten in Purpursocken, die ihre fünfzig Meilen pro Tag machen. Ein dreistündiger Marsch ist sein Ideal; und es muß eine sich windende Straße sein – der Epikuräer!

Und doch gibt es einen Punkt, in dem ich seinen Worten nicht beipflichte, ein Detail am Verfahren des großen Meisters, das mir nicht wirklich durchdacht erscheint. Das Springen und Laufen kann ich nicht gutheißen. Beides beschleunigt die Atmung, beides rüttelt das Gehirn aus seiner prächtigen Freiluft-Verwirrung, und beides verhindert einen gleichmäßigen Schritt. Ungleichmäßiges Gehen ist weniger angenehm für den Körper und irritiert den Geist und lenkt ihn ab. Dagegen braucht man, ist man einmal in einen gleichförmigen Trab verfallen, keinen Gedanken mehr ans Durchhalten zu verschwenden. Und obendrein bewahrt es einen davor, überhaupt über irgend etwas ernsthaft nachzudenken. Wie das Stricken oder die Arbeit eines Kopisten neutralisiert es nach und nach die ernsthafte Geistestätigkeit und schläfert sie schließlich ein. Wir können wie Kinder oder wie im morgendlichen Dahindösen obenhin und lachend an dies und jenes denken; wir können Wortspiele oder Rätsel aus Akrostichen bilden oder auf tausend und eine Art unser Spiel mit Worten und Reimen treiben. Aber wenn es an die ernsthafte Arbeit geht, wenn wir uns zu einer großen Anstrengung zusammenraffen wollen, können wir so lang und laut wir wollen die Signaltrompete bemühen – die großen Barone des Geistes werden nicht zur Fahne eilen, denn sie sitzen jeder für sich daheim, wärmen ihre Hände am Feuer und brüten über Privatangelegenheiten!

Sie sehen, im Verlauf einer Tageswanderung unterliegt die

Stimmung vielen Wandlungen. Vom heiteren Aufbruch bis zur phlegmatischen Ankunft finden gewiß große Veränderungen statt. Der Reisende bewegt sich im Tagesverlauf von einem Extrem ins andere. Mehr und mehr verwächst er mit den Gegebenheiten der Landschaft, und die Freiluft-Trunkenheit kommt mit großen Schritten über ihn, bis er die Straße entlangstiebt und alles um sich her wie in einem freundlichen Traum wahrnimmt. Der erste Zustand ist sicherlich glanz-, der zweite aber friedvoller. Man schreibt zum Ende hin nicht mehr so viele Artikel und lacht auch nicht mehr laut, aber das rein animalische Vergnügen, der Sinn fürs körperliche Wohlergehen, das Entzücken an jedem Atemzug und jeder Muskelstraffung in den Oberschenkeln trösten über die Abwesenheit von anderem und lassen einen doch zufrieden das Ziel erreichen.

Auch darf ich nicht vergessen, ein Wort über Biwaks zu sagen. Sie erreichen einen Meilenstein auf einem Berg oder eine Stelle, an der sich Hohlwege unter Bäumen kreuzen: Dann nichts wie runter mit dem Rucksack und hingesetzt, um im Schatten eine Pfeife zu rauchen! Sie versinken in sich selbst, Vögel kommen vorbei und schauen Sie an, und der Rauch verliert sich unter der blauen Himmelskuppel im Nachmittag. Die Sonne scheint Ihnen warm auf die Füße, eine kühle Brise streicht um Ihren Nacken und schlägt Ihr geöffnetes Hemd zurück. Wenn Sie nicht glücklich sind, kann es nur an einem schlechten Gewissen liegen. Sie können solange Sie wollen am Wegesrand herumtrödeln. Es ist fast, als wäre das Paradies auf Erden angebrochen, in dem wir unsere Uhren hinters Haus werfen und uns der Zeit und der Jahreszeiten nicht mehr erinnern. Wer ein nicht nach Stunden eingeteiltes Leben lebt, möchte ich sagen, lebt ewig. Bevor Sie es ausprobiert haben, können Sie sich nicht vorstellen, wie endlos lang ein Sommertag ist, der nur vom Hunger eingeteilt wird und den Sie erst beenden, wenn Sie einschlummern. Ich kenne ein Dorf, wo es so gut wie keine Uhren gibt und man die Wochentage nur aus einem Instinkt für die sonntäglichen Feiern heraus mutmaßt; nur eine einzige Person dort weiß das Datum anzugeben – und liegt im allgemeinen falsch. Und wenn die Leute gewahr würden, wie langsam die Zeit in diesem Dorf vergeht und wie sie über alle Vereinbarung hinaus mit beiden Armen Mußestunden unter die Einwohner verteilt, gäbe es, glaube ich, einen Massenansturm aus London, Liverpool, Paris und einer Vielzahl großer Städte, in denen alle Uhren außer Rand und Band sind und wie um die Wette eine Stunde schneller als die andere herunterrasseln. All diese närrischen Pilger brächten ihr ganzes Elend mit sich – in Form einer Taschenuhr. Man hat bemerkt, daß es in den vielgerühmten Tagen vor der Sintflut keine Uhren und Wecker gab. Daraus ergibt sich natürlich, daß es keine Verabredungen gab und man an Pünktlichkeit noch nicht dachte. *»Nimm einem Habsüchtigen all seine Schätze«*, sagt Milton, *»so bleibt ihm doch noch ein Juwel zurück: denn seine Habsucht kann man ihm nicht nehmen.«* Und das möchte ich auch vom modernen Geschäftsmann sagen: man tue für ihn, was man will, stecke ihn in den Garten Eden und reiche ihm das Lebenselixier – ein Makel bleibt in seinem Herzen, sein Geschäftsgehabe. Nun gibt es keine Zeit, in der das Geschäftsgehabe stärker gemildert wird als auf einer Wandertour, und so werden Sie sich, wie gesagt, während der Pausen fast frei fühlen.

Aber es ist des Abends nach dem Essen, da die beste Stunde naht. Die Pfeifen, die Sie nach einem strammen Tagesmarsch rauchen, sind unvergleichlich, das Aroma des Tabaks werden Sie in Erinnerung behalten, da es so trocken und aromatisch, so voll und fein ist. Wenn Sie den Abend mit Grog begehen, werden Sie zugeben: einen solchen Grog hat es noch nie gegeben! Mit jedem Schlückchen verbreitet sich eine lustige Ruhe in Ihren Gliedern und nimmt gutgelaunt in Ihrem Herzen Platz. Wenn Sie ein Buch lesen – und das werden Sie nie oder höchstens anfallweise tun –, erscheint Ihnen die Sprache seltsam geistreich und harmonisch. Die Worte nehmen eine neue Bedeutung an, einzelne Sätze klingen Ihnen eine halbe Stunde lang im Ohr, und Ihre Zuneigung zum Autor, der ganz genau Ihre Empfindungen beschreibt, steigt mit jeder Seite. Fast ist es, als hätten Sie selbst in einem Traum das Buch verfaßt. Auf alles, was wir bei solchen Gelegenheiten gelesen haben, blicken wir mit besonderem Wohlwollen zurück. *»Es war am 10. April 1798«*, sagt Hazlitt, *»daß ich mich im Gasthaus von Llangollen mit einer Flasche Sherry und einer Portion kaltem Hühnchen an einen Band der Neuen Héloïse setzte.«*

Ich würde gern mehr zitieren, denn obwohl wir Heutigen ziemlich feinsinnige Burschen sind, können wir doch nicht schreiben wie Hazlitt. Und, da wir gerade davon sprechen, ein Band von Hazlitts Essays wäre ein prächtiger Begleiter auf einer solchen Reise; ebenso ein Band von Heines Liedern, und was den *Tristram Shandy* betrifft, da garantiere ich ein großartiges Erlebnis.

Ist der Abend angenehm und warm, kann es im Leben nichts Schöneres geben, als um die Zeit des Sonnenuntergangs vor einer Gasthaustür herumzuschlendern oder sich über das Geländer einer Brücke zu lehnen, um Gräser und flitzende Fischchen zu beobachten. Wenn überhaupt je, schmecken Sie die ganze Bedeutung des kühnen Wortes Heiterkeit bei dieser Gelegenheit. Ihre Muskeln sind so angenehm gelockert, Sie fühlen sich so sauber, so stark und so müßig, daß, was immer Sie auch tun, ob Sie sich Bewegung verschaffen oder stillsitzen, mit Stolz und einer Art königlichem Vergnügen geschieht. Sie unterhalten sich mit jedermann, sei er nun weise oder ein Narr, betrunken oder nüchtern. Und es ist, als hätte der stramme Marsch Sie, mehr als von irgend etwas sonst, von aller Engherzigkeit und allem Stolz gereinigt und die Bereitschaft zurückgelassen, Ihre Rolle freimütig wie ein Kind oder ein Gelehrter zu spielen. Sie steigen von ihrem Steckenpferd, um die provinziellen Eigenarten sich entwickeln zu sehen, mal als lächerliche Farce – und dann wieder ernst und schön wie eine alte Sage.

Vielleicht bleiben Sie am Abend auch sich selbst überlassen und lassen sich – am Feuer – vom Wetter beeindrucken. Vielleicht erinnern Sie sich, wie Burns, als er Vergnügungen der Vergangenheit aufzählte, nachdrücklich von den Stunden sprach, in denen er »glücklich dachte«.

Dies ist ein Ausdruck, der einen armen Modernen, der auf allen Seiten von Uhren und Glockengeläut umlagert und selbst des Nachts von leuchtenden Zifferblättern heimgesucht wird, wohl verblüffen mag. Denn wir sind alle so beschäftigt und müssen so viele entlegene Projekte realisieren, haben Burgen im Feuer, um sie in solide fundamentierte bewohnbare Häuser umzuschmieden, daß wir nicht die Zeit für Vergnügungsreisen ins Land der Gedanken und die Berge der Eitelkeiten finden können. Das sind andere Zeiten, fürwahr, in denen wir den ganzen Abend mit gefalteten Händen am Feuer sitzen. Und für die meisten von uns eine andere Welt, wenn wir entdecken, daß wir die Stunden auch ohne Unzufriedenheit zubringen können und – glücklich denken. Wir sind so sehr in Hast, etwas zu tun, zu schreiben, Hausrat anzuhäufen, unserer Stimme für einen Augenblick im spottenden Schweigen der Ewigkeit Gehör zu verschaffen, daß wir das Eine vergessen, von dem all dies nur ein kleiner Teil ist – nämlich zu leben. Wir verlieben uns, wir besaufen uns, wir rennen wie ängstliche Schafe auf der Erde hin und her. Und jetzt ist es an Ihnen, wenn Sie mit allem fertig sind, sich zu fragen: wäre es nicht besser gewesen, daheim am Feuer zu sitzen und glücklich zu denken. Stillzusitzen und nachzudenken – sich ohne Sehnen der Gesichter von Frauen zu erinnern, neidlos die großen Taten anderer anzuerkennen, allem und jedem mit Sympathie zu begegnen, und doch zufrieden zu bleiben, wo man ist und wer man ist – heißt das nicht, Weisheit und Tugend zu kennen und glücklich zu leben? Schließlich sind es nicht die Fahnenträger, die das Vergnügen an Umzügen genießen, sondern diejenigen, die ihnen von ihren Fenstern aus zuschauen Und wenn Sie das einmal verstanden haben, sind Sie genau in der Stimmung sozialer Häresie angekommen. Dann ist nicht mehr die Zeit für Ausflüchte oder große, leere Worte. Wenn Sie sich selbst fragen, was Sie unter Ruhm, Reichtümern oder Gelehrsamkeit verstehen, können Sie lange nach der Antwort suchen. Und so kehren Sie zurück in das Königreich unbeschwerter Phantasien, die den Philistern, die schwitzend hinter dem Wohlstand her sind, so fruchtlos erscheinen und den von den Mißverhältnissen der Welt Betroffenen, die es auch im Angesicht ungeheurer Sterne nicht lassen können, Unterschiede zwischen zwei Graden des unendlich Kleinen – etwa einer Tabakspfeife und dem Römischen Reich, Millionen an Geld und dem Ende eines Geigenbogens – auszumachen, so bedeutsam.

Sie lehnen sich aus dem Fenster, Ihre Pfeife dampft weißen Rauch in die Dunkelheit, Ihr Körper ist voll köstlichem Schmerz, Ihre Seele thront im Siebten Kreis der Zufriedenheit – und plötzlich tritt der Mond in eine andere Phase, der Wetterhahn dreht sich, und Sie stellen sich eine weitere Frage: ob Sie in dieser Zwischenzeit der weiseste der Philosophen oder der ungeheuerlichste Esel gewesen sind? Die menschliche Erfahrung ist noch nicht imstande, eine Antwort zu geben; aber zumindest haben Sie eine nette Zeit gehabt und auf alle Königreiche dieser Welt herabgeschaut. Und ob es nun weise oder närrisch war, die morgige Reise wird Sie – Körper und Geist – in einen anderen Kirchsprengel der Unendlichkeit bringen.

Charles Lummis. Wanderung quer durch die USA

Aber warum laufen? Gibt's denn nicht genügend Züge und Schlafwagen, dass du die Strecke gehen musst? So äußerten sich viele Freunde, als sie von meiner Entscheidung erfuhren, dass ich von Ohio nach Kalifornien zu Fuß gehen wollte, und das ist wahrscheinlich die erste Frage, die jedem in den Sinn kommt, wenn er über die längste bekannte Wanderung liest, die rein zum Vergnügen unternommen wurde. Züge und Schlafwagen wurden jedoch dazu erfunden, uns geschwind durchs Leben zu befördern und uns jeder Menge Spaß zu berauben. Ich hatte es weder auf Zeit noch auf Geld abgesehen, sondern auf das Leben – Leben nicht im Sinne der armen Tröpfe, die mit Krankheit geschlagen sind, denn ich war topfit und durchtrainiert, sondern auf das Leben im wahrsten, tiefsten Sinne, die überbordende Freude eines Lebens jenseits der leidigen gesellschaftlichen Zwänge, ein Leben mit gesundem Körper und wachgerütteltem Geist, bei dem Gehirn und Geläuft, Lunge und Leib jubilieren und sich gemeinsam weiterentwickeln. Ich fand es beschämend, dass ich von meinem eigenen Land so wenig gesehen hatte – wie die meisten Amerikaner übrigens. Ich war jung (sechsundzwanzig), hatte gestählte Muskeln und war mit den Freuden langer Fußmärsche wohlvertraut, bzw. mit dem, was so gemeinhin als langer Fußmarsch gilt. Außerdem wollte ich von Ohio nach Kalifornien ziehen, also bot sich hier die Möglichkeit, mehrere Fliegen mit einer Klappe zu schlagen: Ich würde mehr über Land und Leute erfahren als bei jeder Zugreise, ich hätte das körperliche Vergnügen, das nur der eingefleischte Wandersmann erlebt, mein Geist würde durch unbekannte Landschaften und neue Erfahrungen beflügelt sowie ich auf diese angenehme Weise mein neues Zuhause erreichen.

Aus diesen Gründen machte ich mich also zu einer 3507 Meilen und 143 Tage dauernden Wanderung auf. Es ging um keine Wette, es gab keinen vorgegebenen Zeitrahmen oder irgendeine andere Einschränkung, die mich versklavt und mir die Freude an der Wanderung ruiniert hätten. Ich unternahm den Fußmarsch einfach nur aus Spaß an der Freud und es waren die ergiebigsten Monate eines ziemlich bewegten Lebens. Auch wollte ich nicht bekannt oder berühmt werden – im Gegenteil, meist erzählte ich unterwegs niemandem von meinem Vorhaben und entging so den Blicken und Fragen der Fremden. Die Reise war häufig sehr ermüdend, aber niemals langweilig, voller Entbehrungen und in der zweiten Hälfte voller Gefahren, aber immer lehrreich, höchst interessant und ich genoss sie in vollen Zügen, selbst wenn die Zähne zusammengebissen werden mussten, was ziemlich häufig der Fall war. Die erste Hälfte umreiße ich nur grob, denn sie ging durch besiedeltes Gebiet, es gab kaum Abenteuer, und auch wenn es interessant war, war die Wanderung für mich doch nicht bemerkenswerter als viele andere, die ich durch den Osten des Landes unternommen hatte. Aber ab Colorado reihte sich ein Abenteuer ans nächste, mit so vielen Erlebnissen hätte ich nie gerechnet. Wenn der Bericht einzig und allein von mir und meinen Erfahrungen handelt, so muss man bedenken, dass ich allein wanderte und niemand seinen Beitrag zu dieser Geschichte leisten kann, außer dem Hund, der mir über 1500 abenteuerliche Meilen treue Kameradschaft hielt und dessen trauriger Tod in der Wüste immer noch die intensivste Erinnerung an diese Reise ist.

Die Wanderung kostete um ein Vielfaches mehr als eine Zugreise erster Klasse, aber angesichts des körperlichen Wohlbehagens, des reichbestückten Informationsladens, des gesamten Kurositätenkabinetts sowie dem Museum an Erinnerungen war das Unternehmen mehr als preiswert.

Am 11. September 1884 nahm ich den Zug von Chillicothe nach Cincinnati – diese neunzig Meilen waren bereits ein alter Hut für mich – und begann dort am nächsten Tag meinen langen Marsch. Ich trug einen gut- aber nicht engsitzenden Anzug mit Kniebundhosen – wer in der Wissenschaft des Fußmarsches unbewandert ist, hat nicht die mindeste Vorstellung, welches enorme Hindernis unterhalb des Knies herumschlackernde Hosenbeine darstellen –, ein Flanellhemd und leichte Halbschuhe (von Curtis & Wheeler). Wer das Wandern nicht gewohnt ist, sollte für einen Marsch feste Schuhe mit dicken Sohlen wählen, wer aber tagein, tagaus zur Wanderung aufbricht, sollte am besten leichtes Schuhwerk tragen, damit Fußsohlen und Knöchel ohne »Krücken« gestärkt werden. Seit ich gelernt habe, in Apachen-Mokassins loszuziehen, war mir die Leichtfüßigkeit, die auf ein paar Tage mit wunden Füßen folgte immer lieber, als das beständige Herumschlurfen in schweren Schuhen. Mein Gewehr wurde per Express nach WaKeeney in Kansas spediert, wo ich es mir wieder umhängte, mein kleiner Koffer und der leichte, aber geräumige Segeltuchrucksack legten ihre Tagesmärsche auf den breiteren Schultern einer Spedition zurück. Wenn man zum Vergnügen wandert, lautet das erste Gesetz: wenig Gepäck; aus diesem Grund hatte ich mich bei weiten Strecken schon lange gegen das Fahrrad entschieden. Radeln macht großen Spaß, wenn man aber sein »Pferd« tragen muss, was bei dieser Strecke ungefähr die Hälfte der Zeit der Fall gewesen wäre, könnte man sich genauso gut eine Sträflingskugel um den Fußknöchel ketten. Sogar mit einem echten Pferd hätte ich viele der interessantesten Erlebnisse nicht gemacht und hatte tausendfach Grund zur Dankbarkeit, dass mich keinerlei derartige Einschränkungen behinderten. In meinen Taschen befanden sich Schreibzeug, Angelgerät, Streichhölzer und Tabak sowie ein kleiner Revolver, den ich später gegen einen .44er austauschte. An meinem Gürtel hing ein stabiles Jagdmesser, dieses nützlichste aller Werkzeuge, und in einem Geldgürtel, den ich direkt auf der Haut trug, befanden sich 300 Dollar in Goldmünzen, die im Gegensatz zu Papiergeld nicht unter meinem Schweiß leiden würden. Die Geldstücke waren von kleinem Wert, denn der Wechsel eines Zwanzigdollarstücks hätte mich auf einer derartigen Reise an hundert Orten das Leben gekostet.

Um neun Uhr am Freitag, dem 12. September, drehte ich Cincinnati den Rücken zu und trabte den staubigen Flussweg entlang Richtung Lawrenceburg. Der Weg durch das weite Ohiotal war angenehm und doch traurig. Die runden Hügel, die weite Ebene, in der das gelbe Korn raschelte, der friedlich schimmernde Fluss taten den Augen wohl. Doch überall fanden sich die breiten, halbverheilten Narben der gewaltigen, todbringenden Flut vom Februar 1884. All diesen Städten und Dörfern hatte der tückische Fluss – zwischen dessen Hoch- und Tiefwasserständen erschütternde siebzig Fuß liegen – seinen grausigen Stempel aufgedrückt. Cincinnati wurde durch seine schiere Größe vor der Zerstörung gerettet, doch das Schlammwasser bedeckte viele Quadratmeilen der Stadt und kroch in tausenden Gebäuden bis in den ersten Stock. Aber die kleinen Städte im Umkreis von dreihundert Meilen haben sich nie von diesen unerhörten Wasserlawinen erholt. Viele werden sich auch nie ganz davon erholen, leben sie doch jährlich in Furcht vor einer erneuten Heimsuchung.

Meine hauptsächliche Erinnerung an die erste Woche sind wundgelaufene Füße. Vor diesem Marsch war ich jahrelang immer viel gewandert, aber der Boden war von der Hitze völlig ausgelaugt und es war immer noch sehr heiß und das Gehen tagaus, tagein auf dem kochenden Erdreich ließ meine Füße zu einer einzigen großen Blase werden. Aber um so etwas kümmert sich der erfahrene Wandersmann nicht; ruht man sich nämlich aus und verarztet die Blasen, kommen sie wieder, sobald man weitermarschiert. Beißt man hingegen die Zähne zusammen, stapft weiter und erträgt die heftigen Schmerzen einige Tage lang, dann heilen die aufmüpfigen Fußsohlen von selbst und man bleibt für die restliche Reise von Blasen verschont. Also humpelte ich unter jämmerlichem Grimassenschneiden und mit noch jämmerlicherem Gang weiter, gab aber nicht auf, und als ich Missouri erreicht hatte, waren meine Füße so topfit wie der Rest meines Körpers. Ein gleich zu Beginn des Marsches verknackster Knöchel heilte auf die gleiche Weise.

Das Wetter war kaum zum Wandern geeignet. Als ich die ersten zwei Staaten durchquerte, war es erdrückend heiß; anschließend stapfte ich mehrere Tage lang durch strömenden Regen, der mir allerdings die gute Laune nicht verhagelte und als Erfahrung verbucht wurde.

Noch vor ein paar Jahren waren die riesigen Prärien des Südwesten schwarz vor unzähligen Büffelherden gewesen, aber diejenigen, die wegen des Fleisches und des Fells jagten, vor allem jedoch der brutale Kerl, der um des Blutrausches willen tötete, hatten dieses edle Wild ausgerottet. Gerade als ich durch Cheyenne Wells kam, wurde der letzte Büffel getötet – ein alter, ergrauter Bulle, der letzte Überlebende seiner nomadischen Rasse. Aber überall war das Gras noch von ihren tiefen, schmalen Spuren durchzogen, und hin und wieder kam ich an übergrünten Suhlen vorbei, wo sich die großen, gebuckelten Rinder hin und her gewälzt hatten, um der Folter durch die Stechmückenschwärme zu entkommen.

Mittlerweile war ich selbst kräftig wie ein junger Bison. Das Leben draußen im Freien ist ein prächtiges Lebenselixier und jeden Morgen, wenn ich mich von Mutter Erdes braunem Schoß erhob, wirkte ich wie die Verkörperung des sagenhaften

Antaios. Das Volumen meiner Lungen vergrößerte sich, meine Augen sahen zweimal so weit und unter der Haut hob sich jede meiner Sehnen wie ein kleines Seil ab. Was meine Füße betrifft, die waren ungefähr wie die des Mädchens aus Georgia, das ohne Schuhe vor dem Herd steht. »Sally!«, ruft die Mutter, »du stehst auf einer glühenden Kohle!« Sally rührt sich nicht, sondern fragt stattdessen: »Mit welchem Fuß denn, Mama?«

Was das Schlafen betrifft, stellen Sand und Gras die weichsten Betten überhaupt dar – und die einzig sauberen; auf ihnen streckte ich mich jede Nacht in meinem Schlafsack aus, schrieb bis spät beim flackernden Feuer aus Gras und kleinen Wurzeln, drehte mich um und versank in einen so süßen Schlummer wie nur selten in einem Daunenbett. Auch meinen mittlerweile abgehärteten Füßen drohte Ungemach. Bei der Jagd trat ich, während meine Augen aufmerksam hin und her schweiften, ständig in Feigenkakteen und mehr als einmal durchbohrten die vermaledeiten Stacheln Schuh und Fuß. Einmal stolperte ich und fiel in ein ganzes Nest dieser Dinger, und Hunderte kleiner Dolche drangen einen halben Zoll durch das Oberleder beider Schuhe. Da ich mir schlecht die Schuhe von den Füßen schneiden und barfuß die hundert Meilen zum nächsten Laden laufen konnte, aber auch unmöglich so weiterwandern konnte, musste ich sie ausziehen – eine unbeschreibliche Qual, es war als würde man gewaltsam hundert Angelhaken herausreißen.

Aber für diese Beeinträchtigungen gab es ausgleichenden Ersatz. Die trockene Höhenluft füllte die schwellenden Lungen mit Freude, und die Augen, die wieder zu ihrer lang vergessenen Schärfe gefunden hatten, labten sich an Ausblicken, deren Erinnerung nie verblassen wird.

Michael Holzach. Deutschland umsonst

Die stählernen Auf- und Abschwünge der Elbbrücken begleiten mich und Feldmann auf einem schmalen Gehweg aus der Stadt. Autokolonnen toben uns dreispurig entgegen. Es ist noch früh am Vormittag, die Leute müssen zur Arbeit. Fahl und matt schiebt sich der Fluss unter uns her. Die flache Morgensonne flackert durch die Eisenträger und hält unseren Schritt exakt mit. Alles scheint in Bewegung. Beim letzten Brückenpfeiler verengt sich der Bürgersteig und endet plötzlich vor einer quer montierten Leitplanke. Kein Schild, kein Hinweis. Für wen auch, wir sind die einzigen Fußgänger weit und breit. Feldmann hockt sich mit seinem Asylzittern auf die Hinterläufe und schaut fragend zu mir hoch, zu mir, seinem Herrn und Alpharüden. Aber ich bin so ratlos wie er. Ich fühle mich wie in eine Falle geraten, weiß nicht weiter, weiß nur zurück, zurück jedoch wollen wir beide nicht.

Auf der gegenüberliegenden Seite der Brücke ist der Gehweg nicht unterbrochen, erkenne ich, dort könnten wir zum anderen Ufer laufen, aber der breite Autostrom versperrt uns den Weg. Erst als sich die stadteinwärts drängenden Blechkolonnen stauen, kommt es zu einem zeitweisen Stillstand des Verkehrs. Jetzt kann ich es wagen. Kurz entschlossen klemme ich mir meinen Hund unter den Arm, klettere mit ihm über die Leitplanke und schlängle mich zwischen den Wagen hindurch. Fahrer hupen verärgert. Einer tippt sich kopfschüttelnd mit dem Zeigefinger an die Stirn. Es quietschen Reifen. Noch drei, vier Meter, und ich bin drüben. Feldmann wickelt im wilden Freudentanz seine Leine um meine Beine. Als Leithund scheine ich meine erste Bewährungsprobe bestanden zu haben.

Und weiter geht es, immer der großen Straße nach, durch graue Quartiere aus rötlichem Klinker, durch Veddel, durch Wilhelmsburg, über die Süderelbe nach Harburg. Mauern ziehen sich von Kreuzung zu Kreuzung. Ampeln unterbrechen das Laufen. Viele Menschen gehen an uns vorbei, aber ich sehe sie nicht an; ich blicke wie ein Blinder weit und starre voraus, spüre die Rucksackriemen in den Schultern, die Kopfsteine unter den Füßen, höre den Takt, den ich mir mit dem Knotenstock auf das Trottoir schlage.

Vor einer roten Fußgängerampel sucht Feldmann schnell Bekanntschaft mit einem Terrier, der ihm aber nur grimmig die Zähne zeigt. Sein Besitzer, ein kleiner Mann mit Thälmann-Mütze, schaut hinter dicken Brillengläsern groß an mir hoch. »Ihr habt euch wohl verlaufen?«, fragt er und deutet mit seiner eingerollten Morgenpost auf meinen Rucksack. »... sind nur auf der Durchreise«, antworte ich ausweichend. Als würde er mich verstehen, nickt der Mann mit seiner Mütze, murmelt vielsagend »Aha«, dann aber, gerade noch rechtzeitig vor der Frage nach dem »Wohin?«, unterbricht das grüne Ampellicht unsere Unterhaltung.

Erst am Nachmittag, die Sonne verliert deutlich an Höhe, dünnt die Stadt langsam aus. Weniger Autos auf schmaleren Straßen, kleinere Häuser in weiterem Abstand zueinander, dazwischen Schrebergärten, Treibhäuser, ein Schrottplatz. In den Kanälen protzen die Motorboote mit Chrom und Pferdestärken. Auf einer Wiese, neben einem elektrischen Umspannwerk, das erste reetgedeckte Haus. An den Bushaltestellen annoncieren Vorstadtdiscos ihre Go-go-Girl-Wettbewerbe, und Schützenvereine laden zum jährlichen Umzug. Hamburger Stadtland.

Hinter mir, in scheinbar unerreichbarer Ferne, ragt der Fernsehturm aus dem Dunst. Häuser, Brücken, selbst das riesige Plaza sind nicht mehr zu sehen. Viel früher als erwartet bin ich in der Fremde.

Jeremy Seal. Mäandern

»Ich folge einfach dem Fluss*«, erklärte ich.

»Bis zum Meer?«

»Bis zum Meer, heute allerdings bloß bis nach Dinar.« Mehmet starrte mich an.

»Du gehst zu Fuß nach Dinar?«, fragte er schließlich. Der Mann hatte Flut und Inhaftierung, Scheidung, Trunksucht und Erdbeben überlebt, aber die Vorstellung eines vierstündigen Spaziergangs haute ihn offensichtlich um. Viele Türken behaupten stolz, sie stammten von den Yörüken ab, den Nomaden Anatoliens, eine Stammesbezeichnung, die sich angeblich vom türkischen Wort für *gehen* ableitet. Merkwürdig, wie wenig sie von der Aktivität halten, nach der ihre Vorfahren benannt sind. Wahrscheinlich können sie sich darauf zurückziehen, dass ihre schwieligfüßigen Ahnen genug für sämtliche Nachkommen gewandert und gegangen waren, und ihre Ablehnung dieser Art Fortbewegung lässt sich darauf zurückführen, so wie die Nachfahren von Bergleuten sich wahrscheinlich nicht an der heimeligen Wärme eines Kohlenfeuers erfreuen können, ohne das markerschütternde Husten ihrer emphysematischen Großväter zu hören. Oder sie waren der Meinung, Allah habe ein eindeutiges Signal zur Einstellung des Wanderns gegeben, indem er die Menschheit mit Autos versorgte.

Ich hingegen litt unter keinerlei derartigen Altvordernlasten, sondern kam vielmehr höchst widerwillig ständig sitzenden Tätigkeiten nach, erst während Schule und Studium, anschließend durch die Alltagsroutine eines Schriftstellers, und wollte daher mit lauter Hummeln im Hintern genau jenem Autositz entkommen, den Mehmet so gar nicht verlassen wollte. Ich konnte nicht länger warten. Als mein Begleiter mich

* Der Titel des Buches und dieses Ausschnitts ist Programm. Seal wandert den Großen Mäander entlang. (Anmerkung der Übersetzerin)

mit einer Handbewegung Richtung Wagen abermals zum Mitfahren einlud, hob ich daher zum Zeichen, dass mein Entschluss feststand, den Wanderstock, kramte aber mein Handy hervor und versprach, es beim geringsten aller Zwischenfälle zu benutzen. Dann wanderte ich los, das Seeufer entlang.

Mein Blick schweifte über das Wasser zu der Stelle, wo die Strömung des jungen Mäander im Schilf dahindümpelte. Eisvögel flitzten zwischen den Rispen umher; ihre blaues Geblitz blieb noch einen Augenblick auf der Netzhaut hängen, nachdem sie bereits verschwunden waren, und meine Laune besserte sich merklich. Die Sonne stand hoch und vom sumpfigen Seeufer ragte ein Kiesdamm, auf dem ein einsames Eisenbahngleis genau in meine Wanderrichtung führte, in den Himmel. Zu Beginn meiner Reise noch nicht besonders orientierungsfest, wollte ich mich an den Verlauf der Dinarer Zugstrecke halten, damit ich den Weg auch ganz gewiss nicht verfehlte, kletterte also den Hang hinauf und legte, mein Schritt durch die Schwellen immer außer Tritt geratend, die ersten Kilometer Richtung Nordwesten zurück.

Nach einiger Zeit wurde das Gleis von einem Feldweg gekreuzt, der über die Ebene zu den geröllübersäten Steilhängen des Samsun Dağı führte. In der Hoffnung, jenseits des Sees auf den Flusslauf zu treffen, folgte ich ihm. Es stellte sich heraus, dass es keine klar abgegrenzte Uferlinie gab; am Rand der Wasserfläche erstreckte sich eine dicke Schilfkrause, die sich beim angrenzenden Weideland, als hätte sie Haarausfall, zu ein paar einsamen Stängeln ausdünnte. Auf der ganzen Westseite sickerten Ströme durch den porösen Seerand und schoben sich ringelnd und kringelnd einen Weg durch das, was noch von der Ebene übrig war. Am Fuß des Gebirges hatten die Ströme dunkle Becken gebildet. Ich stand ungefähr drei Meter von einem entfernt und beobachtete, wie im trägen Strudel die Palmkätzchen durchweicht wurden, ehe sie in das Sinkloch gezogen wurden, durch unbekannte Kanäle abwärts gelangen, bis sie bei den Quellen von Orgas oder Ilıca wieder auftauchen würden. Der Fluss hatte einen Weg eingeschlagen, dem ich nicht folgen konnte. Also lenkte ich meine Schritte wieder zum Gleis zurück und marschierte Richtung Norden, an einer Reihe von kleinen aufgeschütteten Bewässerungskanälen aus Beton, an unbefestigten Straßen und den Ziegeldächern des Dörfchens Gökçeli vorbei, bis ich den Bahnhof in Karakuyu erreichte.

Abgeschieden und unvermutet gepflegt, stand das Stationsgebäude da. Blumenampeln hingen von der Überdachung des Bahnsteigs und die viktorianisch anmutenden Lampen hatten einen frischen schwarzen Farbanstrich. Vor dem Häuschen des Bahnhofsvorstehers stand ein betagtes Moped, das aber noch gut in Schuss war. Auf dem Fußabstreifer lag ein harmloser Hund. In einiger Entfernung hatte neben dem Gleis ein Arbeitstrupp seine Teepause eingelegt. Die Männer hatten sich bei einem Zelt versammelt, vor dem über einem Kohlenbecken ein Kessel pfiff. Sie winkten mir einladend zu. Auf den Köpfen trugen sie Schiebermützen, an den Füßen derbe Stiefel, die Hemdsärmel waren hochgekrempelt. Ihre angeborene Liebenswürdigkeit und die schweißfleckigen Beweise ehrlicher Arbeit ließen sie wie Menschen aus einer anderen Zeit wirken.

Mark Mason. Die Landkarte als Kunst betrachtet

Man würde nicht annehmen, dass Sherlock Holmes und Kenneth Williams über viele Gemeinsamkeiten verfügen, von der Tatsache abgesehen, dass sie Junggesellen sind. Aber es gibt mindestens zwei Übereinstimmungen und heute stoße ich auf beide. Später werde ich auf meinem oberirdischen Spaziergang entlang der Bakerloo Line durch die Gegend Baker Street/Marylebone kommen, in der beide Männer zu Hause waren. Zunächst befinde ich mich allerdings in Covent Garden, in einem wunderschönen, aus dem Jahr 1901 stammenden Gebäude auf der Long Acre mit dem sowohl Sherlock als auch Kenneth verbunden sind: der Landkartenladen oder eher das Landkartenwarenhaus Stanfords. Ehe Williams filmisch »Ist ja irre« wurde, absolvierte er hier eine Lehre als Zeichner. Im *Hund der Baskervilles* lässt sich Holmes von Stanfords eine Karte von Dartmoor bringen. »Ich bin in Devonshire gewesen«, prahlt er gegenüber Watson in der Baker Street, obwohl »mein Körper hier in diesem Sessel sitzen geblieben ist, wanderte mein Geist dort durch die Gegend«.

Mir ist ebenfalls nach Wandern zumute. Insbesondere hätte ich gern eine Karte, auf der ich meine Spaziergänge verzeichnen kann. Schritte sind ephemer – zwar haften sie einem so wie die Spaziergänge im Gedächtnis, aber es bleibt nichts zurück, was man mitnehmen und womit man prahlen könnte: »Sieh mal, das habe ich heute gemacht.« Eine Zeitlang wollte ich meinen *A–Z-Straßenatlas* benutzen und die durchwanderten Straßen markieren, damit ich ein bleibendes Dokument meiner Leistung hätte. Doch leider deckt der *A–Z* nicht die gesamte Gegend ab, die ich zu durchwandern gedenke, und zudem wäre jeder Fußmarsch auf mehrere Seiten verteilt. Ich brauche eine einzige große Karte und mache mich also zu Stanfords auf. Eigentlich brauche ich dafür nie eine Ausrede, denn dies ist das Kartenmekka schlechthin, die Kapitale der Kartographie.

»Leider existiert keine Karte, die groß genug wäre«, bedauert Piotr, der Mitarbeiter, dem ich mein Anliegen erkläre. »Wenn ich das richtig verstanden habe, benötigen Sie eine, auf der alle Straßennamen verzeichnet sind?«

»Genau. Im Prinzip das Gleiche wie ein *A–Z*, bloß mit zusammenhängenden Seiten. Und größer natürlich. Bis zu den Endstationen aller Underground-Linien.«

Er nickt. »Wir stellen derartige Einzelblätter für die Londoner Innenstadt her. Aber für ein Gebiet von der Größe des Underground-Netzes würde der Maßstab schlichtweg nicht funktionieren. Sie könnten die Straßennamen nicht lesen.« Er geht zu einer Kommode mit großen Schubladen. »Da ist der Masterplan der London-Serie.«

Masterplan? Nachdem Piotr eine der Karten herausgeholt hat, bin ich ganz hingerissen. Es sind insgesamt neun, jeweils mit dem Maßstab 40 auf 30 Zoll, die drei auf drei zusammengelegt das gesamte Gebiet innerhalb der M25 abdecken.* Diese aneinandergelegten Karten sehen genauso aus wie der *A–Z* – aus gutem Grund, denn sie werden vom selben Verlagshaus hergestellt.

»Sind darauf auch die Geisterstraßen verzeichnet?«, frage ich, jene Straßen, die von der Geographer's A–Z Map Company Ltd. absichtlich falsche Namen bekommen, so dass der Verlag weiß, ob jemand seine Karten ohne Genehmigung kopiert.

Piotr nickt. Nicht dass einer von uns beiden wüsste, um welche Straßen es sich handelt, darin liegt schließlich der ganze Sinn der Geheimhaltung.

* Selbst dann fehlt ein kleines Stückchen am Ende der Metropolitan Line, aber Piotr erklärt, dass es keine gleichwertige Karte gebe, die diese Linie in ihrer Gesamtheit abdecke. Irgendwie gefällt mir diese Unvollständigkeit, die einem nochmals ins Gedächtnis ruft, wie gewaltig das Streckennetz der Tube ist.

Wir betrachten das vor uns ausgebreitete Nordlondon. Innerer Widerstand ist zwecklos, ich muss dieses Kartenwerk haben. Während Piotr die Bögen auf seinem Schreibtisch rolliert, fällt mein Auge auf die Karten, mit denen er sich momentan beschäftigt. Eine davon bildet eindeutig einen Stadtausschnitt ab und kommt mir vage bekannt vor, aber ich kann ihn nicht einordnen.

»Wo ist das?«, frage ich.

»Islington«, lautet Piotrs Antwort.

»Tatsächlich?«

Er deutete auf eine Straßengabelung. »Das ist die Upper Street und hier geht die Essex Road ab.«

»Ach ja.« Es stellt sich heraus, dass die Karte aus dem 19. Jahrhundert stammt, das ist aber nicht der Grund für meine Verwirrung, sondern weil es sich um eine Katasterkarte handelt, auf der nicht nur die Straßennamen fehlen, sondern jede Straße in ihrer korrekten Breite dargestellt ist. Erst wenn man eine dieser Karten gesehen hat, wird einem klar, dass *A–Z* wichtige Straßen verbreitert darstellt, damit man sie leichter findet. Piotr zeigt mir weitere Karten, auf denen ich nicht einmal die Oxford Street auf Anhieb finde.

»Komisch«, sage ich, »man hält Karten für unfehlbar. Man geht davon aus, dass sie die absolute Wahrheit verkünden.«

»Jede Karte erzählt eine andere Geschichte, hängt davon ab, was der Kartenmacher darauf abbilden möchte.« Er lächelt. »Karten sind Kunstwerke, keine wissenschaftliche Arbeit.«

Andrzej Stasiuk. Unterwegs nach Babadag

Die beste Karte, die ich besitze, ist die slowakische Zweihunderter. Sie ist so genau, daß es mir mit ihrer Hilfe einmal gelungen ist, aus den endlosen Maisfeldern am Fuße der Zempliner Berge herauszufinden. Auf dem großen, das ganze Land erfassenden Stück Papier sind sogar Feldwege eingezeichnet. Es ist zerrissen und ausgefranst. Stellenweise scheint durch das flache Bild der Erde und der wenigen Gewässer das Nichts. Ich nehme sie immer mit, obwohl sie unhandlich ist und viel Platz braucht. Das erinnert ein wenig an Magie, denn den Weg nach Košice und weiter nach Sátoraljaújhely kenne ich eigentlich auswendig. Aber ich nehme sie mit, weil mich gerade ihr Zerfall, ihre Auflösung interessiert. Zuerst nutzte sie sich da ab, wo man sie faltet. Die Risse und kaputten Stellen bildeten ein neues Netz, ein wesentlich deutlicheres als das kartographische, das mit zarten blauen Linien eingetragen war. Städte und Dörfer hören allmählich auf zu existieren, nutzen sich ab, je nachdem, wie die Karte auseinander- und zusammengefaltet, wie sie in die Ecken des Autos oder Rucksacks gesteckt wird. Michalovce und Stropkov gehen unter, das löchrige Nichts erreicht die Vororte von Užhorod. Bald wird Humenné verschwinden, Vranov an der Topl'a wird durchgescheuert sein und Cigánd an der Theiß sich auflösen.

Eigentlich habe ich erst vor ein paar Jahren angefangen, mir Karten so genau anzusehen. Vorher habe ich sie behandelt wie, sagen wir, Zierat oder wie anachronistische symbolische Bildnisse in einer Epoche des Konkreten und des unmittelbaren, knallharten Berichts aus den fernsten Ländern. Mit dem Krieg auf dem Balkan fing alles an. Bei uns fängt alles mit Krieg an oder hört mit Krieg auf, das ist also nichts Außergewöhnliches. Ich wollte einfach wissen, worauf die Artillerie zielte und was die Flugzeugpiloten sahen. Auf den schematischen Karten-Surrogaten der Zeitungen sah alles zu elegant, zu steril aus: der Name der Ortschaft, daneben die stilisierte Explosion. Keine Spur von Fluß, kein Relief des Geländes, keine Topographie, keine Spuren von Natur oder Zivilisation, nichts, nur der nackte Name und die Explosion. Ich wollte die Vojvodina finden, denn die war am nächsten. Krieg törnt Jungs immer an, auch wenn er ihnen angst macht. Rotes Feuer entlang der Donau – Belgrad, Batajnica, Novi Sad, Vukovar, Sombor –, zwanzig Kilometer von der ungarischen Grenze und etwa vierhundertfünfzig von meinem Haus entfernt. Nur eine echte Karte kann bewirken, daß wir ferne Stimmen zu hören beginnen. Weder Fernsehen noch Zeitungen sind imstande, etwas so Konkretes wie Entfernung abzubilden.

Vielleicht hat mich die Auflösung meiner slowakischen Karte deshalb auf den Gedanken an Auflösung, an Zerstörung als solche gebracht. Die roten Flämmchen entlang der Donau beginnen das Papier zu verzehren, das Feuer kommt aus der Vojvodina, aus dem Banat, wälzt sich über die Ungarische Tiefebene, ergreift Siebenbürgen, um schließlich die Gipfel der Karpaten zu überziehen.

Edward Thomas. Über Wege und Straßen

Über das Reisen wurde viel geschrieben, über den Weg hingegen wurden nur wenige Worte verloren.

Die Straße wird von den Schriftstellern gewissermaßen als passives Mittel zum Zweck behandelt und findet meist Erwähnung, wenn sie ein Hindernis darstellt; man könnte so den Eindruck gewinnen, dass eine Straße eine Verbindung zwischen zwei Punkten ist, die nur existiert, wenn sich der Reisende auf ihr bewegt. Obwohl im Alten Testament viel von Reisen die Rede ist, wird »der Weg« hauptsächlich als Metapher verwandt. »Darnach zog Abram weiter und zog aus ins Mittagsland«, sagt der Historiker, der wahrscheinlich dieselben Worte gewählt hätte, wenn der Stammvater über Flügel verfügt hätte. Für Nomadenvölker hingegen war die Straße genauso wichtig, wie alles, was sich auf und neben ihr befand. Wie Flüsse schlängeln sich die Straßen der Frühzeit durchs Land, kennen wie diese nur eine Notwendigkeit: in Bewegung bleiben. Immer noch verwenden wir den Ausdruck, eine Straße »gehe« nach London, so wie wir selbst »gehen«. Wir zeigen auf eine weiße Schlange, die sich über einen grünen Hügel windet, und sagen: »Die geht nach Chichester.« Wenn wir in der Herberge unseren Tag Revue passieren lassen, schießt uns durch den Kopf: »Die Straße wäre bestimmt nach Strata Florida Abbey gegangen.« Wir könnten der Straße nicht mehr Leben zusprechen, wenn sie beweglich und die Trottoirs Bahnsteige wären. Manche Straßen kriechen dahin, manche führen lediglich weiter, andere dringen majestätisch vor, einige erklimmen kurvend einen Berg ähnlich dem Raubvogel, der ihn umkreist.

Ebenso wie Städte entlang Flüssen gebaut und nicht Flüsse an Städten vorbeigeleitet werden, entstanden die ersten Siedlungen entlang der Straßen, die zuvor die naturgegebenen Reisewege einer nomadischen Gesellschaft gewesen waren. Vermutlich folgten die ersten Straßen ursprünglich Tierspuren.

Im heutigen Indien dient der Elefantenpfad als Straße durch den Dschungel; in früheren Zeiten war es von unschätzbarem Wert, dass sich die wilden Herden einen Weg durch den Wald bahnten, die trittfesten Stellen in Mooren und Marschen erspürten, auf Furten hinwiesen. Den Vorgaben der Landschaft und vielen unerklärlichen Neigungen folgend, erschlängelten sich die Herden ihren Weg, jedoch waren diese Windungen keinesfalls von Nachteil für die Menschen, die an diesen breiten Trampelpfaden ihr Auskommen fanden – Menschen für die Zeit noch nicht Geld bedeutete. Derart durch Natur und Notwendigkeit entstandenen Straßen ist eine nahezu ähnliche Dauerhaftigkeit beschert wie Flüssen. Außerhalb der Stadt dienen sie seit Generationen menschlichen Bedürfnissen, denn von Städten und ihren Anforderungen abgesehen, ändert sich das Leben nur wenig, und selbst wenn sie in einer neuen oder veränderten Zivilisation nicht mehr benutzt werden, werden sie höchstwahrscheinlich immer noch von Menschen beschritten, die einer urtümlichen Lebensweise frönen. In ganz England finden sich alte Wege mit Namen wie Gypsy Lane, Tinker's Lane, Smuggler's Lane oder Beggar's Lane. Diese wenig belaufenen Wege sind unter Liebespaaren, Dieben, Schmugglern und Geistern bekannt. Selbst wenn sie lange vernachlässigt werden, geraten sie doch nur schwer in Vergessenheit.

Auf den trockenen, nahezu flachen Höhenrücken konnten Mensch und Vieh während ihrer Reise nach Belieben ausschweifen; der Erdboden hat sich auch nach Jahrhunderten des Verkehrs nicht verändert, nur das Gras hat sich ausgedünnt, ist heller und kürzer geworden und es sprießen mehr Gänseblümchen. Auf den Hängen hinab zu einer Ebene oder Furt verteidigt die Straße ihre Unvergänglichkeit ziemlich brutal, denn sie teilt sich in zwei, drei oder gar vier schmale Pfade, die sich derart tief eingegraben haben, dass sie eher wie das Werk einer

Naturgewalt wirken und nicht wie das Werk langsam dahinziehender Menschen, Rinder und Packpferde.

Die Erschaffung solcher Straßen scheint eine der natürlichsten Tätigkeiten des Menschen, eine bei der er zudem am wenigsten in Konflikt mit Natur und Tier gerät.

Geht er hingegen beim Straßenbau hastig und ausschließlich zu einem bestimmten Zweck vor, verfallen die Straßen meist ebenso rasch wieder. Der Kenner heute bevorzugt die alten gewundenen Wege. »Was ich brauche«, verkündet der Schriftsteller William Hazlitt, »ist klarer blauer Himmel über, grüner Rasen unter, eine Straße voller Biegungen vor mir, dazu drei Stunden Zeit für einen Marsch bis zum Abendessen – anschließend fällt das Denken noch einmal so leicht.« Wie bei den Flüssen entstehen diese Biegungen durch Hügel und Hindernisse – Kurven wie die der High Street in Oxford, »die stromgleichen Windungen dieser prächtigen Straße«, wie Wordsworth sie nannte.

Selbst wenn sie nicht mehr begangen werden, künden viele Zeichen von der Existenz dieser Wege. Auf dem stillgelegten alten Pfad gedeiht das Gras nicht so wie links und rechts davon. Ein Dornengestrüpp folgt dem Straßenverlauf so wie die Hecke, der Zaun oder die Mauer zwischen zwei Feldern. Gemeinhin überleben diese alten Verkehrswege als sichtbare Grenzen zwischen Feldern, Grundstücken, Gemeinden und Grafschaften. Zu den vergnüglichen Abenteuern mit einer guten Landkarte gehört das Aufzeichnen des möglichen Verlaufs einer alten Straße oder das Entdecken eines verschwundenen Wegs. Eine deutlich sichtbare Kette aus Fußweg, Pfad und Straße, die über das Land führt und in ihrem Verlauf größtenteils Gemarkungen und Grenzen entspricht, ist mit hoher Wahrscheinlichkeit ein uralter Weg. Auf dieser Weise wäre der Verlauf eines Wegs wie des Icknield Way rekonstruierbar – wäre er nicht durch Urkunden und Tradition bewahrt worden. Ohne diese Zeichen könnten heutzutage nur wenige Menschen eine alte von einer neuen Straße unterscheiden – obwohl es nicht viele wirklich neue Straßen gibt, außer in neu errichteten Städten und vor kurzem trockengelegten Gebieten; der Großteil der neuen Straßen verbindet entweder alte Straßen miteinander oder verbreitert und saniert sie. Die Existenz der Städte hat sowohl die Notwendigkeit als auch unser Gespür zerstört, die sich vor uns ausbreitende Landschaft einschätzen zu können, und bis auf Soldaten üben sich nur wenige in dieser Veranlagung. Wenn wir Kartenlesen lernen, geschieht dies ohne grundlegendes Verständnis, ohne das Gespür des Nomaden, des Soldaten oder Reisenden; zwar haben wir bestimmt einen Funken des alten Könnens vererbt bekommen, aber er verhilft uns hauptsächlich zur ästhetischen Wertschätzung der Landschaft.

Alan Booth. Die Straße nach Sata

Der Pfad, den ich um den See herum nehmen wollte, stellte sich als Phantasmagorie der Kartenmacher heraus; zumindest schworen zwei der drei Leute, die ich fragte, es habe nie einen gegeben; die dritte, die Hausmutter von Marukoma, hatte zwar vage Kindheitserinnerungen daran, meinte jedoch, er sei seit dreißig Jahren unpassierbar. Da der Großteil des Sees von Felsen umgeben ist und es sehr unwahrscheinlich war, dass man auf ihnen entlangkraxeln konnte, war die Umgehung des Eniwa wohl die einzige Alternative und widerwillig ging ich dieselbe Straße zurück, auf der ich am Tag zuvor herangestapft war.

Es war ein strahlender Sonntagmorgen und die glitzernde Seeoberfläche war mit Booten übersät. Als ich höherstieg, drangen junge Männerstimmen zu mir hoch – *»Sutaato! Sutaato! Sutaato!«* (Los! Los! Los!) – klar und sorglos, durch Megafone verstärkt, meilenweit hörbar. »Links! Links! Links! *Sutoreeto!* (Geradeaus!) *Sutoreeto! Sutoreeto!«* Ich war froh, als ich den Fuß des Eniwa umrundet hatte und die Stimmen nicht mehr zu hören waren.

Aber die Erleichterung währte nur kurz. Mit heimtückischer Geschwindigkeit bewölkte sich der Himmel und als ich den höchsten Punkt der Straße und den Parkplatz mit der kleinen Aussichtsplattform erreicht hatte, war die Sonne vollständig verschwunden und die Luft fühlbar elektrisch aufgeladen. Eine Zeitlang drohte der Sturm nur, obwohl er den wenigen Autofahrern, die an mir vorbeikamen, offenbar im Nacken saß, denn sie steuerten ihre Wagen wie Broncos zwischen den Bodenlöchern hindurch, dass von der schlimmsten Straße, die ich bisher begangen hatte, Steine und Splitt nur so spritzten.

Ohne Vorwarnung knallte der erste Donnerschlag, prallte vom kahlen Berg ab, vom dumpfen Resonanzboden des Sees vierhundert Meter weiter unten hoch und grollte wie auf der

Suche nach einem Fluchtweg unwahrscheinlich lange durch Gebirge und Bäume. Urplötzlich kam Nebel auf. Als ich einen Blick auf den See werfen wollte, war er vom fahlen Himmel nicht zu unterscheiden und die Welt schrumpfte zusammen, bis ich fast nur noch die Schlaglöcher vor mir erkennen konnte. Regen setzte ein. Ich hastete weiter und zählte dabei die sich flach in den Splitt drückenden Schlangen. Die Tropfen waren riesengroß und knallten wie Hagelkörner, fielen aber nur vereinzelt, die ganze Gewalt des Wetterausbruchs sammelte sich im Donner.

Mittlerweile verzeichnete meine Strichliste sechs Schlangen, darunter vier winzig kleine, da lichtete sich der Nebel völlig unvermittelt und der Sturm war so plötzlich vorbei, wie er begonnen hatte. Zwischen den Kiefern lag wieder still und starr der See. Es wurde allmählich Abend.

Ich trottete weiter, vorbei an den Überresten, die sich in touristisch frequentierten Orten ansammeln: Müll in Felsspalten, Autowracks ohne Räder mit eingeschlagenen Scheiben und hochgeklappten Motorhauben. Als ich schließlich wieder ebenes Gelände erreichte, war klar, dass es mit heißen Quellen, Klohäuschen, Ryokans und Lebensmittelhändlern, die auf der Suche nach verschollenen Söhnen waren, nichts mehr werden würde. Durch die Bäume erhaschte ich einen Blick auf das Seeufer und ging einen halben Kilometer über weiche Kiefernnadeln und kam bei einer sandigen Lichtung heraus, die sich als Campingplatz entpuppte. Am Strand saßen zwei Fischer und rauchten; der Platzwart kam aus seiner Holzhütte und starrte mich ausdruckslos an, als ich auf ihn zugestapft kam. Ich nickte ihm zu.

»Macht's Ihnen was aus, wenn ich dort unten am Strand schlafe?«

»Nur zu.«

»Ich habe kein Zelt.«

Er zündete sich eine Zigarette an. »Kein Zelt?«

»Muss ich was zahlen?«

Der alte Platzwart schielte zum Rucksack auf meinem Rücken.

»Einen Schlafsack habe ich dabei.«

Wortlos zuckte er die Achseln und ging in seine Hütte zurück.

Ich wählte ein Plätzchen weit weg von den Fischern und breitete meine Plane auf dem feuchten Sand aus, beschwerte sie mit meinen Stiefeln und ein paar Steinen. Anschließend entfaltete ich meinen wasserdichten Überzug und zog ihn vorsichtig über den Steppschlafsack. Ich krabbelte hinein und lag eine Weile da; das letzte Licht verblasste und vom See her schwärmten die Insekten aus. Das Geräusch des Wassers war beruhigend und die Lichter der kleinen Fischerboote draußen wirkten so weit weg wie die Sterne. Am Himmel war kein Stern zu sehen. Ich zog den Schlafsackreißverschluss um meinen Kopf zu und versuchte einzuschlafen.

Um Mitternacht setzte der Regen ein, zuerst leicht wie eine Brise, aber es handelte sich nichtsdestotrotz um Regen. Ich hörte ihn auf den wasserdichten Schlafsacküberzug tröpfeln und verfluchte ihn (im Übrigen seit neunzehn Tagen meine ersten Wörter auf Englisch – die japanische Sprache eignet sich sehr für Gesänge an den Herbstmond und ähnliches, aber ihr mangelt es bedauerlicherweise an Wörtern, mit denen eine weniger harmonische Beziehung zur Natur ausgedrückt werden kann). Dreißig Minuten später gab ich angesichts der Entdeckung, dass mein wasserdichter Schlafsacküberzug alles andere als wasserdicht war, einen weiteren Englischschwall von mir.

Da der Regen immer noch leicht war, beschloss ich auszuharren – eine idiotische Entscheidung. Um zwei Uhr war ich gründlich durchweicht und das leise Nieseln hatte sich in einen Wolkenbruch verwandelt. Ich rappelte mich auf, spuckte lavagleich Englisch und sammelte meine tropfnassen Sachen ein. Dreimal musste ich den Gang zur Hütte des Platzwarts machen, bis ich alles auf die trockene Betonstufe unter dem Dachvorsprung gezerrt hatte. Zwar hatte ich eine kleine Taschenlampe, schaffte es aber trotzdem, mich beim zweiten Mal in ein nasses Dorngestrüpp zu verirren. Es dauerte zehn Minuten, bis ich mich daraus befreit hatte. Meine Plane ließ ich schließlich am Strand, warf meinen Schlafsack auf den schmalen Betonvorsprung, krabbelte triefend hinein und versuchte wieder einzuschlafen. Der Regen trommelte auf das Eisendach und der Beton unter dem feuchten Schlafsack war die reinste Folter.

In der Hütte ging das Licht an. Durch die angelaufenen Fenster konnte ich den Holzofen sehen, den der Alte angefeuert hatte. Ich sah den Schatten des Mannes über die trockene Wand gleiten und beobachte ihn, wie er mich durch das Fenster anstarrte, wie ich da auf seiner Stufe lag. Dann hörte ich, wie er zur Tür ging. Sie ging einen Spalt auf und als ich mich etwas drehte, konnte ich den Umriss seines Kopfes sehen. Er stand eine gefühlte Ewigkeit da und ich überlegte, was ich sagen könnte, wurde dessen aber enthoben, da er leise, aber bestimmt die Tür zumachte und den Schlüssel umdrehte.

Um fünf war es hell und der Regen hatte aufgehört. Bibbernd ging ich zum Strand, befreite die Plane mit Hilfe eines triefenden Astes vom Sand und packte meinen Rucksack. Der Platzwart beobachtete mich vom Hüttenfenster aus. Er machte den Eindruck, als hätte er dort die ganze Nacht gesessen. Sein altes Gesicht war müde, doch er blickte erstaunlich wach drein. Ich wusste, dass er mich immer noch beobachtete, während ich meinen Schlafsack zusammenrollte und am Rucksack befestigte, die Plane zusammenlegte und meine Stiefel schnürte.

»Sayonara«, sagte ich und rappelte mich zum Gehen auf.

Als ich die Bäume erreicht hatte, glotzte er wahrscheinlich immer noch.

Betrachtungen

Jacob Haafner.
Reise zu Fuß durch die Insel Ceylon

Schließlich war es Zeit, an den Aufbruch zu denken – alles war fertig, aber welche Mühe hatte ich mit *Anna,* um sie über meine Reise einigermaßen zu beruhigen! Sie war verzweifelt, als sie mein Vorhaben entdeckte. Ihr unentwegtes Weinen und Jammern hätten mich beinahe von meinem Entschluss abgebracht, vor allem, weil sie mir auch durch triftige Gründe die Torheit meiner Unternehmung vor Augen zu stellen versuchte und mir vor Augen hielt, dass ich auch in einer Reisegesellschaft größter Gefahr für mein Leben ausgesetzt sein würde; doch das waren, wie schon gesagt, keine Argumente, die mich abschrecken konnten. Durch das Geseufze und Geweine begann ich aber doch einige Reue darüber zu verspüren, mich so weit auf diese Reise eingelassen zu haben, und hätte ich mich nicht geschämt und die begründeten Vorwürfe und den Zorn meiner Reisegenossen gefürchtet, die im Vertrauen auf mein Wort und meine Gesellschaft alles für die Reise vorbereitet hatten, so glaube ich, ich wäre von dem Vorhaben wieder zurückgetreten.

»Eine Reise zu Fuß«, sagte *Anna,* »durch eine bewohnte, offene Gegend ist nichts, ja sogar angenehm und ein Vergnügen, weil man überall auf Menschen, Häuser, Dörfer, Marktplätze und Raststätten trifft, aber in den unwegsamen Wäldern und der Wildnis, wo nur das Gebrüll der wilden Tiere die tiefe Einsamkeit, die dort herrscht, unterbricht, wo man keine Hilfe, keinen Beistand erwarten kann – wie leicht kann dir da etwas zustoßen! Das undurchdringliche, hohe Gestrüpp, durch das du dich hindurcharbeiten musst, ist voller Giftschlangen und Reptilien, und schließlich besteht die große Gefahr, dir von der verpesteten Atmosphäre der tiefen Wälder, durch die selten ein frisches Lüftchen weht, oder aus Erschöpfung eine Krankheit zuzuziehen, der du erliegst, ehe man dich zu einer Ansiedlung bringen kann.«

[…]

Wir traten nun in die düstere, Ehrfurcht gebietende Schattenwelt ein und marschierten zwischen den hohen, majestätischen Säulen, die das undurchdringlich-grüne, mit Blüten durchwirkte Gewölbe trugen, das sich hoch über unseren Köpfen befand; sanfte, matte Dämmerung umgab uns, die umso spürbarer wurde, je weiter wir kamen.

Der Wald war anfangs offen und frei, die Bäume waren hoch und gerade, schienen aber nicht sehr alt und dick zu sein. Je weiter wir vorankamen, desto dicker wurden sie und desto dichter standen sie beisammen. Gestrüpp und Buschwerk bildeten bisweilen ganze Hecken, die auf die Dauer so gehäuft auftraten, dass wir manchmal keine zehn Schritte tun konnten, ohne uns mit dem Beil den Weg bahnen zu müssen, und wir waren froh, als unser Führer uns schließlich auf ein sehr schmales Pfädchen brachte, das sich durch den Busch schlängelte und dem wir folgen mussten.

[…]

Der Pfad, dem wir nun folgten und der, so weit ich feststellen konnte, südostwärts verlief, war so schmal, dass ihn nur ein einzelner Mensch bequem begehen konnte. Solche Pfade verlaufen hier und da durch die dichten Wälder, und einige durchqueren die ganze Insel; drei oder vier davon fuhren nach *Kandy* und ins Inselinnere. Das Erstaunlichste an diesen Pfaden ist, dass sie an beiden Seiten von einer doppelt mannshohen Hecke eingefasst sind, die so steil und senkrecht aufsteigt und auf der Innenseite so glatt und dicht ist, dass man meinen sollte, sie sei von Menschenhand angelegt worden und werde von einem erfahrenen Gärtner geschnitten und glatt gehalten.

Wir waren dem Pfad noch keine Viertelstunde gefolgt, als mir etwas zustieß, was meinem Leben und meiner Reise fast ein Ende gesetzt hätte.

Der Pfad war, wie gesagt, sehr schmal; wir mussten also in einer Reihe gehen, wie eine Kette von Wildgänsen. Mr. *D'Allemand* und ich bildeten die Spitze des Zuges; wir gingen hintereinander und waren ins Gespräch vertieft, als auf einmal ein ungewöhnlich großer Bär direkt vor unseren Füßen aus der Hecke geschossen kam, um den Pfad zu überqueren. Die dichte Hecke hatte ihn wohl daran gehindert, uns zu sehen, und die Schnelligkeit seines Laufs, uns zu wittern.

Die unvermutete Nähe des Monstrums, das vor meinen Fußen stand und unschlüssig schien, ob es mich anfallen oder umkehren sollte, hinderte mich daran, zurückzuspringen. Ich hatte es noch kaum erblickt, als ich auch schon über seinen breiten Rücken purzelte und auf der anderen Seite zu Boden fiel. Da der Pfad an dieser Stelle zu schmal war, als dass zwei Menschen nebeneinander hätten gehen können, hatten wir [für unser Gespräch] schräg hintereinander gehen müssen; so befand sich Mr. *D'Allemand* beim Auftauchen des Bären etwa einen Schritt hinter mir, wodurch er Zeit gewann, sich zu retten.

Inzwischen hatte ich, kaum war ich hingefallen, sofort wieder aufstehen wollen, um zu fliehen oder mich zu verteidigen, aber bevor ich die Zeit dazu fand, sah ich den Bären schon schrecklich fletschend und brummend mit erhobenen Pranken vor mir stehen, bereit, über mich herzufallen. Ich hatte mich noch nicht halb erhoben, als dieser entsetzliche Anblick mich erstarren ließ und es mir unmöglich machte, mich zu rühren.

Alle menschliche Hilfe schien hier verlorene Mühe, denn die geringste Bewegung von mir oder meinen Leuten hätten den Bären seine Pranken in meinen Kopf schlagen lassen, über dem er sie gerade hochhielt. Er schien nur alle seine Kraft zusammenzunehmen, um seinen Schlag desto sicherer anzubringen. Ich übergab meine Seele schon Gott und erwartete den Tod mit geschlossenen Augen. – In diesem entscheidenden Augenblick hörte ich etwas an meinen Ohren vorbeizischen, und ein Schuss, der zu gleicher Zeit fiel, erschreckte den Bären derartig, dass er, statt über mich herzufallen, ein fürchterliches Geheul erhob und durch dieselbe Öffnung ins Gestrüpp floh, durch das er gekommen war.

Selten war ich dem Ende meines Lebens so nahe gewesen, nicht nur wegen des Bären, der mir mit einem einzigen Schlag seiner Pranken, in denen unglaublich viel Kraft steckt, das Haupt hätte spalten können, sondern vor allem wegen der Kugel, die Mr. *D'Allemand* mit zitternder Hand auf ihn abgeschossen hatte und die ich dicht an meinen Ohren hatte vorbeischwirren hören. Der Pistolenschuss war es aber auch, der mein Leben rettete, denn obwohl meine übrigen Reisegefährten und die Kulis, die einige Schritte hinter uns waren, sofort zu meiner Hilfe herbeirannten, hätte das den tödlichen Schlag nur beschleunigt. Außerdem war es ein Glück, dass der Bär nicht von dem Schuss getroffen worden war: womöglich hätte er mich in seiner Wut oder beim Sturz oder in einer plötzlichen Bewegung zerrissen.

Während man mich dazu beglückwünschte, den rohen Umarmungen dieses rauen Herren so wohlbehalten entronnen zu sein, tat der Bäcker sein Bestes, durch die Hecke zu kriechen, um den Bären, von dem er glaubte, er befände sich noch in der Nähe, mit dem bloßen Säbel anzugehen. Nach einigen fruchtlosen Versuchen sah er ein, dass es wegen der Dornen unmöglich war, die Hecke zu durchdringen, und wollte uns zumindest, wie er sagte, ein sicheres Mittel zeigen, um auch das wildeste, kühnste Tier in die Flucht zu jagen. Er nahm also den Hut zwischen die Zähne, lief auf Händen und Füßen und fing, begleitet von seltsamen Sprüngen, dermaßen zu brüllen und zu heulen an, dass wir uns alle vor Lachen ausschütteten und seine Possen uns wieder in fröhliche Stimmung versetzten.

Solange der Pfad in Schlangenlinien durch den Wald lief und wir nicht weit vorausblicken konnten, war es immer wieder möglich, dass uns ein solcher Zwischenfall zustieß; es brauchte uns nur ein Elefant oder ein anderes wildes Tier begegnen – an Ausweichen oder Gegenwehr war sowohl wegen der Enge des Pfades als auch wegen der Krümmungen, derentwegen wir einen Feind wie den Bären, erst zu spät zu Gesicht bekamen, nicht zu denken. Um aber ein solches Unglück, soweit es ging, zu vermeiden, beschlossen wir, unseren Schellenspieler zusammen mit zwei mit Piken bewaffneten Kulis der Karawane zwanzig Schritte vorausgehen zu lassen, um uns zu warnen, falls sie Gefahr witterten. Nun gingen wir ruhiger und mit mehr Sicherheit weiter.

Der Abend begann zu sinken, und die Dichte des Waldes vergrößerte die Finsternis noch. Die wilden Tiere ließen sich hören, und wir waren noch weit von dem Platz entfernt, an dem unser Führer uns übernachten lassen wollte. Wir zündeten also die Fackeln an, die der Kommandant von *Poonerуn* uns geschenkt hatte, weil wir es nicht wagten, im Dunkeln weiterzugehen. Diese Fackeln sind Äste eines sehr harzhaltigen Baums und brennen so hell wie Wachsfackeln. Der ganze Wald war weithin erleuchtet, was ein prächtiges Bild abgab. Der helle

Klang der Becken weckte die gefiederten Waldbewohner, die, vom starken Licht geblendet, wirr durcheinander flatterten; mehrere Affen, die auf den Ästen der Bäume ebenfalls in ihrer Ruhe gestört wurden, gaben durch ihr Geschrei und das Werfen von Blättern und Früchten ihren Ärger zu erkennen.

Endlich gelangten wir gegen neun Uhr müde und matt mitten im Busch an einen einsamen *ampalam*, der eher einer alten, verfallenen Strohhütte als einem Rasthaus glich. Wir beschlossen, unser Nachtlager besser unter freiem Himmel zu nehmen, weil sich in derartigen verrotteten Strohdächern meist Schlangen aufhalten.

Wir entzündeten nun ein großes Feuer, um das herum wir uns lagerten, und noch drei weitere an den gegenüberliegenden Seiten einige Schritte von uns weg; an trockenem Holz fehlte es nicht. Unser Abendessen bestand aus einem Stück Wildschwein, von dem uns der gutherzige Kommandant von *Pooneryn* einen ziemlichen Vorrat mit auf die Reise gegeben hatte. Aus Angst, die Feuer könnten erlöschen, und um die ganze Nacht über vor wilden Tieren sicher zu sein, waren wir übereingekommen, dass einer von uns zusammen mit zwei Kulis nachts Wache halten und nach Ablauf von zwei Stunden durch die gleiche Anzahl abgelöst werden sollte. Nach dieser Vorsichtsmaßnahme legten wir uns hin und brachten die Nacht in Ruhe zu. Obwohl wir von Zeit zu Zeit das Brüllen von Tigern und andere fremde, mir unbekannte Stimmen vernahmen, ließen wir uns dadurch doch nicht beunruhigen.

Curt Grottewitz. Sonntage eines Großstädters in der Natur

Juni.

Die große, breite Landstraße zog sich mit ihren schnurgeraden Baumreihen meilenweit dahin. Herr Tanzmann stapfte wacker darauf los auf dem weißgetrockneten festen Fahrdamm. Den Freunden, die ihn diesmal hatten begleiten wollen, hatte er sich sanft entzogen.

Nein, Kinder, hatte er gesagt, diesmal ist das kein Weg für Euch, dazu sind Eure Augen und Eure Beine noch nicht reif. Geht Ihr heute lieber nach dem Grunewald oder nach Biesenthal.

Und er hatte ihnen geschildert, wie sie vor Hitze und Staub auf der Chaussee verkommen würden, wie sie auf der endlos langen Fahrstraße nach und nach müde, verdrossen, wütend würden, wie sie ihn erst einen närrischen Kauz, dann einen verrückten Dussel, dann einen hinterlistigen Halunken nennen würden, der ihnen einen kostbaren Tag gestohlen hätte; wie sie ihn nach zwei Stunden Wanderung schief angucken, später anrempeln und schließlich durchprügeln würden. So wanderte denn Herr Tanzmann allein dahin, an Baum und Baum vorbei, vorbei an Kilometersteinen und Schutthaufen. Zum Glück war der Tag nicht zu heiß. Gewitterregen hatten die Tage vorher die Luft abgekühlt, und ein frischer Nordwest milderte die Strahlen der Sonne, deren Leuchtkraft ohnehin durch einen zarten weißen Wolkenschleier etwas beeinträchtigt wurde.

Herr Tanzmann war einer von den wenigen, die jetzt noch die Poesie der Landstraße kennen. Drei Jahre war er einst zumeist auf diesen Straßen in der Welt umhergewandert, von Stadt zu Stadt, von Dorf zu Dorf, fast ohne überhaupt eine Eisenbahn zu benutzen. Überall war er nur kurze Zeit geblieben, nur so lange, um wieder mit ein paar Sechsern weiter zu wandern auf der Landstraße. Offen gestanden, er hatte auch manchmal gefochten und die Nacht im weichen Rasen des Straßengrabens süß verträumt, nach altem Handwerksburschenbrauch die Jacke ausgezogen und sich damit zugedeckt. Doch das waren wilde Sachen, die Herr Tanzmann niemandem erzählte, und außerdem war er damals erst achtzehn Jahre alt gewesen.

Die Straße führte zunächst an ebenen Ackerfluren vorüber. Der Roggen stand in Ähren, aus denen die unscheinbaren Blütenteile lose herabhingen. Er hatte bereits eine weißliche Farbentönung angenommen. Das Meer von Ähren wogte schwer im Winde, tiefe Wellen liefen rauschend über das Millionenheer von Halmen. Im Innern dieser hohen geschlossenen Kornpflanzung war kein Unkraut zu sehen, aber am Rande des Feldes bis etwa ein Meter in das Innere hinein standen unzählige blaue Kornblumen, vermischt mit rotem Klatschmohn und violetten Kornraden. Diese Blumen konnte Herr Tanzmann schon von weitem erkennen, wenn er aber an das Feld herantrat, dann fand er unter ihnen noch manches kleine unscheinbare Gewächs, den Ackersteinsamen, den ziegelroten Gauchheil und manchen anderen Freund des Roggenfeldes. Mit den Kornfluren wechselten sauber behackte Kartoffeläcker ab, deren buschige Pflanzen sich in geraden langen Reihen weit hinzogen. Sie waren bereits ziemlich hoch geworden und fingen eben an, ihre weißen Blüten zu öffnen.

Die Ränder der Straße waren mit hohem Gras bewachsen, das jetzt ebenfalls blühte und mit seinen zierlichen Rispen und Ähren im Verein mit weißen Doldenblütlern, blauem Natterkopf und vielen anderen Blumen einen bunten Teppich bildete. Die Pflanzenwelt war nun auf dem Punkte, wo sie die Blätter vernachlässigt, um ihre ganze Kraft auf die Blüten zu verwenden. Herr Tanzmann wanderte zufrieden weiter.

Der Juni bringt es fertig, sagte er zu sich, selbst magerem Sandboden ein Ansehen von Üppigkeit zu geben. Na, lange wird die Sache ja nicht dauern, eine Woche Hitze und alles ist vertrocknet und verstäubt wie ein Mehlsack.

Auch die Bäume der Chaussee erregten seine Zufriedenheit. Sie waren in üppigem Triebe. Der beim Wegebau verwandte Lehm, die stete Zertrümmerung der Granitsteine, die einen nährstoffreichen Boden bildete, und der Düngerabfall der Zugtiere gab diesen Bäumen den denkbar günstigsten Standplatz. Es waren schöne, breitkronige Ahornbäume, phantastisch verzweigte Ulmen und auch vereinzelte Schwarzpappeln und Eichen darunter.

Er war in eifrige Betrachtung über das Wesen und die Gestalt dieser einzelnen Baumgattungen vertieft, als die Klingel eines Radfahrers dicht hinter ihm schrillte, so daß er aufgeschreckt zur Seite fuhr. Herr Tanzmann war empört. Als ob der Mensch nicht ausweichen konnte, wo doch Platz genug vorhanden war! Und da er nun einmal aufgebracht war, ließ er seinem Zorn freien Lauf.

Ihr seid mir schon die windigsten Gesellen, ihr Radler, sagte er, krummbucklige Tretfüßler, schwindsuchtsberechtigte. Ihr Naturverfahrer, die ihr an Baum und Strauch und Wald und Wiese unachtsam vorüber rast mit dem einzigen Gedanken an die Kilometerzahl, die ihr zurücklegen müßt, ihr armseligen Kilometerphilosophen. Ihr blinde Streber, die ihr die Herrlichkeit der Welt nach Meilensteinen und Radumdrehungen berechnet und keuchend, atemringend, schweißtriefend Euer Tagespensum abhaspelt, bloß um wieder zehn Meilen Radfahrt hinter Euch zu haben. Ein herrliches Möbel, Eure Drehmaschine, die Euch das letzte bißchen Naturempfinden ausdreht und mit Euch durchbrennt, ehe Ihr nur anfangen könnt, Euern Verstand zu sammeln. Ja, ja, Ihr habt recht, Euch gehört die Zukunft, so katzenbuckelnd, mit dem einzigen Wunsche sich vorwärts zu drehen, so macht man Karriere!

Die Chaussee durchschnitt jetzt eine kleine Talsenkung, die aber doch so tief lag, daß der Grundwasserstand den Feldbau nicht mehr lohnend machte. Die Talsohle bildete daher eine kleine Wiese, die durch die Landstraße in zwei Teile geteilt war. Auf der einen Seite, die am wenigsten naß zu sein schien, war das Gras bereits gemäht und lag, einen würzigen Heugeruch verbreitend, in Haufen geordnet da. Ein Maulwurf hatte hier, unter dem Rasen wühlend, kleine Erdhügel aufgeschüttet. Auf der anderen Seite der Chaussee stand das Wiesenland noch im üppigsten Graswuchse. Die Blütenstände des Sauerampfers gaben dieser Wiese einen rötlichen Grundton, in dem die Hahnenfußblüte und Doldengewächse gelbe und weiße Schattierungen hervorbrachten. Den hohen Grundwasserstand konnte Herr Tanzmann nicht nur an dem satten dunklen Grün der Gräser wahrnehmen, er erkannte ihn auch an den schilfig breiten und rohrartigen Gräsern, Binsen und Seggen, die sich hier bemerkbar machten. An der tiefsten Stelle wurde das Wasser sichtbar, ein schmutziges, mit grünen Algen durchsetztes Sumpfwasser, aus dem Weidengestrüpp, einige Erlen und Faulbaumgebüsch hervorragten. Das war der Tummelplatz eines Heeres von Stechmücken, die im Nu Herrn Tanzmann umschwärmten, und ehe er sich ihrer erwehren konnte, ihre dünnen Saugrüssel in das Fleisch seiner Hände und seines Gesichtes einbohrten. Herr Tanzmann konnte feststellen, daß die Stiche ihm ziemlich unangenehm waren, während er früher, wie er noch bei der Frau Tanzmann war, seiner Mutter, sich nie etwas aus Mückenstichen gemacht hatte, auch kaum von ihnen belästigt worden war. Diese Tatsache gab ihm nun wieder genügende Veranlassung, böse Worte über die Verweichlichung in Berlin und die Naturentfremdung der Städter auszustoßen. Trotz der Mückenplage und des nassen Bodens trat der Wanderer etwas näher an den kleinen Buschwald heran. Er sah, wie das Laub der Erlen von blauen Blattkäfern ganz und gar zerfressen wurde und wie auch die Weiden und das Faulbaumgestrüpp von allerhand Insekten heimgesucht wurden. Das stimmte ihn wieder versöhnlicher.

Zum Glück, dachte er, werden wir Menschen nicht allein gepeinigt, jedes Tier, jede Pflanze hat Peiniger, die Eiche soll gegen hundert verschiedene Arten von Blutsaugern haben. Warum sollte sich der Mensch also nicht mindestens zehntausend leisten können?

Die Chaussee war hier in der Bodensenkung mit schönen fiederblättrigen Eschen bepflanzt, es befanden sich auch einige Linden darunter, deren unscheinbare Blütendolden einen weithin duftenden Wohlgeruch verbreiteten. Die Landstraße zog sich dann wieder in langsamer Steigung einige Meter aufwärts zu dem vorherigen Bodenniveau. Wieder führte sie an Roggenfeldern und Kartoffeläckern vorüber. Dann berührte sie eine kleine Ortschaft, die zu dieser Zeit ganz in Akazien gehüllt erschien, deren große, weiße Schmetterlingsblüten einen starken, süßen Duft ausströmten. Die Gärten waren bereits merklich verstaubt, und der abgeblühte Flieder machte einen welken Eindruck. Indes die neuerwachte Rosenpracht, herrliche Nelken und Feuerlilien gaben ihnen doch bereits ein üppiges sommerliches Aussehen. An Scheunenwänden und anderen vernachlässigten Plätzen standen große Holunderbüsche, dicht besäet mit großen, weißen Blütenscheiben. An regelrecht aufgestellten Stangen rankten die Bohnen bereits anderthalb Meter hoch empor, und weißblühende Zuckererbsen stützten sich auf dürres Reisig, das man, um ihnen Halt zu geben, in die Erde gesteckt hatte. An den Johannisbeersträuchern färbten sich bereits die Früchte rot und ließen an eine baldige Ernte denken. Das war die Zeit, wo Herr Tanzmann früher als Knabe im Garten der Frau Tanzmann Obst zu ernten anfing. Er hatte damals die Gewohnheit, die Früchte immer einige Zeit früher abzunehmen, als sie reif waren. Grüne Stachelbeeren aß er zum Entsetzen der Frau Tanzmann mit großer Vorliebe, er aß sie, ohne eine Miene zu verziehen, während sie bei dem bloßen Gedanken daran einen sauren Geschmack im Munde fühlte. Nun gab es aber sehr viele Sträucher im Garten, und wenn Herr Tanzmann nicht täglich seinen Freund Mewis, der nebenan die Gänse hütete, eingeladen hätte zu gemeinsamer Arbeit, so wären die Stachelbeeren sicher reif geworden, ehe sie abgeerntet gewesen wären.

Der Wanderer setzte seinen Weg weiter fort. Wieder führte die Landstraße an großen Korn- und Kartoffelfeldern vorüber, bis sie nach einiger Zeit einen kleinen Kiefernwald durchschnitt. Es war ein etwa vierzigjähriger Baumbestand, der aber durch eine plan- und verständnislose Privatwirtschaft sich in schlechtem Zustande befand. Der Boden war ganz mager, da ihm die Waldstreu, die herabgefallenen Nadeln, Jahr für Jahr entzogen worden war, die Bäume waren verkrüppelt, und der Bestand wies große Lücken auf. Eine dürre, trockene Luft herrschte über dem armen Boden, in dem nur ein dürftiges, gelblichgrünes Moos einigermaßen gedieh und höchstens hier und da eine magere Grasnelke ihren rötlichen Blütenkopf auf langem, dürrem Stiel erhob. An den Privatwald schloß sich ein staatlicher Forst an. Das Bild war sofort ein ganz anderes. Gerade, hohe Stämme schossen fast üppig aus dem grünen Boden hervor, auf dem selbst junge Ahornbäumchen und Eichen, die sich offenbar von der Chaussee her ausgesäet hatten, einige Jahre ein wenn auch kümmerliches Leben fristen konnten. In großen Lagern hatten sich niedere Heidelbeersträucher und

Erdbeerpflanzen angesiedelt, die voller Früchte hingen. Herr Tanzmann setzte sich an den Waldesrand neben einen blühenden Brombeerstrauch und tat sich an den köstlichen blauen und roten Beeren gütlich. Er hatte das volle Gleichgewicht seiner Seele wiedererlangt, und als ein Radler keuchend an ihm vorbeistürmte, winkte er ihm freundlich grüßend zu.

Bodo Hell. Zum Bärenloch tour/retour

Plateauwanderung am östlichen Dachsteinstock (Stmk)

für Sigrid Landl (*Möslehner*)

(1) zu jemandem Ortsunkundigen würden wir vor dem gemeinsamen Aufbruch von der Almhütte *Grafenberg* also in etwa sagen: es gehe prinzipiell in nordnordwestlicher Richtung aus dem *Hüttfeld* hinaus, aber man werde sinnvollerweise nicht in gerader Linie über Stock und Stein dahingehen können, zumal ohne Rücksicht auf gegenläufige und verriegelnde Geländeformen, so etwas wäre ein eigenes langwieriges und anstrengendes (noch dazu geradezu paranoides) Unterfangen und so eine geometrische Unternehmung müßte sowieso wohlvorbereitet sein (ohne Säge, Axt, Seil und Krampen wohl nicht einmal halbwegs auszuführen), so aber behalten wir das Ziel, dieses nach Westen hin offene dunkle Mundloch im hellen Fels (seitlich und darüber) über grünem trapezförmigem Steilhang weithin sichtbar (genannt *Bärenloch*) zwar vorm inneren Auge parat, benützen aber selbstverständlich die mannigfaltigen erleichternden Umwege dorthin, nehmen also ehemalige Viehtreibwege und aktuelle Wildfährten unter die Füße, verlassen uns dabei auf die in vielen dereinstigen Such-Gängen über die Jahre hinweg erworbene Ortskenntnis (internalisiert) und können gleich einmal unbeschwert ausschreiten, so als wollten uns die Füße von selbst begeistert tragen und wir gingen als aufrechte Leiber und schwankende Seelen quasi automatisch den ungefragt wegwissenden Füßen und Beinen hinterher

(2) zuallererst nämlich trügen uns diese selbsttätigen Gehwerkzeuge nicht auf der markierten Route zum *Klammel* und

zu seinen Murmeltierbauten hinüber (auf dem Weg Nr. 666), sondern wir schritten gleich ins Ungebahnte oder nur halbwegs Gebahnte, indem wir das neuerdings mit einem Wasserbehälterhäuschen gekrönte *Burgeck* am MurmeltierFluchtbau vorbei (ehedem hüttennahes illegales AbfallLoch) ostseitig querten (aus der feuchten Senke rechts unten streben uns dabei Kälber, sagen wir die 4 schwarzbunten *Lienlbauer*, muhend entgegen, in der irrigen Meinung, wir kämen mit dem unvermeidlichen Salzsack geradewegs zu ihnen geeilt), doch wir haben schon die Höhe mit der neuen Brandstelle (der sägewütigen und feuerfreudigen *Feichtl*gäste) drüben (die halbverkohlten Äste sind noch nicht ganz aufgeräumt) erreicht, wir lassen uns von keinem HüttangerVieh in unserem spürbaren Fernstreben aufhalten, werfen zwar Suchblicke nach etwelchen Viehgruppen (*Bacher, Egger, Marharter, Brandl*) in die *Hüttfeld*Tiefe (Großdoline mit fruchtbarer Dolomitschuttfüllung) westwärts, haben schon die Querung über der *Kleinlackengrube* links unten hinter uns gebracht, kurzes Lauschen nach rechts zum nicht einsehbaren *Fluß* (mit langem u) hinüber (einer neugefaßten Karstschwinde) nach weiteren identifizierbaren Weideglocken, und wir sind, den ersten wie den zweiten kleinen Gratübergang schnaufend passierend (da wären noch Latschenäste wegzuschneiden), in die letzte jetzt schon höher oben gelegene *Hüttfeld*Kuhle mit dem umgestürzten Baumriesen (einer Moderzirbe) gelangt, von links drüben zieht unbeachtet eine wenig charakteristische Felsenzeile herauf (die wir auf einem Foto isoliert dargeboten als hiehergehörig kaum wiedererkennen würden), an dieser Ausgangs- und Verteilerstelle (*bei den Treibwegerln*) hat es schon so und so viele Treibbemühungen gegenüber jeweils unwilligem Vieh (die Kalbinnen scheinen also die Menschennähe im *Hüttfeld* einfach nicht verlassen zu wollen) gegeben, welches sich zu den saftigeren Weiden beim ferneren *Weiß Wandtl* oder in der nähe-ren *Daubn* nur ungern lenken lasse, heute streben wir allein ohne derartiges Bemühen durch den jüngst ausgesprengten und hergerichteten FelsÜbergang und dahinter gleich wieder rechts über eine alte Sprengstelle (deren spitze Brocken lange Zeit keine Erleichterung fürs getriebene Vieh geboten haben, jetzt aber doch etwas eingewachsen sind) und nähern uns in einem weiteren Schlenker jener Talreihe, die direkt in nördlicher Richtung auf den (auch schon im Hintergrund erschienenen) *Hirzberg* zuzuführen scheint, aber da liegt selbstverständlich noch eine Vielzahl von verwirrenden Hügeln und Gruben dazwischen (in denen wir auch diesen seinerseits exzellenten Aussichtsgipfel im sogenannten *Kemetgebirge* als Landmarke wieder aus den Augen verlieren würden/verloren hätten)

(3) des Hüters und der Hüterin Sinn geht angesichts dieser mehrfachen Ausfallsrouten an so einer Verteilungsstelle gleich in Richtung vorsorglichem Vorstehen und gekonnt dort Umlenken, wo die immer findigen Weidetiere auszubüchsen gewohnt sind, derartiges Seit- und Vorwärtsspringen der Begleitpersonen kann heute unterbleiben, die Ansätze dazu allerdings spürt man sehr wohl in den quasi selbsttätigen Waden zucken, die Grubenreihe der sogenannten *Daubn* mit ihren 2 Tiefwannen (der Murmelbau in der ersten Grube scheint verlassen) ist flugs und geländebewußt durchschritten, die buckligen Übergangszonen links zum *Weiß Wandtl* (westlich) und hanghoch rechts zum *Langkar* oben (südlich) werden nur kurz mit dem Blick gestreift (nein zur einstigen Abrutsch- und Sterbestelle des *Knerzl*-Ochsen, um dessen Rettung sich damals 5 Helfer 5 Stunden lang vergeblich bemüht hatten, wird auch nicht hinaufgestiegen), schon ist nach einem aufwärts führenden Klamml der hohe Durchgang zwischen *kleinem Hocheck*

und *Scholiterhöh* erklommen, links zwischen die Hochecken hinein wird jetzt nicht abgezweigt (an dieser steinmannmarkierten Routengabelung), und auch nicht weiter beachtet wird der Blick nach halblinks drüben zum immer noch fernen *Bärenloch* (es wäre jetzt frei sichtbar, und dort wollen wir doch hin), dieses ist aber schon wieder durch dazwischenliegendes Gelände (zirbenbestandene Felsriegel) verdeckt

(4) etliche Sommer lang wurde die jetzt undeutliche Route durch regelmäßigen Viehtrieb zum erkennbaren Weg ausgetreten: die 8 oder 9 schweren *Rössing*Fleckviehkalben und das graue *Stierer*vieh mußte(n) in den 90ern mehrmals von *Grafenberg* in dieses weitläufige nördliche Weidegebiet versetzt werden, um dort die 3/7-Anteile der Ramsauer an der Weißenbacher Eigenalm *Schiltenwang/Planken* wenigstens irgendwie zu nützen, links unten weiß man unbeachtet einen markierten ProbeBaum am Zufallsrasterpunkt stehen, von dem in Jahresabständen ein Ast abgeschnitten und zur Waldschadens-Untersuchung eingeschickt werden mußte (stellvertretend etwa durch den ortskundigen Landesförster Emil Sprosec oder Kollegen, übrigens mit beruhigendem Ergebnis, was die Versauerung des Bodens in dieser Gegend und Höhenlage betrifft), nach rechts oben ginge es ein paar Höhenmeter durch Schwarzbeerlaub zum *Jagasitz* an den markierten Almgrenzpunkt (Nr. 44), von dem aus die Nachbarjäger auf ihr zu Füßen liegendes innerstes Jagdgebiet (die offene Großgrube *Befalleben*) mehr schlecht als recht hinabblicken können (Schußdistanz sowieso zu groß) und an den eine Hirschfährte nahe heranführt (ein Adler hat mir dort – nicht gelogen – einmal 2 Kronenhirsche verscheucht, *Linharter* Sepp könnte überraschend von dort herunterpfeifen, um uns krachend Vorwärtseilende freundlich zu irritieren), der klammlige, verblockte und ver-

wachsene Abstieg in die Grubentiefe kann jetzt (wenn man kleinteilig Bescheid weiß) in direkter Linie durch feuchtrutschige Partien erfolgen, das *Rössing*- und *Stier*vieh dagegen wurde dereinst im RechtsBogen auf eigens (vom *Landl* Adi und *Rössing* Hias) angelegtem (und mittlerweile wieder verfallenem) Steig über Schotter und durch Karstgassen in die garstige/karstige Tiefe geführt, wo die Kalben zuerst einmal fliegenabwehrend ausgeruht haben, dargebotenes Streusalz leckten, nach dem wenigen Tümpelwasser in den Rasenlöchern lechzten und dann unbeirrt zu saftigeren Weideflächen weiter hinaus strebten (wo sie genausogut grasen durften und sollten)

(5) direkt aus der Grube *Befalleben* könnte man jetzt nach links in die Reihe der *Laubkare* einsteigen (je nach Zählung 4 oder 5 oder mehr), durch die auch die Almgrenze *Grafenberg/Schiltenwang* verläuft (die zwar vor Jahren gemeinsam begangen und deren eingemeißelte Punkte nachgestrichen wurden, die numerierten Einmeißelungen sind auch gut sichtbar geblieben, doch etliche umringelte Bäume als Marken dazwischen findet man kaum wieder), und der Einstieg respektive Ausstieg ins unterste Laubkar müßte über sogenannte *Brettsteine* erfolgen, vor denen das Rindvieh getrieben stets haltmacht, bekanntlich gehen Großviehklauen (*Klee*) lieber über Weiches, nur Kleinviehklauen (*Klee*) auch über Felsen, vor allem Geißen eifern ihrer gämsischen Verwandtschaft darin nach, indem sie versuchen, mindestens die Vorderläufe auf felsigen Untergrund zu stellen, und sei es auf einen passenden Stein sogar im grünen Weidegebiet, das bürstlingbestandene Schlangenparadies *Befalleben*, diesen abgeschiedenen Unort-Kessel, der zumindest nach Westen und also zur Abendsonne hin etwas freundlich offener erscheint, möchte man jedesmal bald wieder verlassen (was einem daliegenden *Simmerbauer*Och-

sen zu einer Zeit nicht leicht möglich war, da man den Zwischenklauenwurm / das *Panaritium* noch mit Tiroler Steinöl aus Pertisau vom Achensee behandelt hat und also im Gegensatz zur Wirkung der heutigen AntibiotikaSpritze erkleckliche Zeit zur Heilung brauchte, Wasser mußte man ihm auch von weit her in Kanistern und Kübeln hinbringen), also wir lassen die noch abgeschiedeneren *Laubkare* hinterm *Großen Hocheck* links liegen und streben auf der Sonnseite eine deutlich sichtbare WandfußLinie und Steinmannmarkierung entlang (Türkenbund eingezogen, abgerissen oder abgebissen) den hintersten Gruben vorm sogenannten *Bärenstieg* zu

(6) bevor das tägliche SpätnachmittagRegenwetter einsetzt/losbricht, sollten wir (die Nachbarin bei sich und ich bei mir, um auch das zu sagen) wieder zurück sein: es heißt also nicht brodeln und dort, wo es auf ausgetretenem Pfad fort geht, rasch ausschreiten und bisweilen auch ein wenig berganspringen, mit dieser seltenen tänzerischen Leichtigkeit, die dem Trainingsstand der Sommermitte und den Wetterverhältnissen geschuldet ist, vor einem drohenden Gewitter geht das kaum, ja jetzt heißt es getrennt sich in die Büsche schlagen und beim Weiterweg im seltsam entfremdeten Gebiet wieder Fuß fassen, auch wenn man dort eigentlich nichts anderes zu tun hat als die DurchgangsRouten zu bestreichen und die Ortsdetailkenntnis aufzufrischen, auch Distanzen wieder verfügbar zu machen, vielleicht verschüttete GehErinnerungen im Bewegungsapparat wachzurufen, gleich geht's steil hinauf und die Blockhalde davor war immer unangenehm zu queren, ach ja, da links unten bei dem Wasserloch hat eine hochträchtige *Rössinger*Kalbin verworfen (also ihr Kalb frühzeitig verloren), und wie sie nicht mit den anderen aufs Hüttfeld zurückgekommen ist, hatte ich schon eine diesbezügliche Vermutung und

bin die gute Stunde herübergeeilt, war aber dann doch überrascht, wie ich sie vor dem toten kalten Kalb stehen und dieses ablecken sah, Frage: gehen da die Instinkte unbeirrt durch und strafen die Realität Lügen, man könnte sagen: ein herzzerreißender Anblick, und das Wegtreiben der jungen Mutter vom toten Kalb hätte man auch gern anderen Treibern überlassen, gleich geht's steil hinauf, auf einer frequentierten Wildfährte durch zottiges *FlederGras* (von dem Du sagst, die Kälber würden sich anderswo vor Begeisterung auf dieses Futter stürzen), hier sind einmal mehrere *Siedler*-Ochsen durchgegangen (weiß nicht mehr, ob auf dem Hin- oder Rückweg ins ferne *Wurzkar*, in dem sie hinter Latschenriedeln und Karstbänken eigentlich auch nichts zu suchen hatten), und schon damals bekam man die Bestätigung dafür, daß Ochsen und Öchsler gern im steilen Gelände herumsteigen, wie heuer die 6-er-Herren-Gruppe samt Glockkalbin Nelly den ganzen Sommer lang auf dem *Kufstein*-Plateau, bis sie schließlich bei Dir draußen gelandet sind und sich an die Felskante der *Hirn*abstürze gestellt haben, um zum *Knerzl*-Heimhof in der *Ennstal*tiefe hinunterzuschauen (nochmals Dank für die professionelle Treibhilfe, auch wenn es mir vorgekommen ist, wir würden mit der Kirche ums Kreuz und nicht auf direktem Weg zurückgehen)

(7) gut daß wir den *Stiegelstecken* samt Eisenspitze mit dabei haben, er ist im Steilaufstieg am Grashang gut zu gebrauchen, und beim nachfolgenden Abstieg an derselben Stelle sowieso unerläßlich, will man rasch vorwärts / also abwärts kommen / springen, diese heimlichen fetten Rasenstücke unterm *Napfenkogel*, der sich jetzt ebenso versteckt hält wie der eigentliche Höhleneingang, wünschte man sich als Äsungsflächen für das in Wirklichkeit niemals hiehergeführte Kleinvieh (die Schafe und Ziegen), in einer Hüterphantasie mit tägli-

chen Umtrieben und Abendmelken auf freiem Feld, wobei die horntragenden Geißen gar in Doppelreihe gegengleich aufgestellt würden, Kopf an Kopf innen, die Hörner an langem Seil eng aneinander gebunden und Hinterteil an Hinterteil außen, so ginge man dann um diesen wohlgeordneten und seltsam stillhaltenden Pulk außen mit dem Eimer herum, von einer Geiß zur anderen hintenhinaus melkend, mit der Melkerstirn vielleicht die Heckklappe niederhaltend und somit das Defäzieren für die jeweils kurze Melkzeit hintanhaltend, um nach Beendigung dieser scheinbar kinderleichten Prozedur mit einem einzigen Strickzug die Knoten um die Hörner zu lösen und die ganze Gruppe zum spätabendlichen Grasen freizugeben (wie das die tibetischen und mongolischen Hirtenkinder nicht nur für eine Bilddokumentation mirnichtsdirnicht zustandebringen)

(8) das kleine Felsenbecken hinten an der Felswand unterm Höhleneingang mit der periodischen Quelle zeige ich Dir nachher, weiß nicht, ob heut ausreichend Wasser aus der Wand quillt, wie ein Weihwasserbecken für den ökumenischen Segen sieht es aus, Du kennst ja in den katholischen Kirchen und Friedhofskapellen diese oft nur handtellergroßen Becken an der Wand oder auf Stelen nahe dem Eingang, in die man unaufmerksam (gar nicht wirklich hinschauend) die Fingerspitzen eintaucht, gleich was einem von der bedenklichen Wasserqualität solcher SegensSchalen (manche in Form von nachgebildeten halben Totenschädeln) auch gesagt worden ist, unser natürliches Quellbecken wird wohl frisch durchflossen und im senkrechten Abfluß lang hinunter bemoost sein, hier also noch vorher scharf rechts hinauf und über teils wackelige Großblöcke zu dieser trapezförmigen Steilwiese mit Frauenspeik- und Eisenhutbewuchs, von welcher Auffälligkeit schon

öfter die Rede war und die man als frischgrünen Fleck von vielen Routen über den STEIN her ausmachen kann (zumal wenn man einmal auf diese Landmarke hingewiesen wurde), an der rechten / von innen linken Portalwand wird man auf eine senkrechte Näpfchenreihe aufmerksam werden (vielleicht Sonnenstandsmarkierung zu Äquinoctium oder Solstitium), von der man nicht annehmen möchte, daß sie auf natürliche Weise durch Verwitterung zustande gekommen ist, während es im vegetationsausgedünnten Eingangsbodenbereich in die Tropfnäpfchen aus den quasi stetigen Wasseruhren vom Höhlenplafond platscht (sollte jemand ein geborstenes Plastikgefäß zum Sammeln untergestellt haben, wird man es bestimmt entfernen wollen, um seine Ruhe zu haben und nicht an die WassertropfenHörfolter in historischen Gefängniszellen erinnert zu sein), jetzt setzen wir uns einmal hin und betrachten das unübersehbare Plateau AM STEIN weit ausgedehnt bis hin zu den riffartigen Randgipfeln des *Ramsauer* und *Dachsteingebirges* (ob wir dort jemals überall entlangwandern und gar hinaufsteigen werden), auch wenn bei tiefstehender Sonne und hoher Luftfeuchtigkeit wie jetzt die Bildauflösung des (man kann sagen:) atemberaubenden Panoramas in präzise Einzelheiten deutlich zu wünschen übrigläßt

(9) Trogtäler, Eisgassen, Zerrüttungszonen, Bruchsysteme und steilgestellte GesteinsSchichten, Kare auf Kare, Schliffrinnen und Wannen, unterirdische Karstgewässer (deren Verlauf man mittels Blütenpollen- und BärlauchsporenTrift zu verfolgen versucht hat), fruchtbarer Moränenschutt für almtaugliche Böden (jeden Tag ein Hut voll STEINgraserl könnte dem Vieh genügen, wird euphemistisch behauptet), kristalline Gerölle auf Kalk (›Augensteine‹, wie sie der Geologe Wolfgang Frisch aus Tübingen untersucht und mit seinen Kollegen eine ganze Pe-

riode danach benannt hat), Feuchtstellen, Quellen und Kleinseen im Bereich der Moränen und Schuttfüllungen, mit sacht unter Wasser vorrückenden Köcherfliegenlarven und bisweilen stillstehendem Libellengeschwirr, Abtragungsebenen, Gunstgebiete, Klüfte, Dolinen und Verwitterungstaschen, Quell- und Kulturhorizonte, in verschiedenen Graden der Gesteinsauflöung, drüben die *Gjaidstein-Taubenkogel*scholle und dahinter zu erahnen der *Hohe-Kreuz-Ochsenkogel*zug, den wir auf unserer JahresTour zu dritt vom *Gosau-* zum *Hallstättersee* von der anderen, der Nordseite her, und von unten in einsamster Transversale zu Gesicht bekommen haben (*entrisch*), doch jetzt laß uns mit den Stirnlampen ein Stück über die Versturzblöcke ins HöhlenInnere emporsteigen, vielleicht werden wir dann das schmale Licht der Öffnung des Nebenausgangs (über zerklüftete KarstRiffe kriechend erreichbar) blinken sehen, dann könnten wir (über diesen Geheimweg nach außen gelangt) im Freien hinabsteigen und von unten zum großen Höhlenmund (in dem wir doch erst vor kurzem verschwunden sind) wieder emporsteigen und etwaige Mitwanderer, die dort sitzengeblieben sind und sich um uns nicht mehr gekümmert haben, düpieren (ja wo kommt Ihr denn jetzt auf einmal her, das geht doch nicht mit rechten Dingen zu)

(10) den gesamten Herweg zurück läuft man wohl quasi wie erleichtert, nach so einem unerschöpflichen Anschauungsunterricht, jetzt wieder den *Bärenstieg* über den steilen Wasen/Rasen hinunter, dann den Wandbegleitungspfad hinaus, vielleicht bekommen wir einen Sperlingskauz zu Gesicht, wie er untertags ruhend auf dem Latschenast sitzt, oder ein Birkhuhn ist flatterschreckend aufgeflogen und gleich danach noch eines ebenfalls flatterschreckend, doch die Zirbenhäher haben uns ja schon auf dem Herweg meldend verraten, jetzt

zweigen wir in der düsteren *Befalleben* (gottlob hinter uns eine strahlende Lichtzone liegen wissend) ab und schreiten in östlicher Richtung weiter, am charakteristischen *Riebeisen* (einem aufgestellten Steinblock mit SchrägRiffelung) vorbei und kommen im Bogen zum *SchottenWeiwi-Grab* (das im Lauf der Jahre seine Gestalt verändert hat und jetzt ein gußeisernes Kreuz ohne die zwischenzeitliche Namensnennung *Agerl* trägt), die Route streift dann die *Hemmatgruben* mit der darein mündenden *Zunterrinn*, links oben haben wir eine rückgratverletzte *Stierer*kalbin tagelang liegen gehabt (›wenn wir sie erlösen, heißt es unten gleich, der bringt unser Vieh um‹), wir gehen nicht auf die Weideflächen der *Plankenalm* hinaus und zu den hinteren Hütten hinüber (was verlockend wäre), sondern gleich die lange wie verborgene *Kesseltrag* entlang und zweigen dann zu den vorderen *Planken*hütten ab, um nach den Edelweißsternen an der Felswand dahinter Ausschau zu halten, die der *Landl*bauer (selig) dort vor Jahren gepflanzt hat, nachdem er als unermüdlicher Errichter und Aufbauer auch den 8. gemauerten Kamin in einer der Alm- und Hüterhütten am Stein fertiggestellt hatte (an diesen Hütten kommt auch der ferne Almnachbar Peter Gruber schnellen Schrittes vorbei, wenn er auf Besuchsgang zu uns Richtung Süden eilt)

(11) das nicht Betretene seitab bleibt unbetreten, wenn auch nicht unbedacht, so wie es bisweilen als unwillkürliche Vorstellung den Geist zu besetzen vermag und vorm inneren Auge als frei aufgestiegenes Bild fast Anschauungsqualität erreicht: dann versetzt uns die Vorstellungskraft blitzartig in einen kleinen Ausschnitt etwa einer abseitigen Felsformation mit wucherndem Meisterwurz (*Imperatoria ostruthium*=okzitanisch: unter einem glücklichen Stern geboren) zwischen den humusgefüllten Felskarren und wir hocken uns im Geiste hin und zie-

hen den würzigen Duft der charakteristischen 5-Finger-Blätter und der darunter hier gar freiliegenden Wurzelwalzen ein (auch wenn zur selben Zeit an Ort und Stelle vielleicht schon alles verdorrt und zurückgezogen ist, so daß man die so anschaulich vorgestellte Pflanze partout gar nicht mehr finden würde) oder wir sehen zum erstenmal abseits einen frisch gezimmerten Hochstand, den wir doch längst einmal hätten bemerkt haben müßten (außerdem sind die Planken und Bretter bereits einigermaßen verwittert), ja sitzen wir da einem schwankenden Bild der vermeintlichen Erinnerung oder gar der bereits vergangenen Zukunft auf

(12) ›es mufft‹, sagten die alten Jäger, ›es mufft‹, sagen auch die neuen Jäger, froh, daß das Almvieh (und sei es auch ihr eigenes) sowie das Almpersonal vor dem 15. September abgezogen ist, sich (sagen wir es ruhig:) ›verduftet‹ hat, und der Moschusgeruch, wie er unvermittelt und ohne sichtbare Erregerquelle aufsteigt, verzaubert die späten Wandernden und vermittelt ihnen ein leises Abschiedsgefühl, anheimelnd und vertreibend (*repelling*) zugleich, da sind wir in Sprüngen um den *Kessel* herum (unten ein weiterer für uns neuer JägerHochstand, detto angewittert, detto unbesetzt, so lang sind wir da nicht vorbeigekommen) auf den *Schafsteig* gelangt (hier sind vor unserer Zeit die Hüter mit ihren Kleintierherden den ganzen Tag zu neuen Weidegruben herumgezogen und erst zum Abendmelken wieder zu den fernen Hütten zurückgekommen, damals war für jede Tätigkeit, wie etwa auch fürs Schwenden, ausreichend Personal da, gegen Kost und Quartier, vielleicht noch 1 Paar Schuhe), wir passieren einen merkwürdigen noch dazu westoffenen 1-Mann-Felsunterstand aus dem Untergrund wie mit Steinsägen herausgeschnitten, samt Einritzungen an den Wänden (etwa den Initialen FM als geheimer Bot-

schaft für uns: die permeable Friederike Mayröcker wird auch in diesem abgeschiedenen Erdenwinkel beschworen), wir enteilen der Grube *Kampf und Streit* (in der es zur Zeit des Ennstaler Eisenbahnbaus um 1870 zwischen den Ziehern und Trägern der Lärchenschwellen zu einer finalen Auseinandersetzung gekommen sein soll), wir entsteigen diesem negativ besetzten Ort, so schnell es steil bergan nur möglich ist (auch da rechts ist einst eine Kalbin eingefallen gewesen, von Fremdgehern am Verwesungsgeruch bemerkt und gemeldet, auch da haben wir Vieh getrieben, die Rindviecher steigen ja im wilderen Gelände vorsichtig mit ihren Hinterläufen auf die von den Vorderklauen bereits getesteten Stellen, also in die eigenen sicheren Abdrücke, und dennoch kann ein Absturz *udanks* passieren), und schon sind wir am Grenzpunkt 51 und an dichten Grünerlenbüschen vorbei auf die Höhen vorm *Flußbichl* gelangt (ganz schön hoch heroben liegt dieser), und wir können jetzt noch einmal zwischen den Stämmen zu den *Napfenkögel*flanken hinüberschauen und haben nach einigem Kopf-hin-und-her-Schwenken und Freien-Durchblick-Suchen gar das Mundloch der *Bärenhöhle* mit dem charakteristischen grünen Trapeztuch darunter, von wo wir doch gerade beseligt herkommen, unnatürlich weit entfernt und wie ganz und gar unerreichbar wahrnehmen können

Jürgen von der Wense. Wanderjahre

[Aus dem Werk] *Burgberg (nordöstl. Holzminden) mit dem Everstein, dem großen und kleinen Eberstein und der Hüneburg, Umkreis des Burgberges*

Wanderung am 3. Juli 49: Nebel und Wolkenfetzen tollten über die Hochfläche, sprangen wie Bälle, blausilberne Schwaden rauchten aus der Tiefe, zerschmolzen und ließen eine geläuterte und blanke Erde zurück. Die schweren dunkelen Wälder des Hils, die stumme ernste hohe Flur vor dem Elfas – wunderbar nach dem großen Durchbruch der Holzberg, dem Meißner ähnlich oder einem isländischen Horst über seinen strahlenden grünen Matten erhoben …

In Arholzen am Rande der zur Weser niederfallenden Bever, auf der Kante des Hochlands ein ganz erstaunlich bewegter Blick auf den Kegel der Homburg und die eigenwillige Linie des Vogler – *eine* heroische Landschaft – auch hier das ausgesprochen Edle und Vornehme der Weserberge, jugendlich und kühn, in hellem Dur, von kraftvoll gespannter Reinheit, freimütig und immer groß sich gebend.

Das Eberholz gerodet, vor *mir* der steile zornige Kopf des Großen Ebersteines mit Felsen. Sehr steil. Oben eine schwer durchdringliche wahre Wildnis, Hochwaldkrone, Blumen, aus den weißen splitterigen Felsen ein mit hoher Meisterschaft ausgehauener Graben, als Burg nicht kenntlich, Naturfestung auf einem Eckbollwerk zwischen schmalen in Winkeln stehenden Kämmen, ähnlich Boyneburg. Großartig bunt und prangend der Blick auf die grünen lebenerfüllten Fluren, die schwere einfache Linie des Solling, die Hochfläche, die nichts ist als sein Anlauf oder müdes Ausschwingen.

Auf dem Solling die Blöße mit überragenden Bäumen … Nach Norden auf Ottenstein und die selbstbewußten Vorhöhen des Vogler, die Weser deckend – das ritterliche, festungsartige, streitbar Edle der Landschaft wird hier im Äußersten vorgetragen. Merkwürdig pathetisch durch den Holzberg in seiner gesammelten und herrschenden Kraft.

Bei *Höhe* 337 Struth mit Lärchen, Tannen, Wacholdern, in der Ferne hoch die Hameler Berge.

Die Ebersteine von hier zierlich, überfeinert, englisch. Vor ihnen die dunkle Tannenkappe der Hühneburg – eine geschlossene, in sich beharrende Szene: Burgberg – Ebersteine – Hühneburg. Schönste Wildnis, Rosen, violette graue moosige Steine. Eine der wenigen Burgen, die nie ausgegraben, nie entweiht wurde oder als Steinbruch mißbraucht, die in völliger Einsamkeit verwilderte – nur riesige Schuttmassen ohne anstehende Mauern, aber in dem Schutt noch vergraben. Daher in ihrer Wildheit die schönste und geheimnisvollste aller Burgruinen des Landes.

[...]

In Hunnesrück [nördl. Dassel], *Vorwerk Erichsburg und Neuhaus seit 1954 eine »Hengst-Aufzucht-Station«.*

Niedersachsen hat das springende Pferd im Wappen – war immer ein Reiterland. Die neuzeitliche Kavallerie als einheitlicher Kampfkörper gegenüber dem Einzelkämpfer, dem Ritter, ist in Niedersachsen entstanden – die sensatio der braunschweigischen »schwarzen Reiter« 1557 in der Schlacht bei St. Quentin, entstanden aus der »schwarzen Fahne« des schaumburgischen Rittmeisters Hans Barnerf aus althildesheimer Geschlecht, der 1569 im Hugenottenkrieg umkam. In den Fehden griffen er und seine kampffrohen Gesellen mit leichtbeweglichen Reiterhaufen und der neuen handlichen Feuerwaffe ein. So ritten sie 1553 bei Sievershausen ihre Frontattacken »mit tween oder dreen Fuer-Rohren« – ihre Taktik der »Caracole« bildeten sie danach aus: das vorderste Glied feuert, schwenkt links und gibt damit das Feuern des zweiten Gliedes frei.

Durch die Feuerwaffe wurde höchste Gewandtheit not, die Dressur, Anfang der hohen Schule, dafür Ende des Turnieres der gepanzerten Ritter.

Der Vogler

Vogler, *Homburg* und Burgberg: eine Welt für sich. Höchster Inbegriff der Weserlandschaft: vornehm und verfeinert.

Bilden Hochgebirge in Miniatur! Matten, Kämme, Schluchten, wildzerrissene Gestaltung. Kahle Vorberge mit Weiden. Anblick durchaus wie hohes Gebirge und so auch Stimmung und Ausdruck.

Am besten von Ottensteiner Höhe und über Heinsen.

Von einer Merkwürdigkeit und Sonderbarkeit, die sofort schon bei Stadtoldenburg bestürzt. Vom Holzberg bis Köllerberg alles wie Alpen im Kleinen!

Aneinanderstoßen verschiedener Landschaften: Solling, Weserfestung, Leineberge – Wasserscheide Weser/Leine. Fühlbarer Übergang, Spannung der Grenze Westdeutschland und Mitteldeutschland. Niedersachsen endet auf Linie Bielefeld-Bodenwerder-Alfeld-Osterwieck. Vogler und Hils sind die ersten mitteldeutschen Gebirge, Ith ist schon norddeutsch.

Der Holzberg alles beherrschend über dem Hochland. Zusammengehörigkeit Vogler/Till – Burgberg/Holzberg – zwei Sandsteinberge und zwei Kalkberge, diese als Widerlager der Solling-Fläche. Diese freien Höhen in sich vereinsamt und abgeschlossen, besonders der Vogler mit seinem herrlichen Vorgebirge im Südwesten

Gegensatz des völlig ruhigen gleichmäßigen Sollings mit dem Aufstand vielumrissener Einzelberge, von Brüchen und

Störungen gewaltsam gebrochen und ausgeschnitten. Sechs verschiedene Landschaftsbilder: Odfeld – Sollingkuppel – Holzberg als Muschelkalk-Steilabbruch einer schrägen Scholle – Vogler-Kamm – Till, Erosionsgebirge mit Muschelkalk-Kuppen – Everstein-Bergruine als Muschelkalk-Riff. Modellhaft ausgestellt. Dadurch reiche lebende Konturen, eben, rund, eckig, straff, lässig … Beste Übersicht über die 6 verschiedenen Landschaftsbilder vom Kohlenberg!

Wichtig vor allem das Ausfließen des Sollings mit seinem Buntsandstein bis nach Eschershausen als Odfeld, auf dem sich die Horste erheben!

Sehr seltsam, wie das Gebirge gebaut ist: zweiteilig, im rechten Winkel, die eine Seite in Weser-, die andere und Hauptseite in Lenne-Richtung. Kammgebirge, tiefzerschluchtet. Im Süden sind eine Reihe auffallender barocker Einzelberge vorgebaut wie Strebepfeiler oder Widerlager, so bei Holenberg der sehr markante Weinberg, dann Höhe 291, der Apenberg, Kirchberg, Schweineberg, Dietrichsberg, Sauberg und über Rühle die eichsfeldähnliche starke Himckeburg.

Ganz ungeahnt und hinreißend eigenartig die Mattenlandschaft südöstlich von Rühle – eine Alpenflur in Miniatur! So östlich *der Höhe* 253 an der gewundenen Straße das im Wesergebirge so kennzeichnende Bild: die weißen engen Kurven – hier erscheint der Vogler viel zu hoch und gewaltig, die kleinen Vorhöhen gewinnen mächtiges Ansehn, so der Brunshagen oder die erstaunliche Himckeburg, scharf konturierte Rücken. Wunderbar verlassene Szene, überall Kirschen an Straße und Hängen, Kühe mit Glocken, Rufe der Hirten und hohe kahle Rücken, an den Hängen mit blumenreichen Matten, darin Tannen und schöne Lärchen und Dornenhecken. Besonders so am Schweineberg, echte Romantik und überschwengliche Schönheit im Kleinen, Stille und Andacht. Man fühlt tief unten den Strom. Wunderbare Blicke auf dem Dietrichsberg auf die reiche Szene des Köterberges und des Schwalenberger Waldes – davor die schneidende Hochfläche. Nach Osten sieht man Golmbach und Negenborn übereinander, dann die Hochfläche als Strich und darauf thronend der Holzberg.

Die aus dem südlichen Vogler niederfallenden Bäche scheinen hier im Muschelkalk zu versickern. Merkwürdig, wie diese Kalkvorberge sich anlegen und verwinkeln, wie Schiffe vertäut an dem Kai des Vogler. Wege sind hier kaum, viele Zäune zum Klettern. Ein in sich eingeschränktes stilles Paradies. Bei 285 schließen diese Einzelberge an den Kammberg an in einer ganz unmerklich zarten Bindung.

Die Nordseite ist aufgelöst durch den Niederen Bach. Sie ist viel reizloser.

Abstieg nach Süden über die Tollburg auf schmalem Kamm – von gerodeter Höhe mit unzähligem Fingerhut barocker Blick nach Westen auf den eigenwilligen Weinberg, marsisch, von starkem Riß, darüber der Köterberg, der Himbeerbrink nackt, oben hohe Buchen wie flüchtiges Wild einzeln und äugend, der Kessel der Großen Hölle – rechts auch ganz frei, die strengen Linien des Ith und Hils, stumm und lastend, das Odfeld, eine ganz andere Tonart – sehr packend diese Zweiheit! Und immer die leuchtenden Asphaltbrüche.

Die hohe Poesie und Bildersprache dieses Gebirges geht nur Wissenden auf, es gehört große innere Reife dazu, auch Ruhe und Verglichenheit, soviel Reichtum und Szenenwechsel in sich zu binden. Seine Vornehmheit und Weltabgeschiedenheit – nur diese zwei kleinere Hägerdörfer, in ihm eingenistet, doch rundum von reicher Geschichte umspielt – trägt keine Burg und Volksburg, ist nur Gebirge und Wald. Das gibt ihm das Feierliche und Herrliche.

Peter Handke. Der große Wald

Im Wiener Kunsthistorischen Museum hängt ein Gemälde von Jakob van Ruisdael, mit dem Titel *Der große Wald.* Es zeigt einen weiträumigen Laubwald mit starken Eichenstämmen; darunter das auffällige Weiß der bei dem Maler so oft wiederkehrenden Birke. Auch das dunkel spiegelnde Wasser im Vordergrund ist bei Ruisdael ein vertrauter Gegenstand. Hier stellt es eine Furt dar, so seicht, daß die Spuren des Karrenwegs durchscheinen, der danach gelbsandig, mit einer Linksdrehung, in die Waldsphäre weiterführt. Wahrscheinlich hat das Bild seinen Namen nur von seinen Ausmaßen. Denn der sichtbare Wald ist klein; gleich dahinter beginnt eine freie Fläche. Und er ist auch friedlich bevölkert: vorn von einem Wanderer, der mit Hut, Stock und abgelegtem Bündel am Wegrand sitzt; hinten von einem Mann und einer Frau, die als Paar aus der Wegkurve herausspazieren, leichtgekleidet, mit einem Schirm (am Himmel sind weißgraue Wolken). Aber vielleicht ist das Bild tatsächlich der Ausschnitt eines »großen Waldes«; vielleicht ist der Standpunkt nämlich nicht draußen, sondern schon im Innern, und der Blick wendet sich, wie es bei einem Wanderer natürlich ist, aus der ersten Waldestiefe noch einmal zurück. Das Weitegefühl wird noch bestärkt durch eine Besonderheit der niederländischen Landschaften aus dem 17. Jahrhundert: wie kleinformatig sie auch sind – sie fangen doch, mit ihren Wasserflächen, Dünenwegen und dunklen Laubständen (unter einem reichen Himmelsanteil), im Betrachten allmählich zu wachsen an. Spürbar stehen und wachsen die Bäume, und mit ihnen wächst eine allgemeine, ruhige Dämmerung. Sogar die zwei haltenden Reiter: sie stehen und wachsen.

Einen derartigen Wald gibt es in der Nähe von Salzburg: kein Stadtwald von heute, kein Wald der Wälder; doch wunderbar wirklich. Er heißt nach dem Dorf *Morzg,* das an seinem Ostrand liegt. Der Weg dahin beginnt in der paßähnlichen

Mulde zwischen dem *Mönchsberg* und dem *Festungsberg,* genannt *Schartentor,* das eine Art Wegscheide bildet zwischen der inneren Stadt und der südlichen Flachebene, mit ihren bis an den Fuß des Untersbergmassivs sich erstreckenden Siedlungsausläufern. Der Wald ist schon im Torbogen zu erkennen: er durchzieht, dem Anschein nach mit sehr hohen Bäumen, die Ebene von Osten nach Westen, noch vor dem zweihöckrig sich erhebenden Felshügel von Hellbrunn. Kaum eine Wegstunde entfernt, steht er, vom Stadtgebiet aus gesehen, doch schon in einer leichten Fernbläue, als verliefe etwas wie ein Fluß dazwischen (tatsächlich fließt die Salzach weiter ostwärts). Nach einer von betonierten Pfaden gekreuzten und von Schritten hallenden Stadtwiese – in der Mitte einzeln das ehemalige »Flurwächterhaus«, wo am Abend eines der Fenster von einem kaum wahrnehmbaren Innenlicht glimmt und ein stimmloser Gesang heraustönt –, und einer in drei hintereinander postierten Ampeln, mit jeweils neuen Stopzeichen, zu querenden Umfahrungsstraße folgt schon ein stiller Bereich (der *Thumeggerbezirk),* an dem nichts Städtisches mehr ist und bis zum Ziel keine Schaufenster mehr ablenken. Neben dem Weg fließt in die Gegenrichtung ein kleiner Bach, der eigentlich der Seitenarm eines Kanals ist und dessen Glanz sich manchmal ausdehnt und an etwas Unbestimmtes erinnert. Die Bäume sind hier vor allem Birken, wie naturwüchsig und weithin das Bild bestimmend, als stünden sie fern in Osteuropa. Die Gebüsche sind die lichtroten Weiden, in der durchscheinenden Sonne ein Gewirr aus vielarmigen Leuchtern.

Unversehens steigt dann der in der Ebene dahinführende Weg leicht an – gerade so viel, daß die Radfahrer sich für einen Augenblick aus dem Sattel heben müssen – und läuft auf einer neuen Ebene weiter. Die paar Meter Höhenunterschied machen schon ein Plateau aus. Die Wiese hier ist keine Stadtwiese mehr, sondern ein freies Feld mit einem vereinzelt stehenden Bauernhaus. Spürbar jetzt auch ein Fallwind von dem im Hintergrund aufragenden Untersberg (noch deutlicher, geradezu als plötzliche Warmluft, auf dem Rückweg die Windruhe im kaum tieferen Niveau). Über dem Moorstreifen am Bergfuß, nicht sehr fern, lagert oft feiner Dunst, aus dem, wenn er sich zu Nebel verdichtet, die Baumkronen aufblühen. Auch der Wiesenvordergrund besteht schon aus Moorerde: die Maulwurfshügel sind schwarz (mit weißen Steinchen darin); hier scharren die Hühner vom Hof, oft mit windgesträubten Halskrausen. – Ein anderer kleiner Kanal unterquert in einem Betonrohr den Weg, auf dem ein Kalkblock liegt, der wie über eine Brücke in die folgende Siedlung führt.

Das Besondere an dieser sind die zwei mächtigen windschiefen Kiefern, die an ihrem Eingang – nicht am Rand, sondern als Inselbäume mitten im Asphalt stehen, ein Vorwerk zu der Kiefernreihe, die am Ende der Straße erscheint, oft in einem überhellen Spiegellicht. Durch die Fenster vieler Häuser geht hier der Blick schon in ein leeres Hinterland: städtisch an der Siedlung ist allein, daß sie »Gasse« heißt. Aber es ist auch nichts Ländliches an ihr. Die beiden Häuserzeilen stoßen wie in die Brache vor. Die Gebäude sind niedrig, deutlich verschiedenfarbig, vielfach mit Holzteilen; fast an allen verbreiten sich reliefartige Spalierbäume. Diese *Tauxgasse,* lang und gerade, erinnert, auch durch die schwarze Tundraerde in den Gärten und die oft von Haus zu Haus verschiedensprachigen Stimmen, an eine »nördliche Pionierstraße«. Statt der dort an Pflöcke geketteten, winselnden und heulenden Hunderudel laufen hier freilich die vielen Katzen still zwischen den Häuserzeilen hin und her.

Am Ende der Straße erweist sich die Kiefernreihe dort als der Eingang zu einem Friedhof. Aus dem Gasthaus davor werden manchmal Betrunkene gestoßen, die noch eine Zeitlang im Trotzgesang vor der Tür bleiben, dann jäh verstummen und weggehen. Der Friedhof ist sehr groß, und mehrere parallele Wege führen durch ihn südwärts weiter, überragt von der Statue eines Gekreuzigten, der – wie noch auf keinem Gemälde – zuerst von der Seite erscheint. Jeder Weg ist eine lange Wandelallee, in deren Ausgangsbogen grün das Vorfeld zu dem Morzger Wald schimmert. Manchmal bewegen sich hier langsame Trauerzüge, wo bei Glockengeläute hinter einem Sarg einhergehende Fremde für einen Augenblick zu eigenen Angehörigen werden.

Das Vorfeld ist die dritte Wiese auf dem Weg: keine Stadtwiese mehr, auch keine bäuerliche Nutzfläche, sondern ein weiter, fast baumloser Plan, der an einen erst kürzlich verlandeten See denken läßt; windig und nach der milden Friedhofsluft oft noch winterlich kalt. Ein Teil davon dient als Sportplatz, und ein zufällig Vorbeigehender kann hier zu Schiedsrichterentscheidungen aufgerufen werden; überhaupt sind die Kinder hier zutraulicher als sonstwo, und fremde Erwachsene werden von ihnen in Wettergespräche verwickelt, die in der Regel mit einem »Kalt heute, nicht wahr?« anfangen. An einer Stelle ziehen sich die langen Holzstangen eines Pferdegeheges dahin, wo bei Nebel der Blick wie durch japanische Schiebetüren geht. Ein ehemaliges, einzeln stehendes Bauernhaus ist belassen und sogar hergerichtet wie früher, mit Brunnen, Wassertrog und Steinbank, auch einem massigen Holzscheitkegel – doch ergibt das nirgends einen Hofraum mehr. – Erst hier wird der Wald wieder sichtbar: nahbraun (tintig in der Dämmerung) und fast die ganze Horizontebene einnehmend; und zugleich schmal: zumindest scheint an einer Stelle schon die andere Seite durch. Zur Rechten, himmelhoch über ihm, der kalkige Pyramidenstumpf der Untersbergspitze; zur Linken, weiter im Hintergrund, ein Riffberg, der mit seinen regelmäßigen Rillen im Sonnendunst als riesenhafte Jakobsmuschel erglänzt. Der Weg führt nun gerade auf den Wald zu; das Grasland gehört schon zu dessen Bereich, als seine übergroße Lichtung.

Das Zeichen des Waldbeginns (neben den Hochsitzen) sind die Haselnußsträucher, mit ihren dem kleinsten Wind nachwehenden gelben Kätzchen, dicht-parallel fallende feine Striche, wie Regen auf Schemazeichnungen. Der Baumbestand selber erscheint als dunkler, in sich verzahnter Fichtenforst, dessen Einzelteile – und damit das Ganze – sich gleich zu drehen anfangen werden.

Das Betreten des Waldes geschieht auf dem breiten, geraden Weg wie durch einen richtigen Haupteingang. Das Schwellengefühl ist eine Ruhe, die absichtslos weiterführt. Im Inneren zeigt sich, daß der von außen wie in einer Ebene verlaufende Wald einen kleinen, ostwärtsstreichenden Hügelrücken verbirgt (vom Vorfeld nur sichtbar bei Schnee, wenn der ansteigende Boden durchscheint). Die Einwohner von Salzburg kennen den dahinterliegenden Hügel von Hellbrunn, mit dem Park und dem Schloß an seinem Fuß, die ein Ausflugsziel sind. Doch wenige wissen von dem Morzger Wald dazwischen, und kaum einem ist bekannt, daß der Wald zum Teil auf einem Felskamm steht. Nur Nutzwege und unordentliche Pfade queren diesen, und es gibt hier nur selten Spaziergänger; höchstens das Keuchen eines Läufers, dem bei jedem Schritt die Gesichtshaut, wie eine zweifache Maske, von tot auf lebendig springt. Eine Bretterwand in einem großen Bombentrichter, an der das Holz an einer Stelle, genau gesichtsgroß, wie von Nagetieren durchlöchert ist, erinnert an eine andere Maske: was zunächst ein bloßer Holzverschlag war, erweist sich nah vor Augen als Zielscheibe; und die scheinbare Ruhebank davor ist der dazugehörige Schießstand. Dabei ist die Anhöhe dem zivilisierten Hellbrunner Felsen in der Entstehung nah verwandt: wie er hat sie sich in einer Zwischeneiszeit aus den Schottermassen gebildet, die der Schmelzfluß da in einen gardagroßen See ablagerte und mit dem kalkigen Wasser zu dem heutigen Felsen zementierte. Dieser ist freilich viel niedriger als der von Hellbrunn (vielleicht vier Stockwerke hoch), und kaum länger als ein mittlerer Straßenzug. In einer schematischen Darstellung wäre er ein der Stadt Salzburg südlich vorgelagertes Schanzwerk, das sanft ansteigt und dann steil (an der Kuppe sogar in jähen kleinen Felswänden) abfällt.

Vom Weg aus erscheint von dem Hügel zunächst der Westfuß, wo sich zugleich, wie ein farbiger Einschluß in der Fichtenmasse, ein heller, fast parkähnlicher Bereich aus Akazien, Erlen und Hainbuchen öffnet, zwischen denen überall mögliche Wege hügelan führen; die einzigen Nadelbäume sind hier die Lärchen, unter denen ein besonders dichtes und weiches Gras wächst. Eine mächtige Buche steht an diesem Laubhain gleichsam als der »Anfangsbaum«; in seinen Wurzeln, die wie Felsflanken fallen, ein alter Grenzstein, von den Knorren umschlungen und fast überwuchert. Gleich dahinter, noch am Sockel, ein unter einer dicken Laubschicht verstecktes Wasserloch – zunächst scheinbar eine zufällige Regenlache –, wo das Wasser klar, in fast unmerklichen Schlieren, durch die schwärzlichen Blätter aus dem tiefen Boden quillt und trinkbar ist (geheimer Vorrat für einen Notfall). Auffällig, schon auf dem Weg dahin, die rundlichen Steine unter dem Gras, regelmäßig und dichtgefügt, wie ein Kopfsteinpflaster. Sie sind vielfarbig, und die Moosflechten haben in jeden einzelnen eine deutliche Bilderschrift geätzt, von einem zum anderen völlig verschieden, wie Überlieferungen aus getrennten Erdteilen. Ein roter glockenförmiger Buckel wiederholt im kleinen einmal den australischen *Ayers Rock,* den größten Einzelberg der Erde; auf einem anderen steht eine indianische Jagderzählung. In der Dämmerung, wenn das Pflanzenwerk darüber verschwindet, offenbaren sich diese Steine als Geheimschrift und leuchten als eine düsterweiße, waldeinwärts führende Römerstraße.

Hügelan verliert sich die Pflasterung, und die Römerstraße wird zum Hohlweg mit Karrenspuren. Die spielenden Dorfkinder haben hier (inzwischen getrocknete) Lehmkugeln geformt, die in der Atemfeuchte wieder frisch nach Regen riechen. Beim Blick nach oben sitzt oft in einer Lärche ein einzelner Vogel, der, mag er noch so klein sein, im dünnen Zweigwerk dieser Baumart als seltsam kräftiger Umriß erscheint. Die rostbraunen Wetterseiten an den Stämmen, die die Ost-West-Richtung anzeigen, bleiben nach einem Schneesturm noch lange weiß, als wären alle Bäume dann Birken. Und bei einem Regen gibt es nichts Schwärzeres als die Elefantenbeine der Buchenschäfte.

Robert MacFarlane. Die alten Wege noch, die alten Stege noch

Seit Jahren will ich den Broomway* abwandern, aber seit Jahren schreckt mich sein Ruf ab. Kurz nachdem ich vom Icknield Way zurückgekommen war, hatte mir ein Freund den Kontakt zu einem Mann namens Patrick Arnold vermittelt, der auf Foulness Island geboren und aufgewachsen war und den Broomway besser kannte als sonst eine Menschenseele. Netterweise bot mir Patrick seine Begleitung an und wir beschlossen, den Pfad an einem Sonntag in Angriff zu nehmen, an dem das Verteidigungsministerium keine Schießübungen abhielt und die Tide günstig stand.

Am Montag vor besagtem Sonntag erhielt ich einen Brief; ich erkannte auf dem Umschlag Patricks Handschrift. »Bedauerlicherweise«, wurde mir steif mitgeteilt, »muss ich mein Anerbieten, Sie auf dem ›gefährlichsten Pfad Englands‹ zu begleiten, zurückziehen.« Enttäuschung machte sich in mir breit. Patrick erklärte, seine alte, pflegebedürftige Mutter sei sehr gebrechlich und er könne »sie nicht so lange allein lassen – ich würde mir ständig Sorgen machen«. Allerdings sei er der Meinung, und hier besserte sich meine Laune wieder, höchstwahrscheinlich könnte ich »den Broomway auch allein unbeschadet bewältigen«.

Dem Brief hatte Patrick mehrere Unterlagen beigefügt: eine selbstgemalte Karte der Küste zwischen Wakering Stairs und Foulness, auf welcher der Broomway mit sämtlichen Nebenwegen eingezeichnet war; ein Blatt mit Kompasspeilungen und Entfernungen; eine Aufzählung, die sich mit der geeigneten Kleidung für eine Bewanderung des Broomway befasste, sowie einige Ratschläge, wie man dort tödliche Unfälle vermied.

* »Besenweg«; der Name verdankt sich den besenähnlichen Markierungen, mit denen dieser »gefährlichste Wanderpfad« Großbritanniens versehen ist. (Anmerkung der Übersetzerin)

Patrick verdankte dem Broomway sein Leben. »Ich will Ihnen von einem Mann namens William Harvey erzählen«, sagte er bei unserem ersten Gespräch, »der sich 1857 eines Tages in einer Pferdekutsche nach Foulness aufmachte – wo er nie ankam. Man suchte nach ihm, von den Pferden fehlte jede Spur, die umgestürzte Kutsche fand man im Watt. Daneben lag Williams Leiche. Er war ertrunken. Nachdem William Harveys Witwe ihren Schmerz überwunden hatte, heiratete sie einen Mr Lily und dieser Verbindung entsprang mein Urgroßvater. Während also der Unfall für Mrs Harvey – und für Mr Harvey selbst – einen großen Verlust darstellte, war er für mich das große Los. Daher bin ich dem Broomway verständlicherweise dankbar und habe mich daher seiner Begehung und Erforschung verschrieben.«

Patrick drückte sich sehr präzise und ein klein wenig viktorianisch aus. Er war honett und nahm es mit Fakten ganz genau. Bis zu seiner Pensionierung hatte er als Schablonenhersteller und Zimmermann gearbeitet, war ein richtiger Seebär und hielt den Ruderrekord im Einer auf der Strecke London–Ostende. Er erzählte mir Geschichten über die Essexer Küste: über Kohlenschlepperflotten, die sich an der Themsemündung trafen oder über den gefährlichen Ostwind, der Riesenschiffe an die Lee-Küste wehte; meistens aber ging es um den Broomway, den er mit respektvoller Zuneigung als »alten Freund« bezeichnete.

Patrick hatte nahezu alle greifbaren Wanderberichte über den Broomway gelesen und ergötzte sich an den schauerlichen Vorkommnissen in dessen Geschichte. Bei jedem Gespräch hatte er neue Sagen und Schwänke für mich ausgegraben: beispielsweise der Bericht eines Rechtsmediziners aus dem 19. Jahrhundert, der von den Schwierigkeiten berichtete, eine Leiche zu identifizieren, nachdem sich die Krabben an Gesicht und Fingern gütlich getan hatten, oder es ging um einen Überlebenden, der in einem Brief an einen Freund von der »nackten Panik« schrieb, die ihn im strömenden Regen überkam, während er im Sand den richtigen Weg suchte.

»Er war überzeugt, er würde Richtung Mouse Lightship gehen«, sagte Patrick, »stattdessen marschierte er aufs Meer hinaus, dem Tod entgegen. Zufällig stolperte er in eine Reuse, das war seine Rettung. Er wusste, dass ihre geschlossene Seite Richtung Meer zeigt und die offene zum Ufer, damit die Fische beim Einsetzen der Ebbe hineingespült werden. Daran orientierte er sich und gelangte zum Pfad zurück. Er war ein Glückspilz.« Patrick hörte sich leicht enttäuscht an, dass in diesem Fall die Broomway-Todesstrafe nicht vollstreckt worden war.

Bis Taschenkompasse für die Allgemeinheit erschwinglich waren, bewegte man sich bei schlechter Witterung, wenn man nicht von einem Besen zum nächsten sehen konnte, am besten mittels Stein und Faden voran. Der Wandersmann trug einen 200 Fuß langen Leinenfaden bei sich, an dessen einem Ende ein kleiner Stein befestigt war. Er legte den Stein neben den Besen in seiner Nähe und bewegte sich dann fadenabwickelnd in die mutmaßlich korrekte Richtung, bis er den nächsten Besen erspähte. Verirrte er sich, konnte er sich am Faden wieder zurück zum Stein tasten und einen neuen Anlauf nehmen. Hatte er den richtigen Weg eingeschlagen, zog er den Stein zu sich her und wiederholte die ganze Prozedur, die zwar mühsam und zeitraubend war, den Menschen jedoch das Gefühl gab, man könne den Broomway bei jedem Wetter beschreiten, ohne Schaden zu nehmen.

»Draußen im Watt ist alles anders«, sagte Patrick, »nichts sieht aus wie sonst. Möwen wirken so groß wie Adler. Maßstab und Entfernung verändern sich. Man verliert ruck, zuck die Orientierung, vor allem in der Dämmerung. Häufig sind auch die Lichter von der Kent-Küste schuld, denn die Leute denken, sie marschieren nach Essex zurück, stattdessen nehmen sie Kurs auf Kent und gehen der Flut entgegen. Der Schlamm ist gleichfalls tückisch, ein falscher Schritt und man bleibt stecken und wird nach unten gezogen – eine leichte Beute für die Flut.«

Zwei Tage vor meinem Aufbruch wartete James, mein Freund aus Alaska, mit dem hilfreichen Ratschlag auf, ich solle eine kleine, scharfe Axt mitnehmen: »Damit kannst du, falls du im Schlamm stecken bleibst und die Flut auf dich zurollt, dir die Beine über den Knöcheln abhacken und davonrobben.«

Patrick gab mir noch eine letzte Warnung mit. »Der Broomway ist auch noch am nächsten Tag da, Sie allerdings, wenn Sie die Wanderung bei Nebel antreten, nicht. Wenn Sie bei Wakering Stairs ankommen und es ist diesig, treten Sie wieder den Heimweg an.«

Selbstverständlich war es diesig, als ich bei Wakering Stairs anlangte. Sonntagfrüh und die Luft war weiß, kein gediegener, weltverschlingender Nordseenebel, sondern ein dichter Schleier, der über dem Meer lag. Doch immerhin war die Sicht so schlecht, dass die Nebelhörner tuteten, mächtig hallte ihr Viehgebrüll die Küste entlang. Ich stand auf der Strandmauer, sah in den Dunst hinaus, die Nebelhörner ließen meinen Brustkorb vibrieren und ich überlegte, ob sich wohl die Wetterlage so umdeuten ließ, dass ich Patricks Abschiedswarnung in den Wind schlagen konnte. Die Angst rumorte mir im Magen, gleichzeitig war ich wild aufs Wandern.

Neben mir und ebenso nervös war mein alter Freund David Quentin, den ich als Begleiter hatte gewinnen können. David hatte vom Gelehrten für Renaissanceliteratur zum Antiquariatsbuchhändler, zum Prozessanwalt und mittlerweile zum Fachanwalt für Steuerfragen umgesattelt. Wahrscheinlich ist er der einzige marxistische Fachanwalt für Steuerfragen in London, wenn nicht gar der ganzen Welt. Mit Vorliebe trägt er Kniehosen, geht gern barfuß und hofft tagtäglich auf den Niedergang des Kapitalismus. Er misst zwei Meter, ist sehr dünn, sehr klug und hat nur wenig Verwendung für Leute, die sich ohne Aufforderung anheischig machen, Worte über seine Größe und Spillerigkeit zu verlieren. Wir sind so manche Meile gemeinsam gewandert.

Die Luft bei Wakering Stairs war warm und schwül, legte sich wie ein Tuch über Nase und Mund. Vor nicht allzu langer Zeit hatte der Gezeitenwechsel eingesetzt und in Ufernähe zeigten sich die Black Grounds: eine dampfende, braun glänzende Schlicklandschaft aus Schluchten und aufgequollenen Pfeilern, von Wassergräben durchfurcht. Strandläufer und Austernfischer storchten frühstückshungrig herum. Meine Körperoberfläche fühlte sich an, als wäre sie durchlässig. Die Bäche und Gräben blubberten. Zwei Riesenmöwen staksten die Flutlinie entlang, musterten uns gelangweilt; in ihrem Blick lag Tücke.

Wo Straße und Strandmauer aufeinandertrafen, befand sich eine massive, mit leuchtend blauen Graffiti bekritzelte Schranke. Schlaff hing eine der roten Warnflaggen, die bei Schießübungen gehisst werden müssen, am Fuß eines großen Fahnenmastes; hinter der Schranke erhob sich ein wahrer Wald aus giftiggelben Schildern, schwarz die Schrift, gebieterisch die Verordnungen – als Warnungen getarnt, die das Verteidigungsministerium von sämtlichen Todesfällen durch Ertrinken, Explosionen oder Ersticken im Schlamm freisprachen, den Wanderer mit Mahnungen überschütteten und widerwillig eingestanden, dass das Betreten des Wanderwegs gestattet war.

Achtung: Der Broomway ist nicht markiert!
Für Fußgänger besteht höchste Gefahr!

Achtung: Halten Sie sich von allen Gegenständen fern, berühren Sie nichts, es besteht Explosionsgefahr mit Todesfolge.

Der ungefähr anderthalb Meter breite Fußweg aus Ziegelschutt und Schotter führte von der Strandmauer weg, über den Schlick hinaus ins Meer, bis er in Wasser und Dunst verschwand. Zu beiden Seiten hatte man ein Meter achtzig hohe Pfähle in den Boden gerammt, die den gewundenen Verlauf des Pfads markierten. Da und dort waren Seegrasbüschel zu sehen. Die Wasseroberfläche schimmerte in Grau- und Silbertönen wie die Patina auf einem alten Spiegel. Bis auf diese Farbtupfer schien der Broomway in eine weiße, wattige Welt zu führen.

Mit raschem Flügelschlag rauschten drei Austernfischer krächzend über uns hinweg. Wir gingen die Rampe zum höchsten Punkt der Strandmauer hoch, stiegen über leere Bierdosen und nahmen Kurs auf den Einstieg des Broomway. Ich bückte mich und klaubte eine Handvoll weißer Herzmuscheln von den Ufersteinen. Die Vorstellung, dass ich in voller Montur aufs Meer hinausgehen wollte, so wie es sonst nur Selbstmörder tun, ließ bei mir die Alarmglocken schrillen. Ich ignorierte sie.

Wir marschierten über Schotter, über vom Salzwasser geborstenen Asphalt, über Schlick. Oben auf der Strandmauer blieb ein Mann, der seinen Hund Gassi führte, stehen und beobachtete uns. An manchen Stellen mussten wir warten, bis die Flut weiter zurückwich und den Pfad vor uns freigab. Ich spähte über den Rand des Dammwegs hinunter, als handelte es sich um ein Pier, auch wenn das Wasser rechts und links höchsten zehn Zentimeter tief war. In einer Pfütze grub eine Meergrundel ihren Aspikleib noch ein wenig tiefer in den Sand.

Nach hundertfünfzig Metern war der Fußweg endgültig zu Ende, tauchte in den Sand ein wie ein unterirdisch fließender Strom. Weiter draußen schillerte auf dem Sand eine dünne Wasserschicht. Durch das diffuse Licht war räumliches Sehen unmöglich, so dass wir geradewegs aufs offene Meer hinauszugehen schienen. Am Ende des Dammwegs blieben wir stehen und sahen unserer pfadlosen Zukunft ins Auge.

Patrick Leigh Fermor. Die Zeit der Gaben

Jedes dieser verwunschenen Dörflein scheint mir, wenn ich heute daran zurückdenke, kleiner und entlegener als die anderen zwei, tiefer versunken in Berge und Schnee und unverständlichen Dialekt. Was bleibt, ist ein Bild von Frauen, die im Hof Körner für die heranflatternden Hühner auswerfen, von Kindern unter Kapuzen und Ohrschützern, die mit Felltaschen über der Schulter aus der Schule zurückkehren: Kobolde auf dem Nachhauseweg, auf Skiern so kurz und so breit wie Faßdohlen, mit groben Haselstöcken zum Antrieb. Wenn wir uns begegneten, riefen sie im höflichen Chor ihrer hohen Stimmen »Grüß Gott!«, manchmal gedämpft von den dicken Butterbroten, die sie mit vollen Backen kauten.

Alles war Eis. Besonderen Spaß machte es, wenn man über gefrorene Pfützen ging. Die grauen Flecken und Fladen aus Eis knirschten unter den Nagelschuhen und Holzpantinen mit einem geheimnisvollen Seufzen der eingeschlossenen Luft. Dann zerbarsten sie zu Sternen, und wenn das Spinnengewebe der Risse sich weiter verzweigte, wurden sie immer weißer. Außerhalb der Dörfer orientierte ich mich am Telegrafendraht, der aussah wie ein Faden aus Schnee, nur unterbrochen von den Vögeln, die darauf Rast machten; ich bahnte mir meinen Weg durch das glitzernde, unberührte Weiß, in dem ich immer wieder tief versank. Der Weg führte mich über Pfade und Stiege, über offenes Feld und an Landstraßen entlang, durch dunkle Wälder und wieder hinaus auf die verschneiten Äcker und Wiesen. Überall an den Hängen sah ich Dörfer, die wenigen Häuser eng an die schindelgedeckten Kirchen geduckt, alle Kirchtürme schmal und mit zwiebelförmigen Kuppeln darauf. Sie sahen ein wenig russisch damit aus. Ansonsten, gerade wenn Nadelholz an die Stelle der kahlen Laubbäume trat, war es eine Landschaft wie aus Grimms Märchen. »Es war einmal, da wohnte am Rande des Waldes ein alter Förster mit seiner lieblichen Tochter« – hier konnten sie einem jeden Moment begegnen. Katen, so unschuldig wie Kuckucksuhren, verwandelten sich nach Sonnenuntergang in Hexenhäuschen. Eine dicke, fest verkrustete Schneeschicht drückte die Tannenzweige zu Boden. Wenn ich sie mit der Spitze meines neuen Spazierstocks anstieß, schnellten sie unter blitzenden Schnee-Explosionen in die Höhe. Krähen, Saatkrähen und Elstern waren die einzigen Vögel, die zu sehen waren, und manchmal wurden ihre pfeilförmigen Fußspuren gekreuzt von den längeren, tieferen Abdrücken von Hasenpfoten. Bisweilen begegnete ich auch einem, wie er allein auf einem Feld saß und riesengroß aussah; in bedächtigen Sätzen hoppelte er durch den Schnee davon, denn im Schnee ging alles langsamer, gerade wenn er so tief war, daß die Geländer oder Pfosten der Straßen schon darunter verschwanden. Die einzigen Menschen, denen ich außerhalb der Dörfer begegnete, waren Holzfäller. Schon lange bevor man sie sah, kündeten die breiten Kufenspuren ihrer Schlitten und die halbmondförmigen Hufeisenabdrücke der Zugpferde von ihrer Anwesenheit. Dann kamen sie in einer Lichtung oder am Rand eines fernen Wäldchens in Sicht, und der Klang der Äxte, das Ratschen der zweihändigen Sägen drang erst eine Sekunde, nachdem das Auge den Schlag oder den Zug gesehen hatte, an meine Ohren. Wenn ich bei ihnen ankam und der Sturz eines großen Baumes bevorstand, blieb ich neugierig stehen. Die Schlittenpferde, mit vereistem Hufhaar, Nasen in den Futtersäcken, wurden mit Sackleinen warmgehalten, und ich stampfte mit den Füßen, wenn ich innehielt und zusah. Mit Vorschlaghämmern bewehrt, inmitten von Spänen und Sägemehl und zertretenem Schnee, trieben kräftige Burschen die Keile in den Stamm. Es waren rauhe, doch freundliche Gesellen, und einer war immer dabei, der augenzwinkernd eine Flasche Schnaps hervorholte, um den seltenen Besuch zu feiern.

Das wohlige Japsen nach jedem Schluck schickte frostige Fahnen in die eiskalte Luft. Ein- oder zweimal half ich an der Säge, zunächst ungeschickt, bis ich verstand, wie es gemacht wurde, und dann konnte ich mich nicht losreißen, bis schließlich der Baum unter mächtigem Donnern zu Boden ging. Einmal kam ich dazu, als der Stamm gerade aufgeladen war, und durfte auf dem Schlitten mitfahren. Zischend ging es hinter den beiden kolossalen Braunen her, Mähnen und Schweife flachsweiß und mit Glöckchen am Harnisch. Die Fahrt endete an der Gastwirtschaft, wo es weiteren Schnaps gab, begleitet von unverständlichen Worten, die gewiß Wünsche zur guten Weiterreise waren. Mir ging durch den Kopf, daß ich, wenn ich später einmal pleite war, mich als Waldarbeiter verdingen konnte, wie es einer von ihnen im Scherz schon angeboten hatte, und mir mit Holzhacken mein Brot verdienen.

Ansonsten traf ich, von den Vögeln abgesehen, in den meisten dieser weißen Landschaften niemanden, und die schweren Abdrücke meiner Stiefel folgten denen der kleinen Krallen. Angefeuert vom Vorbild des Barons, versuchte ich aus *Hamlet, Prinz von Dänemark* die Passagen, die ich auf englisch kannte, auch in Schlegels und Tiecks deutscher Übersetzung auswendig zu lernen. »Whether 'tis better in the mind to suffer …«, erklang nun über den Schnee in neuer Gestalt:

Ob's edler im Gemüt, die Pfeil' und Schleudern
Des wütenden Geschicks erdulden, oder,
Sich waffnend gegen eine See von Plagen,
Durch Widerstand sie enden

bis ich an »It is a fear of something after death / that undiscovered country from whose bourne / no traveller returns« kam:

Nur daß die Furcht vor etwas nach dem Tod –
Das unentdeckte Land, von des Bezirk
Kein Wandrer wiederkehrt …

Auch hier wieder hätte jeder, der mir unverhofft begegnet wäre wie die Alte auf der Straße nach Ulm, mich für einen Trunkenen gehalten und hätte in gewissem Sinne sogar recht gehabt.

Etwa jede Meile stand, meist schief, am Wegesrand ein hölzernes Kruzifix, bemalt in ländlichen Spielarten des Barocks. Blut rann aus den Wundmalen der geschundenen Gestalten, Wind und Wetter hatten ihre Leiber noch weiter zerrissen. Heiligenscheine aus stumpf gewordenem Messing standen wie Speichen in die Höhe, auf den Häuptern saßen grob geflochtene Kronen aus echten Dornen, und Schutz boten spitze, schneebeladene Dächer. Diese Bildstöcke mochten in direkter Linie, alle zwei oder drei Generationen erneuert, den Kreuzen folgen, die Bonifatius, eben erst über den Ärmelkanal gekommen, als erste Zeichen des Christentums überall in Deutschland errichtet hatte. Hundert Jahre nach Augustinus in Kent bekehrte er die Germanen, und kaum mehr als zweihundert nach der Landung von Hengist und Horsa an den britannischen Küsten, zu einer Zeit, als ihre Stammesbrüder Gallien und die Länder jenseits der Donau eroberten. Der Heilige aus Devonshire war nicht der einzige Engländer, der gegen die alten Götter zu Felde zog: Mönche aus dem Südosten, aus West- und Mittelengland saßen bald auf den frühesten deutschen Bischofsthronen.

Solches Wetter ermuntert zur müßigen Spekulation. Die Welt liegt unter einer weißen Decke, Straßen und Telegrafenmasten verschwinden, ein paar Burgen tauchen in nicht allzu großer Entfernung auf, und alles scheint um Jahrhunderte zurückversetzt. Die Einzelheiten der Landschaft – die kahlen

Bäume, die Ställe, die Kirchtürme, die Vögel und Tiere, die Schlitten und die Holzfäller, die Heuschober, dann und wann ein Viehhirte, der eine schlitternde und strauchelnde Herde von einer Scheune zur nächsten trieb –, das alles sind Erinnerungen, die sich als klare Bilder deutlich vor dem weißen Hintergrund abheben. Dinge verändern ihre Größe, und im neuen Maßstab erscheint alles wie auf alten Holzschnitten vom winterlichen Landleben. Bisweilen entrückt die Landschaft diese Bilder in ferne Zeiten. Bilder aus illuminierten Handschriften nehmen Gestalt an; es werden die Szenen daraus, die alte Breviere oder Stundenbücher mit dem O von *Orate, fratres* umschlossen. Es beginnt wieder zu schneien; karolingisches Wetter … Mit meiner Villonbegeisterung hatte ich im Jahr zuvor Helen Waddells *Medieval Latin Lyrics* und *Wandering Scholars* entdeckt und begeistert verschlungen, den *Archipoeta* und die *Carmina burana;* und da konnte es gar nicht ausbleiben, daß ich mich unter diesen Umständen mit den fahrenden mittelalterlichen Scholaren identifizierte. Wenn ich in einem Gasthaus oder Kuhstall am Morgen die Eisblumen von den Fensterscheiben kratzte und die Winterszenerie vor mir Gestalt annahm, war die Illusion vollkommen:

Nec lympha caret alveus,
nec prata virent herbida,
sol nostra fugit aureus
confinia;
est inde dies niveus,
nox frigida.

Das war die Welt, die ich dort sah! »De ramis cadunt folia …« Lange her, die Bäume waren kahl. »Modo frigescit quidquid est …«, und zur Bestätigung versperrten tropfende Eiszapfen den Blick nach draußen.

Es war etwas Meditatives, Tröstendes an dieser düsteren Jahreszeit, außer am Spätnachmittag, wenn die Sonne – unsichtbar hinter Wolken, als Silberstreif am Horizont oder als glutroter Ball wie eine Lampionblume – allmählich unterging. Dann verstummten die Krähen, das rosa Glühen auf fernen Gipfeln erlosch, das Licht über den grauen Feldern schwand, und das Leben erstarb mit einem Schaudern wie eine Seele, die den Körper verläßt. Alles war plötzlich still und gespenstisch, und ich sehnte mich nach dem ersten Lichtschein aus den Fenstern des Dorfes, auf das ich zuhielt. Manchmal verstand ich die Wegbeschreibungen, die ich mir in Katen oder auf Bauernhöfen geben ließ, nicht ganz und verirrte mich; der Dialekt oder fehlende Zähne oder das Pfeifen des Winds sorgten dafür, daß ich die entscheidenden Stellen verpaßte. Unterwegs zu einem jener drei Flecken, deren Namen keine Karte verzeichnet, packte mich in der Abenddämmerung die Panik. Am letzten Wegweiser nach Pfaffenbichl und Marwang war ich lange vorüber – ich weiß die beiden Namen noch, weil der erste so lustig und der zweite irgendwie bedrohlich klang. Mit einem Male war es dunkel, und dichtes Schneetreiben setzte ein. Ich tastete mich an einem Holzzaun voran, und plötzlich verlor ich den Halt und stürzte in eine Schneewehe; ich irrte im Kreis und fand den Zaun nicht mehr. Ich mußte auf ein Feld geraten sein. Zum Glück gelangte ich an eine verfallene Scheune und tastete mich daran entlang, bis ich die Tür fand. Ich riß ein Streichholz an, räumte Schnee und alte Kuhfladen und Eulengewölle aus einer Ecke, zog jedes Stück Kleidung an, das ich im Rucksack hatte, und stellte mich darauf ein, daß ich in dieser Zuflucht bis zur Morgendämmerung bleiben müßte. Die Sonne war gerade erst untergegangen.

In der Regel hatte ich einen Apfel und ein Stück Brot und etwas zu trinken dabei, aber diesmal nicht. Es gab kein Licht, bei dem ich lesen konnte, kein trockenes Holz für ein Feuer, die Kälte wurde immer schlimmer, und der Wind blies Schnee durch Dutzende von Löchern. Ich rollte mich zusammen, die Arme um die Knie geschlungen, und alle paar Minuten stand ich auf, stampfte mit den Beinen und bewegte die Arme. So weit unten im Tal gab es doch keine Wölfe, oder? dachte ich melodramatisch. Anfangs versuchte ich, mir die endlos langen Stunden mit Singen zu vertreiben, aber damit hörte ich bald auf. Es blieb mir nichts anderes übrig, als zusammengekauert, vor Kälte zitternd, in dieser prähistorischen Bestattungshaltung auszuharren und dem Klappern meiner eigenen Zähne zu lauschen. Von Zeit zu Zeit verfiel ich in eine Art Starre. Aber dann – war es Mitternacht? ein Uhr morgens? – ließ der Wind nach, und ich hörte Stimmen, ganz in der Nähe. Ich sprang auf und stürzte unter lauten Rufen hinaus. Zunächst verstummten die Stimmen, dann rief jemand zurück. Ich konnte zwei dunkle Schatten ausmachen. Es waren Dörfler auf dem Weg nach Hause. Was ich denn hier draußen tue, wollten sie wissen, an so einem Abend? Ich erzählte es ihnen. »Der arme Bua!« Sie waren des Mitleids voll. Aber es war erst halb neun, und das Dorf lag nur zwei- oder dreihundert Meter entfernt, gleich auf der anderen Seite der Kuppe … Fünf Minuten darauf erblickte ich die Dächer und den Kirchturm und das Licht über der Tür. Es war wie ein Teppich aus Lampenschein, der da im Schnee für mich ausgerollt wurde, und die Flocken, die an den Fenstern vorbeistoben, glitzerten wie Pailletten. Im Gasthaus, dampfend im Lampenlicht, in Tabakswolken gehüllt, murmelten die Dorfbewohner unverständliche Worte in ihre Bierkrüge. Erklärungen konnte ich mir getrost sparen.

Meditationen

Georg Büchner.
Lenz

Den 20. Jänner ging Lenz durchs Gebirg. Die Gipfel und hohen Bergflächen im Schnee, die Täler hinunter graues Gestein, grüne Flächen, Felsen und Tannen.

Es war naßkalt, das Wasser rieselte die Felsen hinunter und sprang über den Weg. Die Äste der Tannen hingen schwer herab in die feuchte Luft. Am Himmel zogen graue Wolken, aber alles so dicht, und dann dampfte der Nebel herauf und strich schwer und feucht durch das Gesträuch, so träg, so plump. Er ging gleichgültig weiter, es lag ihm nichts am Weg, bald auf-, bald abwärts. Müdigkeit spürte er keine, nur war es ihm manchmal unangenehm, daß er nicht auf dem Kopf gehn konnte. Anfangs drängte es ihm in der Brust, wenn das Gestein so wegsprang, der graue Wald sich unter ihm schüttelte, und der Nebel die Formen bald verschlang, bald die gewaltigen Glieder halb enthüllte; es drängte in ihm, er suchte nach etwas, wie nach verlornen Träumen, aber er fand nichts. Es war ihm alles so klein, so nahe, so naß, er hätte die Erde hinter den Ofen setzen mögen, er begriff nicht, daß er so viel Zeit brauchte, um einen Abhang hinunter zu klimmen, einen fernen Punkt zu erreichen; er meinte, er müsse alles mit ein Paar Schritten ausmessen können. Nur manchmal, wenn der Sturm das Gewölk in die Täler warf, und es den Wald herauf dampfte, und die Stimmen an den Felsen wach wurden, bald wie fern verhallende Donner, und dann gewaltig heranbrausten, in Tönen, als wollten sie in ihrem wilden Jubel die Erde besingen, und die Wolken wie wilde wiehernde Rosse heransprengten, und der Sonnenschein dazwischen durchging und kam und sein blitzendes Schwert an den Schneeflächen zog, so daß ein helles, blendendes Licht über die Gipfel in die Täler schnitt; oder wenn der Sturm das Gewölk abwärts trieb und einen lichtblauen See hineinriß, und dann der Wind verhallte und tief unten aus den Schluchten, aus den Wipfeln der Tannen wie ein

Wiegenlied und Glockengeläute heraufsummte, und am tiefen Blau ein leises Rot hinaufklomm, und kleine Wölkchen auf silbernen Flügeln durchzogen und alle Berggipfel scharf und fest, weit über das Land hin glänzten und blitzten, riß es ihm in der Brust, er stand, keuchend, den Leib vorwärts gebogen, Augen und Mund weit offen, er meinte, er müsse den Sturm in sich ziehen, alles in sich fassen, er dehnte sich aus und lag über der Erde, er wühlte sich in das All hinein, es war eine Lust, die ihm wehe tat; oder er stand still und legte das Haupt ins Moos und schloß die Augen halb, und dann zog es weit von ihm, die Erde wich unter ihm, sie wurde klein wie ein wandelnder Stern und tauchte sich in einen brausenden Strom, der seine klare Flut unter ihm zog. Aber es waren nur Augenblicke, und dann erhob er sich nüchtern, fest, ruhig, als wäre ein Schattenspiel vor ihm vorübergezogen, er wußte von nichts mehr. Gegen Abend kam er auf die Höhe des Gebirgs, auf das Schneefeld, von wo man wieder hinabstieg in die Ebene nach Westen, er setzte sich oben nieder. Es war gegen Abend ruhiger geworden; das Gewölk lag fest und unbeweglich am Himmel, soweit der Blick reichte, nichts als Gipfel, von denen sich breite Flächen hinabzogen, und alles so still, grau, dämmernd; es wurde ihm entsetzlich einsam, er war allein, ganz allein, er wollte mit sich sprechen, aber er konnte nicht, er wagte kaum zu atmen, das Biegen seines Fußes tönte wie Donner unter ihm, er mußte sich niedersetzen; es faßte ihn eine namenlose Angst in diesem Nichts, er war im Leeren, er riß sich auf und flog den Abhang hinunter. Es war finster geworden, Himmel und Erde verschmolzen in eins. Es war, als ginge ihm was nach, und als müsse ihn was Entsetzliches erreichen, etwas, das Menschen nicht ertragen können, als jage der Wahnsinn auf Rossen hinter ihm. Endlich hörte er Stimmen, er sah Lichter, es wurde ihm leichter, man sagte ihm, er hätte noch eine halbe Stunde nach Waldbach.

John Clare.
In Essex, um Essex und um Essex herum

Als ich aufwachte, blinzelte das Sonnenlicht zu allen Seiten herein und aus Furcht, der Sturm könnte meine Garnison einnehmen und ich als Gefangener enden, verließ ich meine Unterkunft auf demselben Weg, wie ich hereingekommen war, und dankte Gott für seine Güte, dass er mir eine solche bereitgestellt hatte (denn in einer Hungersnot ist alles besser als nichts und jeder Ort, der dem Müden Quartier bietet, ein Segen). Ich gelangte wieder auf die Straße Richtung Norden und marschierte los – zu meiner Linken kam ich an einer Uferhöhle vorbei, in der sich ein Mann und ein Junge zusammengerollt hatten und schliefen. Ich rief hinüber, sie wachten auf und nannten mir den Namen des nächsten Dorfes.

Irgendwann kam mir von London her auf Höhe der Gastwirtschaft Plough ein Mann im groben Arbeiterrock entgegengeritten. »Da haben wir noch einen von diesen heruntergekommenen Heumachern«, meinte er und warf mir einen Penny für ein Bier zu. Ich hob die Münze auf, dankte ihm, bestellte im Plough ein Bier und ruhte mich aus – und entwischte so unter diesem Obdach einem sehr heftigen Regenguss. Später bettelte ich zwei Viehhüter um einen Penny an, aber sie waren derart unverschämt, dass ich danach niemanden mehr um Geld bat.

Ich kam an drei, vier solide gebauten Häusern sowie einem Gasthaus in der Talsenke darunter vorbei. Am Morgen waren die Meilensteine nur so an mir vorübergesaust, aber gegen Abend kamen mir die Abstände dazwischen immer größer vor. Den Namen des nächsten Dorfes habe ich vergessen; auf der linken Straßenseite spendeten ein paar Bäume Schatten und es war ziemlich trocken dort, also setzte ich mich ein halbes Stündchen hin und hatte einen Sack voll Wünsche das Frühstück betreffend. Aber ein Wunsch ist keine herzhafte Mahlzeit, also stand ich ebenso hungrig auf, wie ich mich hingesetzt hatte. Die Namen der Dörfer durch die ich als Nächstes kam, habe ich gleichfalls vergessen, aber ich erinnere mich, dass ich spätabends durch Potton in Bedfordshire kam, wo ich an einem Haus anklopfte, um Feuer für meine Pfeife zu erbitten. Dort stellten eine zuvorkommende Alte und ein junges Bauernmädchen auf einem kugelrunden Kissen Spitze her, ein junger Bursche war noch anwesend – alles zuvorkommende Leute. Ich stellte ein paar Fragen hinsichtlich des Wegs, und wo denn der Pfarrer und der Aufseher wohnten, aber sie hörten mich wohl nicht, denn ich bekam keine Antwort.

Am Ortsausgang kam ich mit einem freundlichen Landmann ins Gespräch, der mir mitteilte, der Pfarrer wohne ein gutes Stück Weg von hier entfernt, vielleicht sprach er auch vom Aufseher, ich war mir nicht sicher. Mit lädiertem Fuß humpelte ich weiter, denn in meinen alten Schuhen – von einem der beiden hing beinahe die ganze Sohle herunter –, waren Steinchen geraten. Hätte ich das Haus des Aufsehers oder das des Pfarrers gefunden, hätte ich mich vorgestellt und um einen Shilling gebeten, damit ich nach Hause hätte fahren können, aber so musste ich gezwungenermaßen ohne einen Penny weiterziehen und dankbar sein, dass ich ein Bein hatte, mit dem ich mich fortbewegen konnte. Ich fragte den Mann noch, ob er vielleicht irgendwo entlang der Straße einen Hof wisse, wo ich eine Scheune mit trockenem Stroh finden könne. Er bejahte und meinte, wenn ich mit ihm ginge, zeige er mir die Unterkunft, ein Gasthaus namens The Ram auf der linken Straßenseite. Doch ich entdeckte einen Felsbrocken und da einer meiner Füße sehr schmerzte, wollte ich mich unbedingt ausruhen, also bedankte ich bei ihm für seine Freundlichkeit und sagte, er möge weitergehen. Aber der gutmütige Bursche blieb in meiner Nähe, als wollte er mich unbedingt zu dem Gasthaus führen, bis ihm plötzlich wieder einfiel, dass er auf der Schulter einen Korb und in der Hand eine Tasche trug, beides voll bis obenhin, die mit der nächsten Postkutsche befördert werden sollten und welche er nun zu verpassen drohte. Da nahm er rasch die Beine in die Hand und war bald nicht mehr zu sehen; vergeblich folgte ich dem Landmann auf der Suche nach dem von ihm genannten Strohbett und da ich es nicht fand, legte ich mich neben einer Scheune unter ein paar dichtstehende Ulmen, die ungefähr fünf bis sechs Fuß von der Mauer entfernt standen. Ich lag da und versuchte zu schlafen, aber da der Wind so kalt pfiff, dass es mich beutelte, als hätte ich Schüttelfrost, verließ ich mein Nachtquartier, damit ich im The Ram ein besseres fände – auch wenn ich kaum Hoffnung hatte, das Gasthaus zu finden. Mittlerweile wurde es immer dunkler, in den wenigen Häusern entlang der Straße zeigte sich Licht und man konnte die Bewohner sehen, die es drinnen sehr gemütlich hatten – im Gegensatz zu mir, der ich es draußen sehr ungemütlich hatte. So gut es ging, humpelte ich weiter und erreichte schließlich The Ram, dessen Läden nicht geschlossen waren; das Fenster war traulich erleuchtet, doch ich hatte kein Geld und mochte daher nicht hineingehen. Hinter dem Haus gab es eine Art Schuppen oder Remise, aber da die Leute noch wach waren, wollte ich mich dort nicht hinlegen. Also zog ich weiter; die Straße war wie ausgestorben und dort, wo die Bäume in den Weg hineinragten, war es besonders dunkel. Schließlich kam ich zu einer Weggabelung, die eine Straße führte geradeaus, die andere nach links, und im Vorübergehen fiel mein Blick auf den unter einer Hecke halb verborgenen Meilenstein, also machte ich kehrt, las die Aufschrift und stellte fest, dass die Straße nach London führte. Plötzlich vergaß ich, wo Norden und Süden lagen, und obwohl ich beide Wege sorgfältig absuchte, erkannte ich weder Baum noch Busch, noch Steinhaufen wieder, an denen ich zuvor vorbeigekommen war, und kam zur Ansicht, während ich Meile um Meile hinter mir ließ, dass ich dieselbe Straße beschritt, auf der ich hergekommen war. So mächtig stürmte dieser Gedanke auf mich ein, dass sich Zweifel und Hoffnungslosigkeit breitmachten und mich derart schwächten, bis ich kaum noch laufen konnte, doch ich brachte es auch nicht fertig, mich hinzusetzen und aufzugeben, daher schlurfte ich weiter, bis ich ein Licht sah, das mondenhell strahlte. Als ich näher kam, stellte ich fest, dass es die Lampe über einem Zollhäuschen war. Ehe ich durch das Tor hindurchgehen konnte, kam der Zöllner mit einer Kerze heraus und beäugte mich misstrauisch, aber ich blieb furchtlos stehen und fragte ihn, ob ich denn Richtung Norden ginge. »Wenn Sie durch das Tor gehen, dann ja«, sagte er, ich dankte ihm und gewann wieder meinen alten Schwung zurück, denn da meine Zweifel zerstreut waren, wurde mir wieder froh ums Gemüt und beim Weitergehen summte ich »Highland Mary« vor mich hin. Schließlich kam ich an einem alleinstehenden Haus am Waldesrand vorbei, aber ich konnte nicht sehen, was auf dem Schild stand, das merkwürdigerweise in einer Art Trog oder Abflussrohr stak. Die Tür hatte einen großen Vorbau und da ich erschöpft war, kroch ich hinein und stellte beglückt fest, dass ich meine Beine ganz ausstrecken konnte. Die Bewohner waren alle schlafen gegangen, denn ich hörte, wie sie sich in ihren Betten hin und her wälzten, während ich in voller Länge unter dem Vorbau lag; ich schlief, bis der Tag anbrach, und fühlte mich beim Aufstehen sehr erfrischt –, ich pries meine beiden Ehefrauen und ihre Familien und als ich an frühere Schwierigkeiten in einer ähnlichen Situation dachte, konnte ich nicht anders und pries auch die Königin*.

* Clare, der unter Depressionen litt und schwer alkoholkrank war, dachte

Nachdem ich ungefähr eineinhalb Meilen nach einer Stadt, es könnte St. Ives gewesen sein, zu meiner Linken an einer Hütte vorbeikam, ruhte ich mich eine halbe Stunde auf einem Steinhaufen aus, und während ich da so saß, sah ich eine hochgewachsene Zigeunerin aus der Hütte treten und auf der Straße in meine Richtung gehen. Als sie näher kam, sah ich, dass es eine junge, recht hübsche Frau war, die einen ehrlichen Eindruck machte. Ich sprach sie an und stellte ihr ein paar Fragen, die sie bereitwillig und offensichtlich gut gelaunt beantwortete, daher stand ich auf und ging neben ihr ins nächste Dorf. Auf dem Weg riet sie mir, ich solle etwas in meinen Hut stopfen, damit die Krone stehen bleibe, und meinte leise: »Sie fallen sonst auf.« Da ich aber nicht wusste, was sie damit meinte, nahm ich keine Notiz. Schließlich deutete sie auf einen kleinen Kirchturm, das sei Shefford Church, und riet mir, ich solle einen Pfad nehmen, der direkt darauf zuführe, damit könne ich den Weg um ungefähr fünfzehn Meilen abkürzen. Gern hätte ich den Ratschlag der jungen Frau befolgt, denn er klang ehrlich und schien mir auch der Wahrheit zu entsprechen, aber ich hatte Angst, dass ich mich verlaufen und die Straße nach Norden abermals nicht finden würde. Ich dankte ihr und meinte, ich hielte mich besser an die Straße; sie verabschiedete sich und verschwand in einem Haus oder Laden auf der rechten Straßenseite. Ich erinnere mich nur vage an die Wegstrecke von dort bis nach Stilton, denn ich war ziemlich angeschlagen und registrierte so gut wie nichts. Eines Nachts hatte ich mich in einem Entwässerungsgraben schlafen gelegt

in seiner zunehmenden geistigen Verwirrung, er sei nicht nur mit seiner Frau Martha genannt Patty, sondern auch mit seiner Jugendliebe Mary Joyce verheiratet (die zu diesem Zeitpunkt seit drei Jahren tot war). Außerdem dachte er, Queen Victoria sei seine Tochter. (Anmerkung der Übersetzerin) und wachte nach einer halben Stunde ruckartig auf, denn ich war auf einer Seite völlig durchweicht, also kletterte ich hinaus und ging weiter. Ich erinnere mich an eine sehr dunkle, etwa ein bis zwei Meilen lange Straße, in die von beiden Seiten dicht das Geäst der Bäume hing.

Schließlich erreichte ich eine Stadt; in einigen der Fenster schimmerte Licht; ich war so schwach, dass ich mich auf die Erde setzen und ausruhen musste und während ich so da saß, kam eine offensichtlich schwer beladene Kutsche dahergerattert und hielt in der Senke unter mir – und ich kann mich nicht daran erinnern, dass sie je an mir vorbeifuhr. Dann stand ich auf und schleppte mich voran, nahm von kaum etwas Notiz und die Straße kam mir so töricht vor wie ich mir selbst; oft taumelte ich im Halbschlaf weiter. Am dritten Tag stillte ich meinen Hunger und aß das Gras am Wegesrand, das ein wenig wie Brot schmeckte. Ich langte tüchtig zu und das Essen schien mir gutzutun. Am nächsten und letzten Tag hatte ich, daran erinnere ich mich, noch etwas Tabak übrig, und da meine Büchse mit Schwefelhölzchen leer war, konnte ich meine Pfeife nicht anzünden, also kaute ich den ganzen Tag über Tabak, aß schließlich den Priem und verspürte keinerlei Hunger mehr. Ich erinnere mich, dass ich durch Buckden kam und anschließend noch ein gutes Stück auf der Straße weiterging, kann mich aber an keinen Ortsnamen auf dieser Strecke entsinnen, bis ich dann Stilton erreichte, wo ich am Ende und völlig fußlahm war. Mitten in der Stadt lud mich ein Kiesweg zur Rast ein, also legte ich mich hin und schlief beinahe schon, als eine junge Frau (zumindest schloss ich das aus ihrer Stimme) aus einem Haus trat und »Armer Kerl« sagte. Daraufhin bemerkte eine Ältere: »Ach, der tut nur so.« Als ich aber hinkend davonwankte, meinte sie: »Ach, doch nicht.«

Ich hörte zwar die Stimmen, sah mich aber nicht um; als

ich fast bei der Herberge am Ende des Kieswegs angelangt war, traf ich zwei junge Frauen und fragte eine von ihnen, ob denn die Straße, die bei der Herberge rechts abbiege, nicht nach Peterborough führe und sie bejahte. Sobald ich diese Straße entlangging, fühlte ich mich auf dem Nachhauseweg, was mich ziemlich aufmunterte, auch wenn ich mich öfter zur Rast gezwungen sah. Ehe ich Peterborough erreichte, kamen mir ein Mann und eine Frau auf einem Pferdewagen entgegen und als sie zu mir herüberriefen, erkannte ich, dass es sich um meine früheren Nachbarn aus Helpstone handelte. Ich erzählte ihnen, ich sei sehr angeschlagen, was sie ohnehin sehen konnten, und hätte seit Essex nichts zu essen oder zu trinken gehabt. Da legten sie zusammen und warfen mir fünf Pennys zu. Ich hob das Geld auf und kehrte in ein kleines Lokal bei der Brücke ein, wo ich zwei Ale sowie Brot und Käse zu mir nahm. Nach dem Mahl zog ich einigermaßen gestärkt los, nur meine Füße waren mehr in Mitleidenschaft gezogen denn je und ich konnte kaum über die Steine gehen. Da es mir einigermaßen peinlich war, mich mitten auf die Straße hinzusetzen, zwang ich mich weiter und gelangte besser durch Peterborough hindurch als gedacht. Als ich die Hauptstraße erreichte, ruhte ich mich auf einem Steinhaufen aus, bis ich wieder ausschreiten konnte. Schließlich kam ich an Walton vorbei, erreichte bald Werrington und ging so schnell, wie es mir möglich war, Richtung des Gasthauses Beehive, als mir ein Wagen begegnete, in dem ein Mann, eine Frau und ein Junge saßen. Als sie mich fast erreicht hatten, sprang die Frau hinab, ergriff meine Hand und bat mich, in den Wagen zu steigen, aber ich weigerte mich, denn ich dachte, sie müsse entweder betrunken oder verrückt sein. Als man mir aber sagte, sie sei doch meine zweite Frau Patty, stieg ich ein und war bald in Northborough. Mary war allerdings nicht da, auch konnte ich nichts weiter über ihren

Verbleib herausbekommen, außer der alten Geschichte, dass sie seit sechs Jahren tot war – eine Information, die aus einer brandneuen Zeitung von vor zwölf Jahren stammen konnte. Ich ging auf die Flunkerei gar nicht ein, hatte ich sie doch vor einem Jahr frisch und munter gesehen, so jung wie immer. So bin ich in der eigenen Heimat heimatlos, und der Gedanke, dass ich auch überall sonst wo glücklich sein könnte, beruhigt mich halbwegs.*

* Hintergrund:
John Clare riss im Juli 1841 aus dem High Beach Asylum in Epping Forest aus – in das er sich freiwillig begeben hatte – und ging vier Tage lang zu Fuß nach Northborough, seinem Zuhause, das ungefähr achtzig Meilen entfernt lag. Kurz nach seiner Heimkehr schrieb er seine Erlebnisse unter dem Titel »Journey out of Essex« auf. Fünf Monate später hatte sich sein Geisteszustand verschlimmert und er wurde in das Northampton County Asylum gebracht, wo er zwanzig Jahre lang bis zu seinem Tod lebte. (Anmerkung der Übersetzerin)

Charles Dickens.
Nächtliche Streifzüge

Vor einigen Jahren sah ich mich durch eine zeitweilige Unfähigkeit zu schlafen – die Folge eines bedrückenden Erlebnisses – genötigt, nächtelang auf den Straßen umherzustreifen. Das Leiden hätte mich möglicherweise lange Zeit gequält, wenn ich im Bett daran herumzudoktern versucht hätte, doch ich konnte es schnell mittels der belebenden Behandlung kurieren, die darin besteht, sofort nach dem Zubettgehen aufzustehen, auszugehen und bei Sonnenaufgang müde nach Hause zu kommen.

Im Verlauf dieser Nächte vervollkommnete ich meine Ausbildung als Dilettant auf dem Sachgebiet der Obdachlosigkeit. Da mein Hauptbestreben darin bestand, die Nacht zu überstehen, brachte seine Verfolgung mich in kameradschaftlichen Kontakt zu Leuten, die jede Nacht des Jahres kein anderes Bestreben kennen.

Es war März, das Wetter war feucht, verhangen und kalt. Die Sonne ging nicht vor halb sechs Uhr auf, und die nächtliche Perspektive nahm sich folglich um halb eins, zu welchem Zeitpunkt ich mich mit ihr zu befassen pflegte, dauerhaft genug aus.

Die Rastlosigkeit einer Großstadt, die Art, wie sie sich herumwälzt und herumwirft, bevor sie einschlafen kann, bildete eine der ersten Unterhaltungsveranstaltungen, die uns Obdachlosen geboten wurden. Sie dauerte etwa zwei Stunden. Als die letzten Schenken ihre Lichter löschten und die Schankkellner die letzten grölenden Trunkenbolde auf die Straße setzten, büßten wir ziemlich viel Gesellschaft ein, doch danach blieben uns vereinzelte Fuhrwerke und vereinzelte Leute auf dem Weg nach Hause. Wenn wir großes Glück hatten, drehte ein Polizist seine Ratsche, und ein Straßentumult brach aus, doch im Allgemeinen wurde uns erstaunlich wenig dergestalte Zerstreuung geboten. Mit Ausnahme von Haymarket, dem am nachlässigsten bewachten Teil Londons, der Gegend um die Kent Street im Borough und eines Teils der Old Kent Road sah man nur selten gewalttätige Ausschreitungen. Grundsätzlich verhielt es sich allerdings so, dass London immer wieder in Unruhe und Unrast verfiel, als wollte es einzelnen seiner Bewohner nacheifern. Wenn endlich Ruhe eingekehrt zu sein schien, musste nur eine Droschke vorbeirattern, damit ihr unfehlbar ein halbes Dutzend weitere folgten; Obdachlos stellte sogar fest, dass Betrunkene einander offenbar magnetisch anziehen, denn wenn wir sahen, wie ein bezechtes Subjekt gegen die Läden eines Ladens taumelte, wussten wir, dass keine fünf Minuten vergehen würden, bevor das nächste bezechte Subjekt herbeiwanken und sich mit dem ersten verbrüdern oder bekriegen würde. Wenn wir zur Abwechslung von der üblichen Spezies des Trunkenbolds, dem Gintrinker mit seinen mageren Armen, seinem aufgedunsenen Gesicht und seinen bleiernen Lippen, auf eine seltenere und manierlichere Spezies trafen, konnte man fünfzig zu eins wetten, dass dieses Exemplar beschmutzte Trauerkleidung tragen würde. Dieser nächtlichen Straßenerkenntnis entspricht die tagsüber getätigte, dass nämlich der gemeine Mann, der unversehens an etwas Eigentum gerät, unversehens an ziemlich viel Schnaps gerät.

Zuletzt erstarben und erloschen auch diese flackernden Funken – die letzten wahrhaftigen Funken wachen Lebens im Kielwasser eines verspäteten Straßenverkäufers mit Pasteten oder heißen Kartoffeln –, und London legte sich zur Ruhe. Und dann galt das Sehnen des obdachlosen Geistes jeglichem Hinweis auf Gesellschaft, jeglichem beleuchteten Ort, jeglicher Bewegung, jeglicher Möglichkeit, dass jemand auf sein könnte – nein, sogar lediglich wach, denn das Auge des Obdachlosen hielt nach beleuchteten Fenstern Ausschau.

Obdachlos wanderte im prasselnden Regen die Straßen

entlang und wanderte, wanderte, wanderte und sah nichts als das endlose Gewirr der Straßen und hie und da an einer Ecke zwei Polizisten im Gespräch oder den Sergeanten oder Kommissar, die nach ihren Männern sahen. Hin und wieder – aber nicht oft – wurde Obdachlos eines Kopfs gewahr, der verstohlen aus einem Eingang in wenigen Metern Entfernung hinausspähte, und wenn Obdachlos den Eingang erreichte, entdeckte er einen Mann, der sich kerzengerade im Schatten des Eingangs hielt und ganz unstreitig ein Vorhaben im Sinne hatte, das nicht unbedingt mit dem Gemeinwohl in Einklang stand. Im Bann einer gewissen Faszination und in gespenstischem Schweigen, wie es der nächtlichen Stunde angemessen war, beäugten Obdachlos und dieser Gentleman einander von oben bis unten und trennten sich dann wortlos und in gegenseitigem Misstrauen. Tropf, tropf, tropf von Sims und Giebel, platsch aus Rohren und Abflüssen, und nach und nach geriet der obdachlose Schatten auf die Steine, die den Weg zur Waterloo Bridge pflastern, denn ihm stand sein obdachloser Sinn nach der Ausrede im Wert eines halben Pennys, um dem Brückenzolleinnehmer eine gute Nacht wünschen und einen Blick auf sein Feuer erhaschen zu können. Ein gutes Feuer und ein guter Übermantel und ein guter wollener Schal waren erfreuliche Dinge, die es in Zusammenhang mit dem Zöllner zu sehen gab; und dessen muntere Wachheit bildete eine ausgezeichnete Gesellschaft, als er das Wechselgeld auf seinen Eisentisch klirren ließ wie ein Mann, der der Nacht mit all ihren kummervollen Gedanken die Stirn bot und sich nicht darum scherte, wann die Morgendämmerung hereinbrechen würde. Und Ermunterung brauchte man an der Schwelle zur Brücke, denn die Brücke war trostlos. Der zerstückelte ermordete Mann war in jenen Nächten noch nicht an einem Seil über das Brückengeländer gesenkt worden; er war damals lebendig und schlief höchstwahrscheinlich ruhig und friedlich, unbehelligt von Träumen über das, was ihm bevorstand. Doch der Fluss hatte etwas Grauenhaftes, die Gebäude an seinen Ufern waren in schwarze Leichentücher gehüllt, und die widergespiegelten Lichter sahen aus, als stiegen sie aus der Tiefe des Wassers empor und würden von den Geistern der Selbstmörder gehalten, die zeigen wollten, wo sie untergegangen waren. Mond und Wolken waren in ihrem Ungestüm so ruhelos wie ein schlechtes Gewissen in einem zerwühlten Bett, und es war, als lastete der Schatten Londons in seiner riesenhaften Ausdehnung bedrückend auf dem Fluss.

Die Brücke war von den zwei großen Theatern nur wenige Hundert Schritt entfernt, und die Theater waren mein nächstes Ziel. Finster und dunkel im Inneren, diese großen ausgetrockneten Brunnen, und einsam, stellte man sich die entschwundenen Reihen der Gesichter vor, die gelöschten Lichter und die leeren Sitze. Man könnte meinen, dass zu so einer Stunde nur Yoricks Schädel sich dort wiedererkennt. Bei einer meiner nächtlichen Wanderungen, als die Kirchtürme mit dem Glockenschlag von vier Uhr den Märzwind und den Regen erschütterten, durchquerte ich die Abgrenzung um eine dieser großen Einöden und betrat sie. Mit einer trübseligen Laterne in der Hand ertastete ich mir den wohlbekannten Weg zur Bühne und blickte über den Orchestergraben, der wie ein zu Pestzeiten ausgehobenes Massengrab aussah, in die Leere dahinter. Eine düstere Höhle von offenbar unermesslichem Ausmaß, der Kronleuchter erloschen wie alles Übrige, und in Nebel und Dunst und Leere nichts als Reihen von Leichentüchern. Der Boden unter meinen Füßen, wo ich bei meinem letzten Besuch an diesem Ort die neapolitanischen Bauern zwischen den Weinreben hatte tanzen sehen, sorglos trotz des brennenden Berges, der sie zu verschütten drohte, war nun von einer gewaltigen Schlange in Form einer Feuerspritze okkupiert, die wachsam auf die Feuerschlange lauerte, bereit, sich auf sie zu stürzen, sobald diese ihre gespaltene Zunge zeigte. Das Gespenst eines Wächters mit dem fahlen Leichnam einer Kerze geisterte auf der Galerie herum und entschwand. Ich zog mich zum Proszenium zurück, hielt meine Laterne hoch, dem aufgerollten Vorhang entgegen, der nicht mehr grün war, sondern schwarz wie Ebenholz, und mein Blick verlor sich in einem düsteren Gewölbe voll undeutlicher Andeutungen eines Wirrwarrs aus Segeltuch und Tauwerk. Es kam mir vor, als fühlte ich mich wie ein Taucher am Meeresgrund.

In diesen frühen Morgenstunden, wenn die Straßen unbelebt waren, bedeutete es Stoff zum Nachdenken, den Weg nach Newgate zu nehmen, seine rauen Mauern zu berühren, an die schlafenden Gefangenen zu denken und dann über die Pforte mit ihren Eisenspitzen einen Blick in die Pförtnerloge zu werfen und das Feuer und das Licht der wachhabenden Gefangenenwärter an der weißen Wand zu sehen. Keine unpassende Zeit, vor der elenden kleinen Tür zu verweilen, die Debtor's Door heißt, die fester schließt als jede andere Tür, die ich je sah, und die für so viele die Tür in den Tod war. In den Zeiten, als Leute, die sich vom Land in die Großstadt locken ließen, gefälschte Ein-Pfund-Noten in Umlauf setzten – wie viele Hunderte Elender beiderlei Geschlechts, darunter nicht wenige Unschuldige, sind da aus einer erbarmungslosen und unbeständigen Welt hinausgebaumelt, den schaurigen Anblick des Kirchturms der christlichen Kirche St. Sepulchre vor Augen! Suchen in unseren späteren Zeiten wohl je des Nachts die reuevollen Seelen früherer Direktoren den Sitzungssaal der Bank von England heim, oder ist es dort so ruhig wie im Old Bailey, diesem verruchten Aceldama?

Zur Bank weiterzuwandern, die guten alten Zeiten zu bejammern und über die böse Gegenwart zu lamentieren war der naheliegende nächste Schritt, und deshalb tat ich ihn und machte meine obdachlose Runde um die Bank und verwendete einen Gedanken auf das Geld darin und einen auf die Soldaten, die als Wachen dort die Nacht verbrachten und über ihrem Feuer einnickten. Als Nächstes ging ich nach Billingsgate in der Hoffnung, Markthändlern zu begegnen, doch da es dafür noch zu früh war, überquerte ich die London Bridge und wanderte auf dem Südufer zwischen den Gebäuden der großen Brauerei hindurch den Fluss entlang. In der Brauerei herrschte geschäftiges Treiben, und der Dampf und Getreidegeruch und das Geklapper der stämmigen Karrengäule an ihren Futterkrippen war kapitale Gesellschaft. Recht erfrischt durch den Aufenthalt in dieser guten Gesellschaft machte ich mich mit neuem Mut wieder auf den Weg, diesmal mit dem alten King's-Bench-Gefängnis als Ziel, und ich beschloss, an den armen Horace Kinch und an die Trockenfäule beim Menschen zu denken, wenn ich es erreichte.

Ein sehr eigenartiges Leiden, diese Trockenfäule beim Menschen, und im ersten Stadium sehr schwer zu erkennen. Sie hatte Horace Kinch hinter die Mauern des alten King's-Bench-Gefängnisses gebracht und ihn dann mit den Füßen voran aus dem Gefängnis hinausgebracht. Er war ein gut aussehender Mann gewesen, in der Blüte seiner Jahre, in guten Verhältnissen, durchaus kein Dummkopf und bei vielen Freunden beliebt. Er war eine passende Ehe eingegangen und hatte gesunde und hübsche Kinder. Aber wie manch ein schmuck aussehendes Haus oder Schiff bekam er die Trockenfäule. Der erste erkennbare äußere Hinweis auf Trockenfäule beim Menschen ist eine Neigung zum Herumlungern und Herumstreunen, dazu, sich ohne ersichtlichen Grund an Straßenecken herumzutreiben, ziellos unterwegs zu sein, sich überall und nirgends aufzuhalten statt an einem bestimmten Ort, nichts Greifbares zu tun, aber stets im Begriff zu stehen, am nächsten oder übernächsten Tag einer Vielzahl von ungreifbaren Pflichten nachzukommen. Wenn diese Erscheinungsform der Krankheit sich manifestiert, wird sie den Beobachter in der Regel an einen früher einmal erhaltenen oder gebildeten Eindruck erinnern, dass der Patient ein wenig zu flott zu leben pflegte. Dem Beobachter bleibt kaum genug Muße, sich den Gedanken durch den Kopf gehen zu lassen und den schrecklichen Verdacht auf »Trockenfäule« zu formulieren, bevor ihm eine Veränderung zum Schlechteren in der Erscheinung des Patienten auffallen wird: eine gewisse Nachlässigkeit und Schlampigkeit, die nicht von Armut oder Ungepflegtheit oder Trunksucht oder Krankheit kündet, sondern von nichts anderem als Trockenfäule. Als Nächstes gesellt sich dem der morgendliche Geruch nach geistigen Getränken hinzu, gefolgt von einem lockeren Umgang mit Geld, gefolgt von einem stärkeren Geruch nach geistigen Getränken zu allen Tageszeiten, gefolgt von einem lockeren Umgang mit allen Dingen, gefolgt von Gliederzittern, Schlafsucht, Elend und völliger Auflösung. Wie beim Holz, so auch bei den Menschen. Die Trockenfäule entwickelt sich mit einer vielseitigen und wucherischen Schnelligkeit, die völlig unberechenbar ist. Ein befallenes Brett genügt, und das ganze Gebäude ist dem Untergang geweiht. So war es dem unglücklichen Horace Kinch ergangen, dessen Begräbnis neulich durch eine kleine Sammlung ermöglicht wurde. Seine Bekannten hatten eben erst gesagt: »So wohlsituiert, so gut versorgt, mit so hoffnungsvollen Aussichten – und doch mit etwas Trockenfäule infiziert, wie zu befürchten steht!«, und schon bestand er von Kopf bis Fuß aus nichts als Trockenfäule, Staub und Asche.

Von der toten Mauer, die in solchen obdachlosen Nächten diese nur allzu gewöhnliche Geschichte heraufbeschwört, wollte ich als Nächstes in Richtung des Bethlehem Hospital wandern, zum Teil deshalb, weil mir eine nächtliche Phantasie in den Sinn gekommen war, der ich am ehesten in Sichtweite der Mauern und der Kuppel dieser Institution nachhängen konnte. Die Phantasie war folgende: Sind die geistig Gesunden und die Geisteskranken nicht gleich, wenn die Gesunden des Nachts träumend im Bett liegen? Sind nicht wir alle außerhalb dieser Anstalt, wenn wir träumen, in jeder Nacht unseres Lebens mehr oder weniger in der gleichen Verfassung wie ihre Insassen? Sind wir nicht Nacht für Nacht davon überzeugt, wie sie es Tag für Tag sind, dass wir absurden Verkehr mit Königen und Königinnen pflegen, mit Herrschern und Herrscherinnen und mit bedeutenden Persönlichkeiten aller Art? Wirbeln wir nicht Nacht für Nacht Geschehnisse und Personen durcheinander, Zeiten und Orte, wie sie es Tag für Tag tun? Beunruhigen uns nicht bisweilen die eigenen dem Schlaf entspringenden Inkonsequenzen, und versuchen wir sie nicht voller Verdruss zu erklären oder zu entschuldigen, so wie jene es mit ihren Wahnvorstellungen in wachem Zustand halten? So sagte ein Leidender zu mir, als ich zum letzten Mal in einer solchen Anstalt weilte: »Sir, ich kann oft fliegen.« Ich schämte mich fast bei dem Gedanken, dass auch ich dazu fähig bin – des Nachts. Eine Frau sagte bei selbigem Anlass zu mir: »Königin Victoria kommt häufig zum Speisen zu mir, und Ihre Majestät und ich schmausen im Nachtgewand Pfirsiche und Makkaroni, und Seine Königliche Hoheit der Prinzgemahl erweist uns die Ehre, in der Uniform eines Feldmarschalls als Dritter mit uns zu Pferde zu sitzen.« Wie sollte ich nicht schuldbewusst erröten, wenn ich mich der staunenswerten Einladungen für das Königspaar entsann, die ich selbst veranstaltet hatte (nächtens), der erstaunlichen Speisen, die ich serviert hatte, und des seltsamen Betragens, durch das ich mich bei diesen vornehmen Anlässen ausgezeichnet hatte? Es verwundert mich, dass der große Meister, der alles wusste, wenn er den Schlaf »des Todes Abbild« nannte, die Träume nicht des Wahnsinns Abbild nannte.

Mittlerweile hatte ich Bedlam hinter mir gelassen und wendete meine Schritte wieder zum Fluss; und nach einer kurzen Weile war ich auf der Westminster Bridge und weidete meine obdachlosen Augen am äußeren Anblick des britischen Parlaments – die Vervollkommnung einer erstaunlichen Einrichtung, wie ich wohl weiß, und Gegenstand der Bewunderung aller umliegenden Nationen und künftigen Zeitalter, wie ich nicht bezweifle, aber vielleicht ab und zu keineswegs zu seinem Nachteil energisch dazu genötigt, seine Arbeit zu tun. Ich trat in den Old Palace Yard, und eine Viertelstunde lang leisteten mir die Gerichtshöfe Gesellschaft, vertrauten mir leise flüsternd an, wie viele Menschen sie wachhielten und wie unendlich elend und schrecklich sie die frühen Morgenstunden für glücklose Parteien von Rechtshändeln machten. Westminster Abbey bot für eine weitere Viertelstunde hervorragend düstere Gesellschaft und beschwor eine staunenswerte Prozession ihrer Toten zwischen den dunklen Bögen und Säulen herauf, wobei jedes Jahrhundert von dem folgenden Jahrhundert noch verblüffter war als von allen vorausgegangenen Jahrhunderten. Und wahrhaftig stellte sich bei diesen obdachlosen nächtlichen Wanderungen – die sogar Friedhöfe umfassten, wo Wächter zu festen Zeiten zwischen den Gräbern ihre Runde machten und die Registriervorrichtung eines Anzeigers in Gang setzten, die festhielt, wann sie berührt worden war – die ernste Überlegung ein, welch riesige Heerscharen von Toten zu einer alten großen Stadt zählen und dass, würden sie zum Leben erweckt, während die Lebenden schlafen, in all den Straßen und Gassen nicht eine Nadelspitze Platz für die

Lebenden bliebe. Damit nicht genug, würden die gewaltigen Heere der Toten die Hügel und Täler jenseits der Stadt überfluten und sich um sie herum wer weiß wie weit erstrecken: dem Augenschein nach bis zum Ende der Welt.

Wenn das Ohr des Obdachlosen in nächtlicher Totenstille den Schlag einer Kirchenglocke vernimmt – kann es diesen Klang zuerst als Gesellschaft missdeuten und begrüßen. Doch wenn die Kreise des Nachhalls sich ausbreiten, was man zu solchen Zeiten ganz klar hören kann, und sich endlos immer weiter dehnen, vielleicht (wie es die Philosophen behauptet haben) bis in die Unendlichkeit des Universums, dann ist der Irrtum aufgeklärt, und das Gefühl der Einsamkeit macht sich noch stärker bemerkbar. Einmal – nachdem ich Westminster Abbey verlassen hatte und mich nach Norden wendete – gelangte ich zu der großen Treppe von St. Martins, als es gerade drei Uhr schlug. Unversehens sprang ein Etwas, auf das ich im nächsten Augenblick getreten wäre, ohne es zu sehen, vor meinen Füßen auf, stieß einen Schrei der Einsamkeit und Obdachlosigkeit aus, den der Glockenschlag übertönte, einen Schrei, wie ich ihn noch nie gehört hatte. Dann standen wir einander gegenüber und blickten einander in gegenseitigem Entsetzen an. Das Geschöpf sah aus wie ein junger Mann von etwa zwanzig Jahren mit buschigen Augenbrauen und einer Hasenscharte, und es war mit einem losen Bündel von Lumpen bekleidet, das es mit einer Hand zusammenhielt. Es zitterte von Kopf bis Fuß und klapperte mit den Zähnen, und als es mich anstarrte – wie einen Verfolger, den Teufel oder ein Gespenst –, bewegte es seinen winselnden Mund, als wollte es nach mir schnappen wie ein verängstigter Hund. In der Absicht, diesem abstoßenden Subjekt Geld zu geben, streckte ich die Hand aus und wollte ihm Halt verschaffen, denn es wich zurück, winselnd und nach mir schnappend, und ich legte ihm die Hand auf die Schulter. Augenblicklich wand es sich aus seiner Bekleidung wie der junge Mann im Neuen Testament und ließ mich allein zurück, mit seinen Lumpen in der Hand.

Der Markt von Covent Garden war an Marktmorgen voll herrlicher Gesellschaft. Die großen Karren mit Kohlköpfen, unter denen die Bauern und ihre Helfer lagen und schliefen, das Ganze bewacht von gewitzten Hunden aus der Umgebung der Anbaufelder, waren auf ihre Art fast ein Fest. Doch einer der schlimmsten Anblicke in London, die ich kenne, ist der Anblick der Kinder, die sich an diesem Ort herumtreiben; die in den Körben schlafen, sich um die Schlachtabfälle streiten, auf jeden Gegenstand zuspringen, den sie in ihre diebischen Hände zu bekommen hoffen, unter Karren und Schubkarren flitzen, sich vor den Polizisten verdrücken und mit ihren nackten Füßen auf dem Pflaster der Piazza unablässig ein dumpfes Getrappel machen. Schmerzlich und unnatürlich ist das Ergebnis des Vergleichs, der sich aufdrängt angesichts des unausweichlichen Verrottens dieser liebevoll gezüchteten und umhegten Früchte der Erde und des unausweichlichen Verderbens dieser rundum vernachlässigten (soweit nicht Jagd auf sie gemacht wird) Wilden.

Am Markt von Covent Garden konnte man den ersten Kaffee bekommen, und im Kaffeehaus gab es mehr Gesellschaft und vor allem warme Gesellschaft, was noch besser war. Auch Toast von sehr herzhafter Beschaffenheit war erhältlich, obwohl der Mann mit zerzausten Haaren, der ihn in einem abgesonderten Raum innerhalb des Frühstückszimmers machte, noch keinen Rock anhatte und so schlaftrunken war, dass er sich in jeder Pause zwischen Toast und Kaffee hinter der Abtrennung seines Verschlags wieder auf neue Kreuzungen aus Ersticken und Schnarchen begab und sofort den Weg verlor. In eines dieser Lokale (eines der ältesten) in der Nähe der Bow

Street kam eines Morgens, als ich über meiner obdachlosen Tasse saß und überlegte, wohin ich als Nächstes gehen sollte, ein Mann in hochgeknöpftem und langem schnupftabakfarbenen Mantel und Schuhen und mit einem Hut als einziger Kleidung, soweit ich es beurteilen konnte, und aus seinem Hut holte er eine kalte Fleischpastete heraus; diese Fleischpastete war so groß, dass sie im Hut feststeckte und das Hutfutter mit herauszog. Dieser Mann war für seine Fleischpastete bekannt, denn bei seinem Eintreten brachte ihm der schläfrige Mann einen Schoppen heißen Tee, ein kleines Brot und ein großes Messer, eine Gabel und einen Teller. In seinem Abteil legte der Mann die Pastete auf den leeren Tisch, und statt sie zu zerteilen, stach er mit dem Messer von oben auf sie ein, als wäre sie sein Todfeind; dann zog er das Messer heraus, wischte es an seinem Ärmel ab, zerriss die Pastete mit den Händen und aß sie auf bis auf den letzten Krümel. Die Erinnerung an diesen Mann mit der Pastete ist für mich die bleibende Erinnerung an die gespenstischste Erscheinung, der ich als Obdachloser begegnet bin. Ich war nur zweimal in diesem Lokal, und beide Male sah ich ihn hereinstolzieren (meinem Eindruck nach kam er geradewegs aus dem Bett und ging hinterher stracks wieder hinein), seine Pastete hervorholen, die Pastete erstechen, den Dolch abwischen und die Pastete bis auf den letzten Krümel verzehren. Er war ein Mann, dessen Gestalt zum Leichenhaften tendierte, doch er hatte ein ausnehmend rotes Gesicht, wenngleich ein Pferdegesicht. Als ich ihn zum zweiten Mal erlebte, sagte er heiser zu dem schlaftrunkenen Mann: »Bin ich heute Nacht rot im Gesicht?« »So ist es«, lautete die kompromisslose Antwort. »Meine Mutter«, sagte die gespenstische Erscheinung, »war eine rotgesichtige Frau, die gerne trank, und als sie im Sarg lag, habe ich sie aufmerksam angesehen und habe die Farbe von ihr übernommen.« Danach wollte die Pastete mir nicht mehr recht zusagen, und ich suchte ihre Nähe nicht wieder.

Wenn kein Markttag war oder wenn es mich nach Abwechslung verlangte, bot ein Bahnhof, in den die Züge mit der Morgenpost einfuhren, lohnende Gesellschaft. Doch wie fast alle Gesellschaft auf dieser Welt hatte man sie nur für kurze Zeit. Die Bahnhofslampen leuchteten hell auf, die Dienstmänner kamen aus ihren Verstecken hervor, Droschken und Rollwagen ratterten an ihren Platz (die Postkarren standen schon bereit), und dann ertönte das Signal, und der Zug donnerte herein. Aber es gab nur wenige Reisende und kaum Gepäck, und alles entschwand mit großer Hast und Eile. Die Poststationen in den Zügen mit ihren großen Netzen, als hätten sie das Land nach Leichen abgesucht, rissen ihre Türen auf und spien Lampengeruch, einen erschöpften Schreiber, eine Wache in rotem Rock und ihre Postsäcke aus; die Lokomotive schnaufte und keuchte und schwitzte, als wischte sie sich die Stirn und als wollte sie sagen, wie schnell sie gewesen war; und keine zehn Minuten später waren die Lichter gelöscht, und ich war wieder obdachlos und allein.

Doch nun wurde Vieh auf der nahen Hauptstraße vorbeigetrieben, und die Rindviecher wollten unbedingt (wie es ihre Art ist) in steinerne Mauern hineintrampeln oder sich durch die spannenbreiten Zwischenräume von Eisengittern zwängen, und senkten die Köpfe (wie es auch ihre Art ist), um eingebildete Hunde in die Flucht zu jagen, und verschafften jedem der Lebewesen, die sie betreuten, so viel unnötige Umstände wie nur möglich. Und nun verblich auch das pflichtbewusste Gaslicht im Wissen, dass es bald hell sein würde, und vereinzelte Arbeiter waren bereits auf den Straßen unterwegs, und so, wie das wache Leben mit den letzten Funken des Pastetenverkäufers erloschen war, wurde es mit dem Feuer der ersten Frühstücksverkäufer auf der Straße wieder entfacht. Und in immer kürzeren Abständen, bis die letzten Abstände kaum noch Abstände waren, brach der Tag an, und ich war müde und konnte schlafen. Und wie ich zu denken pflegte, wenn ich zu solchen Zeiten nach Hause ging, zählt es zu den wahrlich erstaunlichen Dingen in London, dass der obdachlose Wanderer in der wahren Einöde der Nacht allein sein kann. Ich hätte sehr wohl gewusst, wo Lasterhaftigkeit und Unglück jeder Art zu finden waren, wenn es mich danach gelüstet hätte; aber sie waren dem Blick entzogen, und meine Obdachlosigkeit gebot über Meilen um Meilen von Straßen, auf denen sie ihres eigenen einsamen Weges wandeln konnte und wandelte.

Jack London.
Das Feuer im Schnee

Der Mann warf einen hastigen Blick auf den Weg, den er gekommen war. Drunten lag, eine Meile breit, der Yukon, von einer drei Fuß dicken Eisrinde bedeckt. Diese Eisdecke wurde von einer ebenso dicken Schneeschicht bedeckt. Alles war rein und weiß und hob sich in weichen Wellenlinien an den Stellen, wo sich beim Zufrieren des Flusses das Eis gestaut hatte. Nach Norden und Süden, soweit das Auge reichte, erstreckte sich diese ununterbrochene weiße Fläche, nur eine haarscharfe, dunkle Linie wand und schlängelte sich weiter im Norden, bis sie hinter einer mit Kiefern bestandenen Insel verschwand. Diese dunkle, haarscharfe Linie war die Schlittenbahn – die Hauptbahn, die fünfhundert Meilen südwärts bis zum Chilcootpaß, nach Dyea und dem Salzwasser, und siebzig Meilen nordwärts nach Dawson und weiter tausend Meilen nordwärts nach Nulato und schließlich noch fünfzehnhundert Meilen bis St. Michael an der Beringsee lief.

Aber alles das – die mystische, haarscharfe, weitreichende Schlittenbahn, der Umstand, daß keine Sonne am Himmel stand, die entsetzliche Kälte und das Wundersame und Unwirkliche, das über allem lag – alles das machte keinen Eindruck auf den Mann. Nicht die Gewohnheit vieler Jahre bewirkte das. Er war erst seit kurzem im Lande, ein Chechaquo, und es war sein erster Winter hier. Ihm fehlte es lediglich an Phantasie. Er hatte eine schnelle und sichere Auffassungsgabe für die Realitäten des Lebens, aber auch eben nur für die Realitäten und nicht für ihre Bedeutung. Fünfzig Grad Fahrenheit unter Null bedeuteten für ihn einige achtzig Grad Frost. Es war für ihn gleichbedeutend mit Kälte und Unbehaglichkeit, aber das war auch alles. [...]

Als er sich anschickte, weiterzugehen, spuckte er nachdenklich aus. Ein knisterndes Geräusch wie von einer kleinen Explosion ertönte, daß er erschrak. Er spuckte nochmals. Und wieder knisterte der Speichel in der Luft, ehe er den Boden erreichte.

Er wußte, daß Speichel auf dem Schnee bei einer Temperatur von fünfzig Grad unter Null knisterte. Aber dieser Speichel hatte in der Luft geknistert. Es war also sicher kälter als fünfzig Grad unter Null – um wieviel kälter, konnte er nicht sagen. Aber die Temperatur war gleichgültig. Er mußte den alten Claim am linken Ufer des Henderson Creek erreichen, wo die Kameraden versammelt waren. Sie waren von jenseits der Wasserscheide aus dem Lande am Indian Creek gekommen, während er diesen Umweg gemacht hatte, um zu sehen, welche Möglichkeiten für einen Transport von Baumstämmen von den Inseln im Yukon im Frühling beständen. Er sollte das Lager gegen sechs erreichen, allerdings erst nach Einbruch der Dunkelheit, aber die andern waren schon dort und würden ihn mit einem guten Feuer und warmem Abendbrot empfangen. Und was sein Frühstück betraf, so preßte er die Hand gegen den Packen, den er unter der Jacke, ja unter dem Hemd, in ein Taschentuch eingepackt und direkt am bloßen Körper trug. Das war die einzige Möglichkeit, die Keks am Gefrieren zu verhindern. Er lächelte behaglich bei dem Gedanken an diese Keks, die in Fett getaucht und mit einer dicken Scheibe gebratenen Specks belegt waren.

Er lenkte seine Schritte unter die großen Kiefern. Der Pfad war sehr undeutlich. Es war ein ganzer Fuß Schnee gefallen, seit der letzte Schlitten darüber gefahren war, und er freute sich, daß er keinen Schlitten hatte, sondern nur mit leichtem Gepäck reiste. Tatsächlich hatte er nichts zu tragen als das in das Taschentuch eingepackte Frühstück. Aber er war erstaunt über die starke Kälte. Es war grimmig kalt, sagte er sich, als er sich die Hand im Fäustling rieb. Er hatte einen dicken, warmen Backenbart, aber der schützte nicht die vorstehenden Backenknochen und die energische Nase, die sich draufgängerisch in die eiskalte Luft streckte.

Dem Manne dicht auf den Fersen trottete ein großer Eskimohund, ein richtiger grauer Wolfshund, der sich weder dem Äußern noch dem Wesen nach von seinem Bruder, dem wilden Wolf, unterschied. Der Hund war ganz niedergeschlagen von der entsetzlichen Kälte. Er wußte, dass jetzt nicht die richtige Jahreszeit zum Reisen war. [...] Er fühlte eine unbestimmte, nagende Furcht, die ihn unterjochte und zwang, auf den Fersen des Mannes zu schleichen und jeder ungewohnten Bewegung, die der Mann machte, mit großem Interesse zu folgen, als erwarte er, daß dieser irgendwo Lager oder Schutz suchen oder auch nur ein Feuer anzünden sollte. Der Hund hatte gelernt, was Feuer war, und er wollte Feuer haben. [...]

Ein paar Meilen wanderte er weiter durch das flache Waldland. Dann schritt er über eine breite Ebene mit Grashügeln, und von hier aus ließ er sich einen Hang hinab bis auf den gefrorenen Wasserlauf gleiten. Es war der Henderson Creek, und er wußte, daß er zehn Meilen von der Stelle entfernt war, wo der Bach sich verzweigt. Er sah auf die Uhr. Es war zehn. Er konnte vier Meilen die Stunde gehen, und er berechnete, daß er die Stelle um halb eins erreichen würde. Er beschloss, das Ereignis zu feiern, indem er dort frühstückte.

Als der Mann dem gefrorenen Bach zu folgen begann, trabte der Hund wieder dicht hinter ihm her, und seine hängende Rute zeigte deutlich, wie verzagt er war. Die alte Schlittenbahn war sichtbar, aber über den Fährten der letzten Schlittenkufen lagen mehrere Zoll Schnee. Einen ganzen Monat lang war keiner diesen stillen, bis auf den Grund gefrorenen Wasserlauf hinauf- oder herabgereist. Der Mann ging weiter. Er war keine nachdenkliche Natur, und im Augenblick gab es für ihn nichts zu denken, als daß er dort, wo der Bach sich verzweigte, frühstücken und daß er um sechs Uhr bei den Kameraden im Lager sein wollte. [...]

Im Gehen rieb er sich die Backenknochen und die Nase mit der Rückseite seiner im Fäustling versteckten Hand. Er tat es ganz mechanisch, bald mit der einen Hand, bald mit der andern. Aber sosehr er auch rieb, wurden seine Backenknochen doch im selben Augenblick, wenn er mit Reiben aufhörte, gefühllos. [...]

So gedankenlos das Hirn des Mannes auch war, so war er doch ein scharfer Beobachter, und er bemerkte alle Veränderungen des Baches, seine Krümmungen und Biegungen und die Stellen, wo die Baumstämme sich aufgehäuft hatten, und besonders achtete er darauf, wo er seine Füße hinsetzte.

Als er einmal um eine Ecke bog, blieb er plötzlich stehen wie ein erschrockenes Pferd, sprang hastig zurück und machte ein paar Schritte auf der Schlittenbahn rückwärts. Er wußte, daß der Bach bis zum Grunde gefroren war – kein Bach enthielt im arktischen Winter Wasser, aber er wußte auch, daß es Quellen gab, die am Hange hervorquollen und unter dem Schnee über das Eis in den Bach liefen. Er wußte, daß diese Quellen selbst im kältesten Winter nie zufroren, und er wußte auch, wie gefährlich sie waren. Sie waren Fallen. Unter ihnen befanden sich große Wasserpfützen im Schnee, die drei Zoll bis drei Fuß tief sein konnten. Zuweilen waren sie von einer halbzölligen Eisrinde bedeckt, die wiederum unter dem Schnee lag. Zuweilen waren es abwechselnd Schichten von Wasser und Eis, so daß man, wenn man einbrach, immer tiefer sackte und zuweilen bis zum Gürtel naß wurde.

Deshalb war er in großem Schrecken zurückgesprungen. Er hatte gefühlt, daß das Eis unter seinen Füßen nachgab, und das knisternde Geräusch einer mit Schnee bedeckten Eisrinde gehört. Und bei einer solchen Temperatur nasse Füße zu bekommen, hieß Mühe und Gefahr. Auf jeden Fall bedeutete es eine Verspätung, denn dann mußte er ein Feuer machen und mit bloßen Füßen daran sitzen, während Socken und Mokassins trockneten. Er studierte den Lauf des Baches und der Hänge an seinen Seiten und gelangte zu dem Ergebnis, daß das Wasser von rechts kam. Er dachte eine Zeitlang nach, rieb sich die Nase und Backen und umging dann die Stelle nach rechts. Er trat sehr vorsichtig auf und tastete sich mit dem Fuß auf dem Eise vorwärts, und erst, als er außer Gefahr war, nahm er sich einen neuen Priem und wanderte weiter mit seiner früheren Viermeilengeschwindigkeit.

Um zwölf war das Wetter so klar, wie es werden konnte, aber die Sonne befand sich jetzt auf ihrer Winterreise zu weit südlich, um den Horizont erreichen zu können. Die Krümmung der Erde lag zwischen ihr und dem Henderson Creek, wo der Mann unter einem wolkenlosen Mittagshimmel ging und doch keinen Schatten warf. Genau um halb eins erreichte er die Stelle, wo der Bach sich verzweigte. Er war zufrieden mit der eingehaltenen Geschwindigkeit. Wenn er so weiterging, war er sicher um sechs bei den Kameraden. Er knöpfte sich Mantel und Rock auf und zog sein Frühstück heraus. Das dauerte nur eine Viertelminute, aber in diesem kurzen Augenblick waren seine entblößten Finger völlig gefühllos geworden. Er zog sich nicht die Fäustlinge an, sondern schlug statt dessen die Finger ein dutzendmal hart gegen die Beine. Dann setzte er sich auf einen verschneiten Baumstamm, um zu essen. Der brennende Schmerz, den er, als er die Finger gegen das Bein geschlagen, gefühlt hatte, verzog sich so schnell, daß er erschrak. Er ließ sich nicht einmal Zeit, einen Bissen zu essen, sondern schlug die Finger ein über das andere Mal gegen das Bein und zog sich dann wieder den Fäustling an, während er die andere Hand entblößte, um mit ihr zu essen. Er versuchte, von dem Keks abzubeißen, aber sein eisiger Maulkorb hinderte ihn daran. Er hatte es versäumt, ein Feuer zu machen und sich selber aufzutauen. Er lachte über seine eigene Torheit. [...]

Da zog er sich schnell den Fäustling an und stand auf. Er war ein wenig erschrocken. Stampfend ging er auf und nieder, bis er das alte Stechen in den Füßen wieder fühlte. »Es ist wirklich sehr kalt«, dachte er. Der Mann vom Sulphur Creek hatte also doch die Wahrheit gesprochen, als er erzählte, wie kalt es zuweilen hier im Lande werden könnte. Und damals hatte er ihn ausgelacht. Das zeigte, daß man keiner Sache zu sicher sein konnte. Ein Irrtum war unmöglich – es war kalt. Er wanderte auf und ab, stampfte mit den Füßen auf und schlug die Arme zusammen, bis er zu seiner Beruhigung merkte, daß seine Glieder wieder warm wurden. Dann nahm er die Streichhölzer heraus und begann, Feuer zu machen. Er holte Brennholz aus dem Busch, wo sich beim Hochwasser des letzten Frühlings eine Menge trockener Zweige aufgehäuft hatten. Er begann ganz vorsichtig, und bald hatte er ein mächtiges Feuer, an dem er sein Gesicht auftaute und seine Keks aß. Er hatte die Kälte gefoppt – solange es dauerte. Der Hund genoß das Feuer, legte sich der Länge nach so nahe an die Flammen, daß er Wärme von ihnen bekam, und doch so weit entfernt, daß sie ihm den Pelz nicht versengten.

Als der Mann fertig war, stopfte er sich die Pfeife und ließ sich Zeit, sie zu rauchen. Dann zog er sich die Fäustlinge an, befestigte die Ohrenklappen gut um die Ohren und begann, dem linken Arm des Baches zu folgen. Der Hund war enttäuscht; er sehnte sich nach dem Feuer zurück. [...]

Es schienen nicht so viele Quellen am linken Arm des Henderson zu sein, und eine halbe Stunde lang sah der Mann keine Spur von ihnen. Dann aber geschah es. An einer Stelle, wo nichts Gefahr andeutete, wo es war, als gäbe die weiße, ungebrochene Schneefläche volle Sicherheit für festen Boden unter den Füßen, brach der Mann ein. Es war nicht tief, aber er war bis an die Waden durchnäßt, ehe er wieder das feste Eis erreichte.

Er war zornig und fluchte laut über sein Pech. Er hatte gehofft, Lager und Kameraden bis sechs Uhr zu erreichen, und das verspätete ihn jetzt um eine ganze Stunde, denn er war gezwungen, ein Feuer zu machen, um sein Fußzeug zu trocknen. Das war durchaus notwendig bei der niedrigen Temperatur – so viel wußte er, und er ging ans Ufer und begann, den Hang hinaufzuklettern. Auf der Kuppe hatte sich in dem niedrigen Busch um ein paar kleine Kiefern viel trockenes Brennmaterial abgelagert, namentlich Zweige und Äste. [...]

Er hatte schon jedes Gefühl in den Füßen verloren. Um das Feuer anzuzünden, war er gezwungen, die Fäustlinge auszuziehen, und die Finger waren schnell gefühllos geworden. Solange er die vier Meilen die Stunde hatte gehen können, hatte sein Herz das Blut an die Oberfläche seines Körpers und in alle Poren gepumpt. In dem Augenblick aber, als er stillstand, hörte diese Pumptätigkeit zum Teil auf. [...] Die Extremitäten waren es, die den Verlust zuerst fühlten. [...]

Doch es war keine Gefahr. Zehen, Nase und Backen wurden nur eben vom Frost berührt, denn das Feuer hatte jetzt begonnen, richtig zu brennen. [...] Es war ein gutes Feuer, und er fühlte sich ganz sicher. [...]

Er begann die Mokassins aufzuschnüren. Sie waren mit einer Eisrinde überzogen; die dicken Wollsocken waren bis zu den Knien so steif wie eine Platte, und die Mokassinschnüre waren wie verbogene Eisenstangen, die im Feuer gewesen waren. Einen Augenblick riß und zerrte er mit seinen gefühllosen Fingern an ihnen, bis ihm aufging, wie töricht das war, und er seinen Dolch zog.

Ehe er aber die Schnüre zerschnitten hatte, geschah es. Es war sein eigener Fehler. Er hätte das Feuer nicht unter der Kiefer machen sollen. Er hätte es im Freien machen sollen. [...] Hoch oben am Baum befand sich ein Zweig, der seine Schneelast abwippte. Die fiel auf die Zweige darunter und ließ auch sie den Schnee abwippen. Die Bewegung setzte sich fort, und bald machte der ganze Baum sie mit. Es war wie eine Lawine, und sie stürzte ohne Warnung auf Mann und Feuer herab, und das Feuer erlosch! Wo es zuvor gebrannt hatte, lag jetzt eine unebene Schicht neuen Schnees.

Der Mann erschrak [...] dann wurde er sehr ruhig. [...] jetzt mußte er also das Feuer noch einmal machen, und diesmal durfte es nicht mißglücken. Selbst wenn es glückte, verlor er, aller Wahrscheinlichkeit nach, ein paar Zehen. Seine Füße mußten schon sehr erfroren sein, und es würde eine Weile dauern, ehe er das neue Feuer angezündet hatte.

[...] Er machte eine neue Unterlage für ein Feuer, diesmal im Freien, wo kein verräterischer Baum es verlöschen konnte. Dann sammelte er wieder trockenes Gras und winzige Zweige, die vom Hochwasser angespült worden waren. Er konnte die Finger nicht zusammenbringen, um die Zweige herauszuziehen, aber er fegte sie mit der ganzen Hand zusammen. Auf die Weise kamen auch viele verfaulte Zweige und Büschel grünen Mooses mit, was ihm nicht lieb war, aber er konnte es nicht hindern. Er arbeitete ganz systematisch und sammelte sogar einen Armvoll von den großen Zweigen, die er später gebrauchen wollte, wenn das Feuer etwas stärker wurde. Und unterdessen saß der Hund dabei und sah ihn mit erwartungsvollem Ausdruck in den Augen an, denn der Mann war für ihn der, welcher das Feuer schaffen sollte, und es dauerte etwas lange, bis das Feuer kam.

Als alles bereit war, steckte der Mann die Hand in die Tasche, um ein neues Stück Birkenrinde herauszuholen. Er wußte, daß die Rinde da war, und wenn er sie auch nicht mit seinen Fingern fühlen konnte, so hörte er sie doch knistern, während er nach ihr suchte; so sehr er sich aber auch anstrengte, konnte er sie doch nicht fassen. Und in all der Zeit hatte er das klare Bewußtsein, daß seine Füße mit jedem Augenblick weiter erfroren. Dieser Gedanke erfüllte ihn mit Schrecken. Er zog sich die Fäustlinge mit den Zähnen an und schwang die Arme hin und her, während er die Hände mit aller Macht gegen die Seiten schlug. Er hatte gesessen und stand jetzt auf, um es zu tun; unterdessen saß der Hund im Schnee, hatte sich den buschigen Wolfsschwanz um die Vorderfüße geschlungen, spitzte aufmerksam die Wolfsohren und beobachtete den Mann. Und während der Mann Arme und Hände schlug und schwang, erwachte in ihm ein heftiger Neid beim Anblick dieses Geschöpfes, das warm und sicher in seiner natürlichen Kleidung neben ihm saß.

Nach einiger Zeit merkte er, wie das zitternde Gefühl von Leben in seine Finger kam. Das schwache Zittern nahm zu, bis es zu einem stechenden, fast unerträglichen Schmerz wurde, den der Mann jedoch mit Befriedigung begrüßte. Er riß sich den Fäustling von der rechten Hand und zog die Birkenrinde heraus. Die entblößten Finger wurden sehr schnell wieder gefühllos. Dann zog er ein Streichholzpäckchen heraus, aber die entsetzliche Kälte hatte seine Finger schon wieder ganz leblos gemacht. Bei der Anstrengung, ein Streichholz von den andern zu trennen, fiel das ganze Päckchen in den Schnee. Er versuchte, es aufzulesen, aber es mißglückte. Die toten Finger konnten weder fühlen noch greifen. Er war sehr vorsichtig. Er verscheuchte den Gedanken an die unvermeidlichen Erfrierungen in Füßen, Nase und Backen und legte seine ganze Seele in die Arbeit mit den Streichhölzern. Er paßte auf, verwendete den Gesichtssinn statt des Gefühls, und als er seine Finger auf beiden Seiten des Päckchens sah, schloß er sie – das heißt, er hatte den Willen, sie zu schließen, aber die telegraphische Leitung war zerschnitten, und die Finger wollten nicht gehorchen. Er zog sich den Fäustling auf die rechte Hand und schlug sie wie ein Rasender gegen sein Knie. Dann legte er mit beiden Händen, die in den Fäustlingen steckten, die Streichhölzer zusammen mit einem ganzen Haufen Schnee auf seinen Schoß. Aber damit hatte er noch nichts gewonnen.

Mit großer Mühe glückte es ihm, das Päckchen in das gebeugte Handgelenk zu klemmen und es dann zum Munde zu führen. Das Eis knirschte und krachte, als er mit gewaltiger Kraftanstrengung den Mund öffnete. Er zog die Unterlippe ein, hob die Oberlippe, daß sie nicht im Wege stand, und ließ die Schneidezähne über das Päckchen gleiten, um ein Streichholz von den andern zu trennen. Es glückte ihm, eines zu fassen, das er in den Schoß fallen ließ. Aber das machte es um nichts besser, denn er konnte es nicht aufheben. Da fand er einen Ausweg. Er nahm das Streichholz mit den Zähnen auf und strich es gegen seine Beine. Zwanzigmal mußte er streichen, ehe es ihm glückte, es anzuzünden. Als es schließlich brannte, hielt er es mit den Zähnen an die Birkenrinde. Doch der brennende Schwefel biß ihn in die Nase und drang ihm in die Lungen, so daß er krampfhaft husten mußte, das Streichholz fiel in den Schnee und erlosch.

Der alte Goldgräber vom Sulphur Creek hat recht gehabt, dachte er in dem Augenblick beherrschter Verzweiflung, der diesem mißglückten Versuch folgte; bei mehr als sechzig Grad unter dem Gefrierpunkt muß man mit einem Kameraden reisen. Er schlug die Hände gegeneinander, konnte das Gefühl aber nicht wieder in ihnen erwecken. Plötzlich riß er sich mit den Zähnen die Fäustlinge von den Händen. Dann nahm er das ganze Streichholzpäckchen zwischen sein gebeugtes Handgelenk, und da seine Armmuskeln nicht von der Kälte erstarrt waren, glückte es ihm, das Handgelenk hart um die Streichhölzer zusammenzupressen. Dann strich er das gesamte Päckchen gegen das Bein. Es gab ein ganzes Feuer – siebzig Streichhölzer auf einmal! Und kein Wind wehte sie aus. Er beugte den Kopf seitwärts, um dem erstickenden Rauch zu entgehen, und hielt das flammende Bündel gegen die Birkenrinde. Während er das tat, merkte er, daß plötzlich Gefühl in seine Hand kam. Sein Fleisch brannte. Er konnte es riechen. Tief unter der Oberfläche konnte er es fühlen. Das Gefühl wurde zu einer Qual, die fast unerträglich war. Und doch hielt er unbeholfen die brennenden Streichhölzer an die Rinde, die nicht Feuer fangen wollte, weil seine eigenen verbrannten Hände im Wege standen und den größten Teil der Flamme fortnahmen.

Als er es schließlich nicht mehr aushalten konnte, riß er die Hände auseinander. Die brennenden Streichhölzer fielen mit einem zischenden Geräusch in den Schnee, aber die Birkenrinde brannte. Er begann, die Flamme mit trockenem Gras und den winzigsten Zweigen zu nähren. Er konnte nicht wählen, denn er war gezwungen, das Brennholz zwischen seinen gebeugten Handgelenken zu heben. Kleine Stücke fauler Zweige und grünen Mooses kamen mit, und er biß sie, so gut er konnte, mit den Zähnen ab. Schrecklich unbeholfen, aber zugleich mit ungeheurer Sorgfalt nährte er die Flamme. Sie bedeutete für ihn das Leben selbst, und sie durfte nicht sterben. Er hatte angefangen, Kälteschauer zu bekommen, weil das Blut sich von der Oberfläche seines Körpers zurückgezogen hatte, und seine Bewegungen wurden immer unbeholfener. Ein großes Stück Moos fiel mitten in das kleine Feuer. Er versuchte es mit den Fingern herauszuholen, zitterte aber so stark, daß er es auseinanderriß und den Kern des Feuers zersplitterte. Das brennende Gras und die winzigen Zweige wurden nach allen Seiten verstreut, er versuchte sie wieder zu sammeln, aber trotz äußerster Anspannung aller seiner Kräfte war es ihm unmöglich, seine zitternden Glieder zu beherrschen, und die Zweige waren und blieben verstreut. Jeder Zweig sandte eine graue Rauchwolke aus und erlosch dann. Er sah sich schlaff und gleichgültig um, und zufällig fiel sein Blick auf den Hund, der ihm gerade gegenüber auf der anderen Seite des verunglückten Feuers saß, unruhig im Schnee hin und her rückte und bald das eine, bald das andere Vorderbein ein klein wenig hob, während er ihn erwartungsvoll ansah.

Beim Anblick des Hundes tauchte eine wilde Idee in seinem Kopfe auf. Er erinnerte sich der Geschichte von dem Mann, der von einem Schneesturm überrascht worden war und einen Stier totgeschlagen hatte, in den Kadaver gekrochen und auf diese Weise gerettet worden war. Er wollte den Hund erschlagen und seine Hände in den warmen Körper tauchen, bis die Gefühllosigkeit verschwand. Dann wollte er ein neues Feuer machen. Er sprach mit dem Hunde und rief ihn zu sich. Aber es war ein seltsamer Klang in seiner Stimme, der den Hund, welcher den Mann noch nie so hatte reden hören, ängstlich machte, etwas stimmte nicht, seine mißtrauische Natur ahnte die Gefahr – er wußte nicht, welche Gefahr, aber irgendwo in seinem Hirn erwachte Furcht vor dem Manne. Beim Geräusch der Stimme des Mannes legte er die Ohren flach an den Kopf, hob und bewegte die Vorderbeine immer unruhiger, wollte sich aber dem Manne nicht nähern. Der erhob sich halb und kroch auf Händen und Knien zu dem Hunde hin. Diese ungewöhnliche Stellung erregte dessen Mißtrauen aufs neue, und er zog sich mit affektierten, koketten Bewegungen seitwärts zurück.

Der Mann setzte sich einen Augenblick in den Schnee und kämpfte, um seine Ruhe wiederzugewinnen. [...]

Ein sicheres Gefühl, daß dies der Tod war, überkam ihn, ein überwältigendes, angstvolles Gefühl, das immer nagender wurde, je mehr ihm aufging, daß es sich nicht nur um das Erfrieren von Händen und Füßen, sondern um Tod und Leben handelte und daß er keine Chance mehr hatte. Ein wahnsinniger Schrecken packte ihn, und er kehrte um und lief den Bach entlang auf der alten undeutlichen Schlittenbahn zurück. Der Hund lief dicht hinter ihm her. Er lief blind weiter, ziellos, so ängstlich, wie er nie im Leben gewesen war. Und wie er so durch den Schnee taumelte, begann er allmählich wieder die Dinge zu erblicken, die ihn umgaben – die Hänge zu beiden Seiten des Baches, die Stellen, wo die Baumstämme sich aufgehäuft hatten, die blattlosen Eschen und den Himmel. Ihm war schon wohler nach dem Laufen. Die Kälteschauer hatten sich verzogen; wenn er weiterlief, tauten seine Füße vielleicht auf, und wenn er nur lange genug lief, erreichte er jedenfalls das Lager und die Kameraden. Er verlor wohl ein paar Finger und Zehen und etwas vom Gesicht, aber die Kameraden würden schon für ihn sorgen und retten, was von ihm übrig war, wenn er hinkam. [. . .]

Ein paarmal stolperte er, und zuletzt wankte er, brach zusammen und fiel. Als er sich zu erheben versuchte, mißglückte es. Ich muß ein wenig sitzenbleiben und mich ausruhen, sagte er sich, das nächste Mal gehe ich einfach nur. Und während er dasaß und Atem schöpfte, merkte er, daß er sich ganz warm und wohl fühlte. Er zitterte nicht mehr, und es war fast, als habe er ein angenehmes Gefühl von Wärme in Brust und Körper. Und dennoch, als er an Nase und Backen faßte, war kein Gefühl darin. Die konnte er durch das Laufen nicht auftauen, und seine Hände und Füße auch nicht. Da kam ihm der Gedanke, daß die Erfrierung in seinem Körper sich ausbreiten würde. [. . .]

Sie überfiel ihn von allen Seiten. Der Gedanke an sie trieb ihn vorwärts, aber er war nicht mehr als hundert Fuß gelaufen, als er auch schon taumelte und der Länge nach hinfiel. Es war das letztemal, daß der Schrecken Macht über ihn gewann. Als er zu Atem gekommen und die Herrschaft über sich wiedergewonnen hatte, setzte er sich auf und begann zu denken, daß er dem Tod würdig begegnen wolle. In dieser Form kam ihm der Gedanke jedoch nicht. Er sagte sich, daß er sich hier lächerlich gemacht hatte, daß er wie ein Huhn mit abgeschlagenem Kopf herumgelaufen war – das war das Gleichnis, das ihm einfiel. [...]

Er sah im Geiste, wie die Kameraden am nächsten Tage seine Leiche fanden. Plötzlich war er unter ihnen und ging die Schlittenbahn entlang, um sich selbst zu suchen. [...]

Und dann schlief er ein, und es war der herrlichste, angenehmste Schlaf, den er je gehabt hatte. Der Hund saß da, sah ihn an und wartete. Der kurze Tag wollte einer langen Dämmerung weichen. Nichts deutete darauf hin, daß ein Feuer gemacht werden sollte, und außerdem hatte der Hund nie erlebt, daß ein Mann so im Schnee saß, ohne Feuer zu machen. Und als die Dämmerung allmählich immer tiefer wurde, überwältigte ihn fast die Sehnsucht nach dem Feuer, und während er eifrig seine Vorderpfoten hob, winselte er still und legte die Ohren ganz zurück in der Erwartung, daß der Mann ihn ausschelten sollte. Aber der Mann saß immer noch schweigend da, und der Hund heulte laut. Etwas später kroch er zu dem Manne hin und spürte den Leichengeruch, die Haare sträubten sich ihm, und er kroch rückwärts fort. Eine kurze Weile noch zögerte er. Er saß da und heulte die Sterne an, die an dem kalten Himmel hüpften und tanzten und hell schienen. Dann wandte er sich um und trottete die Schlittenbahn entlang in Richtung des Zeltplatzes, den er kannte und wo andere waren, die ihm Nahrung und Wärme verschaffen konnten.

Annie Dillard.
Expedition zum Pol

Ich habe eine Vorliebe für Einsamkeit und Stille und was Plotin die »Flucht des Einsamen zum Einen« nennt. Ich habe eine Vorliebe für die Einsamkeit.

Man verlässt Haus und Land, sein Schiff und die Kameraden im Zelt mit den Worten: »Ich geh mal raus – es kann eine Weile dauern, bis ich wieder zurück bin.« Das Licht auf der anderen Seite des Schneesturms lockt. Man geht und geht und betritt eines Tages das weite Herz der Stille, wo sich das Land auflöst, das Meer unter unbekannten Sternen zu Dunst und das Eis ehrfurchtgebietend wird. Hier ist das Ende der Via Negativa, die lichtleere Kante, wo die Hänge des Wissens auslaufen und Liebe, weil ein Objekt fehlt, um ihrer selbst willen beginnt.

Ich habe mich in Stille und Warten gehüllt, mein Schiff verlassen und mich zu Fuß übers Polareis aufgemacht, Chronometer und Sextant, Zelt, Kocher und Brennmaterial, Fleisch und Fett mitgenommen. Brauche ich Wasser, hacke ich Packeis in kleine Stücke; gefrorenes Salzwasser ist wie Süßwasser. Wenn ich nicht mehr gehen kann, schlafe ich. Ich folge meinem Kompass, der Richtung geographischen Norden zeigt.

Ich gehe in den leeren Raum hinein, höre meinen Atem. Ich sehe meine Hand und den Kompass, sehe Eis, das sich so weit erstreckt, dass es einen Bogen macht, sehe die Krümmung der Erdspitze und ihre niedrige Lufthülle, die sich im Sprung festklammert. Hier vergehen die Jahre. Ich gehe, leicht wie eine Handvoll Polarlicht, bin leicht wie ein Segel, ein Stapel farbloser Streifen, ich rufe »kein Unterschied zwischen Himmel und Erde« und die Luftströmung am Boden schiebt mich weiter.

Der Schneesturm ist wie ein Vorhang; ich trete ein. In meinen Augen häuft sich der Schnee. Ich sehe nichts, ich weiß nichts. Warte im Zelt, treibe wochenlang wie entleert dahin, während sich der Sturm austobt. Eines Tages ist er vorbei, ich packe mein Zelt zusammen und gehe weiter. Der Sturm hat die Luft gereinigt, die Wolken haben sich gelichtet, die Sonne rollt über den Himmel wie ein Fisch in seiner Glaskugel, wie ein in einer Wanne kullernder Kiesel, wie ein Schwimmer oder eine emporgeschleuderte Melodie, die sich über mir von allen Seiten wiederholt.

Mein Name ist Stille. Stille ist mein Biwak und mein aus Schüsseln geschlürftes Abendessen. Morgens hülle ich mich in lose Steinschnüre. Meine Augen sind Steine; ein Stückchen Packeis füllt meinen Mund. Mein Schädel ist ein Polarbecken, meine Gehirnpfanne gebiert Gletscher und Eisberge, Eisbrei und Eisschollen. Hier vergehen die Jahre.

In der Ferne offenes Wasser. Ich weiß nicht, welche Jahreszeit wir haben, seit wann ich in die wie ein Tunnel vor mir dehnende Stille, in die ausgebreiteten Arme des Horizonts gelaufen bin, die sich wie Wasser weiten. Ich gehe zum Rand des Packeises, an die Kante, die ihre Schollen ins schwarzgrüne Wasser kalbt; ich stehe am Rand und blicke hinaus. So weit ich sehen kann, kratzt der Nadeleis-Schorf auf der Wasserhaut über das Meer und bricht auf, sobald ein Eis- oder Schneeklumpen auftaucht oder hindurchtreibt. Dicht bedecken die Schollen das Wasser, manche von ihnen groß wie Länder. An mir schwimmt eine flache Scholle vorbei, von der mir jemand ein Ruder entgegenstreckt. Ich packe das Ruderblatt und springe. Ich lande auf der Scholle.

Adalbert Stifter.
Bergkristall

Es geht von dem Waldrande noch immer aufwärts, und zwar bis man zur roten Unglückssäule kommt, von wo sich, wie schon oben angedeutet wurde, der Weg gegen das Tal von Gschaid hinabwendet. Die Erhebung des Waldes von der Millsdorfer Seite aus ist sogar so steil, daß der Weg nicht gerade hinangeht, sondern daß er in sehr langen Abweichungen von Abend nach Morgen und von Morgen nach Abend hinanklimmt. An der ganzen Länge des Weges hinauf zur Säule und hinab bis zu den Wiesen von Gschaid sind hohe, dichte, ungelichtete Waldbestände, und sie werden erst ein wenig dünner, wenn man in die Ebene gelangt ist und gegen die Wiesen des Tales von Gschaid hinauskömmt. Der Hals ist auch, wenn er gleich nur eine kleine Verbindung zwischen zwei großen Gebirgshäuptern abgibt, doch selbst so groß, daß er, in die Ebene gelegt, einen bedeutenden Gebirgsrücken abgeben würde.

Das erste, was die Kinder sahen, als sie die Waldung betraten, war, daß der gefrorene Boden sich grau zeigte, als ob er mit Mehl besäet wäre, daß die Fahne manches dünnen Halmes des am Wege hin und zwischen den Bäumen stehenden dürren Grases mit Flocken beschwert war, und daß auf den verschiedenen grünen Zweigen der Tannen und Fichten, die sich wie Hände öffneten, schon weiße Fläumchen saßen.

»Schneit es denn jetzt bei dem Vater zu Hause auch?« fragte Sanna.

»Freilich«, antwortete der Knabe, »es wird auch kälter, und du wirst sehen, daß morgen der ganze Teich gefroren ist.«

»Ja, Konrad«, sagte das Mädchen.

Es verdoppelte beinahe seine kleinen Schritte, um mit denen des dahinschreitenden Knaben gleichbleiben zu können.

Sie gingen nun rüstig in den Windungen fort, jetzt von Abend nach Morgen, jetzt von Morgen nach Abend. Der von der Großmutter vorausgesagte Wind stellte sich nicht ein;

im Gegenteile war es so stille, daß sich nicht ein Ästchen oder Zweig rührte, ja sogar es schien im Walde wärmer, wie es in lockeren Körpern, dergleichen ein Wald auch ist, immer im Winter zu sein pflegt, und die Schneeflocken fielen stets reichlicher, so daß der ganze Boden schon weiß war, daß der Wald sich grau zu bestäuben anfing und daß auf dem Hute und den Kleidern des Knaben sowie auf denen des Mädchens der Schnee lag.

Die Freude der Kinder war sehr groß. Sie traten auf den weichen Flaum, suchten mit dem Fuße absichtlich solche Stellen, wo er dichter zu liegen schien, um dorthin zu treten und sich den Anschein zu geben, als wateten sie bereits. Sie schüttelten den Schnee nicht von den Kleidern ab.

Es war große Ruhe eingetreten. Von den Vögeln, deren doch manche auch zuweilen im Winter in dem Walde hin und her fliegen und von denen die Kinder im Herübergehen sogar mehrere zwitschern gehört hatten, war nichts zu vernehmen, sie sahen auch keine auf irgendeinem Zweige sitzen oder fliegen, und der ganze Wald war gleichsam ausgestorben.

Weil nur die bloßen Fußstapfen der Kinder hinter ihnen blieben, und weil vor ihnen der Schnee rein und unverletzt war, so war daraus zu erkennen, daß sie die einzigen waren, die heute über den Hals gingen.

Sie gingen in ihrer Richtung fort, sie näherten sich öfter den Bäumen, öfter entfernten sie sich, und wo dichtes Unterholz war, konnten sie den Schnee auf den Zweigen liegen sehen.

Ihre Freude wuchs noch immer; denn die Flocken fielen stets dichter, und nach kurzer Zeit brauchten sie nicht mehr den Schnee aufzusuchen, um in ihm zu waten; denn er lag schon so dicht, daß sie ihn überall weich unter den Sohlen empfanden und daß er sich bereits um ihre Schuhe zu legen begann; und wenn es so ruhig und heimlich war, so war es, als ob sie das Knistern des in die Nadeln herabfallenden Schnees vernehmen könnten.

»Werden wir heute auch die Unglückssäule sehen?« fragte das Mädchen, »sie ist ja umgefallen, und da wird es darauf schneien, und da wird die rote Farbe weiß sein.«

»Darum können wir sie doch sehen«, antwortete der Knabe, »wenn auch der Schnee auf sie fällt und wenn sie auch weiß ist, so müssen wir sie liegen sehen, weil sie eine dicke Säule ist und weil sie das schwarze eiserne Kreuz auf der Spitze hat, das doch immer herausragen wird.«

»Ja, Konrad.«

Indessen da sie noch weitergegangen waren, war der Schneefall so dicht geworden, daß sie nur mehr die allernächsten Bäume sehen konnten.

Von der Härte des Weges oder gar von Furchenaufwerfungen war nichts zu empfinden, der Weg war vom Schnee überall gleich weich und war überhaupt nur daran zu erkennen, daß er als ein gleichmäßiger weißer Streifen in dem Walde fortlief. Auf allen Zweigen lag schon die schöne, weiße Hülle.

Die Kinder gingen jetzt mitten auf dem Wege, sie furchten den Schnee mit ihren Füßlein und gingen langsamer, weil das Gehen beschwerlich ward. Der Knabe zog seine Jacke empor an dem Halse zusammen, damit ihm nicht der Schnee in den Nacken falle, und er setzte den Hut tiefer in das Haupt, daß er geschützter sei. Er zog auch seinem Schwesterlein das Tuch, das ihm die Mutter um die Schulter gegeben hatte, besser zusammen und zog es ihm mehr vorwärts in die Stirne, daß es ein Dach bilde.

Der von der Großmutter vorausgesagte Wind war noch immer nicht gekommen; aber dafür wurde der Schneefall nach und nach so dicht, daß auch nicht mehr die nächsten Bäume zu erkennen waren, sondern daß sie wie neblige Säcke in der Luft standen.

Die Kinder gingen fort. Sie duckten die Köpfe dichter in ihre Kleider und gingen fort.

Sanna nahm den Riemen, an welchem Konrad die Kalbfelltasche um die Schulter hängen hatte, mit den Händchen, hielt sich daran, und so gingen sie ihres Weges.

Die Unglückssäule hatten sie noch immer nicht erreicht. Der Knabe konnte die Zeit nicht ermessen, weil keine Sonne am Himmel stand und weil es immer gleichmäßig grau war.

»Werden wir bald zu der Unglückssäule kommen?« fragte Sanna.

»Ich weiß es nicht«, antwortete der Knabe, »ich kann heute die Bäume nicht sehen und den Weg nicht erkennen, weil er so weiß ist. Die Unglückssäule werden wir wohl gar nicht sehen, weil so viel Schnee liegen wird, daß sie verhüllt sein wird und daß kaum ein Gräschen oder ein Arm des schwarzen Kreuzes hervorragen wird. Aber es macht nichts. Wir gehen immer auf dem Wege fort, der Weg geht zwischen den Bäumen, und wenn er zu dem Platze der Unglückssäule kommt, dann wird er abwärts gehen, wir gehen auf ihm fort, und wenn er aus den Bäumen hinausgeht, dann sind wir schon auf den Wiesen von Gschaid, dann kömmt der Steg, und dann haben wir nicht mehr weit nach Hause.«

»Ja, Konrad«, sagte das Mädchen.

Sie gingen auf ihrem aufwärtsführenden Wege fort. Die hinter ihnen liegenden Fußstapfen waren jetzt nicht mehr lange sichtbar; denn die ungemeine Fülle des herabfallenden Schnees deckte sie bald zu, daß sie verschwanden. Der Schnee knisterte in seinem Falle nun auch nicht mehr in den Nadeln, sondern legte sich eilig und heimlich auf die weiße, schon daliegende Decke nieder. Die Kinder nahmen die Kleider noch fester, um das immerwährende, allseitige Hineinrieseln abzuhalten.

Sie gingen sehr schleunig, und der Weg führte noch stets aufwärts.

Nach langer Zeit war noch immer die Höhe nicht erreicht, auf welcher die Unglückssäule stehen sollte und von wo der Weg gegen die Gschaider Seite sich hinunterwenden mußte.

Endlich kamen die Kinder in eine Gegend, in welcher keine Bäume standen.

»Ich sehe keine Bäume mehr«, sagte Sanna.

»Vielleicht ist nur der Weg so breit, daß wir sie wegen des Schneiens nicht sehen können«, antwortete der Knabe.

»Ja, Konrad«, sagte das Mädchen.

Nach einer Weile blieb der Knabe stehen und sagte: »Ich sehe selber keine Bäume mehr, wir müssen aus dem Walde gekommen sein, auch geht der Weg immer bergan. Wir wollen ein wenig stehenbleiben und herumsehen, vielleicht erblicken wir etwas.«

Aber sie erblickten nichts. Sie sahen durch einen trüben Raum in den Himmel. Wie bei dem Hagel über die weißen oder grünlich gedunsenen Wolken die finsteren, fransenartigen Streifen herabstarren, so war es hier, und das stumme Schütten dauerte fort. Auf der Erde sahen sie nur einen runden Fleck Weiß und dann nichts mehr.

Thomas Hardy. Auf verschlungenen Pfaden

Donnerstag, der einunddreißigste August war, wie nun schon viele, ein Tag, an dem man in einem behaglichen Haus zu ersticken glaubte und kühle Brisen eine Wonne waren, wo sich in Gärten mit lehmigen Böden Risse bildeten und ängstliche Kinder dann von »Erdbeben« sprachen, wo man an den Rädern von Karren und Fuhrwerken lose Speichen entdeckte und die Luft, die Erde und jeder Tropfen Wasser, der noch zu finden war, von stechenden Insekten wimmelte.

[...]

Es war gegen elf Uhr, als sich Mrs. Yeobright an diesem Tag auf den Weg durch die Heide zum Hause ihres Sohnes machte; sie wollte, wie sie es dem Rötelmann versprochen hatte, ihr Bestes tun, um eine Versöhnung mit ihm und Eustacia herbeizuführen. Sie hatte gehofft, daß sie zur Zeit der größten Hitze schon einen wesentlichen Teil ihres Weges zurückgelegt haben würde, doch bald nach ihrem Aufbruch mußte sie erkennen, daß dies nicht möglich war. Die Sonne hatte der ganzen Heide ihre Zeichen eingebrannt, selbst die purpurfarbenen Heidekrautblüten waren in der trockenen, glühenden Hitze der vergangenen Tage braun geworden. In allen Tälern herrschte eine Luft wie in einem Backofen, und der saubere Quarzsand der winterlichen Wasserläufe, die im Sommer Pfade bildeten, war nach der langen Trockenheit wie versengt.

Bei frischem, kühlem Wetter wäre Mrs. Yeobright der Gang nach Alderworth nicht schwergefallen, aber die gegenwärtige glühende Hitze machte den Weg für eine Frau, die das mittlere Alter überschritten hatte, zu einem mühevollen Unternehmen; und nach der dritten Meile wünschte sie, sie hätte Fairway gebeten, sie wenigstens einen Teil der Entfernung zu fahren. Doch von dort, wo sie sich jetzt befand, war es ebenso leicht, Clyms Wohnung zu erreichen, wie nach Hause zurückzukehren. So ging sie weiter, umgeben von der stillen, pulsierenden Luft, die auf die Erde niederdrückte und sie erschlaffen ließ. Sie blickte zum Himmel hinauf und sah, daß in seinem Zenit die saphirblaue Farbe des Lenzes und des Frühsommers einem metallischen Violett gewichen war.

[...]

Da Mrs. Yeobright noch nie zuvor zum Haus ihres Sohnes gegangen war, kannte sie dessen genaue Lage nicht. Sie stieg zuerst einen, dann einen anderen Pfad hinauf und stellte dann fest, daß diese sie vom rechten Weg wegführten. Als sie wieder zurückging, gewahrte sie in einiger Entfernung einen Mann bei der Arbeit. Sie ging zu ihm hin und fragte ihn nach dem Weg.

Der Arbeiter wies ihr die Richtung und fügte hinzu: »Sehn Sie den Ginstersammler, der da drüben den Weg raufgeht, Ma'am?«

Mrs. Yeobright strengte ihre Augen an und sagte schließlich, daß sie ihn sähe.

»Wenn Sie dem folgen, können Sie gar nichts falsch machen. Er geht auch da hin, Ma'am.«

So folgte sie dem Mann, den der Arbeiter ihr gezeigt hatte. Er schien von rostbrauner Farbe zu sein, nicht mehr von seiner Umgebung zu unterscheiden als eine grüne Raupe auf einem Blatt, von dem sie sich ernährt. Wenn er tatsächlich weiterging, kam er schneller voran als Mrs. Yeobright, doch durch seine Gewohnheit, immer anzuhalten, wenn er zu einem Brombeergestrüpp kam, und dort einige Zeit zu verweilen, war es ihr möglich, sich in gleicher Entfernung von ihm zu halten. Wenn sie dann gleichfalls an alle diese Stellen kam, fand sie dort ein halbes Dutzend langer, biegsamer Schößlinge, die er, während er dort anhielt, abgeschnitten und neben dem Weg gerade ausgelegt hatte. Sie waren offenbar zum Zusammenbinden von Ginsterbündeln bestimmt, die er wahrscheinlich auf dem Rückweg einsammeln wollte.

Das so beschäftigte stille Wesen schien nicht mehr im Leben zu zählen als ein Insekt. Es war, als sei es ein bloßer Parasit der Heide, der ihre Oberfläche zerfraß, wie eine Motte ein Kleidungsstück zerfrißt, völlig in Anspruch genommen von dem, was sie hervorbrachte, und von nichts in der Welt wissend als von Farnen, Ginster, Heidekraut, Flechten und Moosen.

Der Ginstersammler war so in sein Tun vertieft, daß er nicht einmal den Kopf wandte; und seine Gestalt mit den Ledergamaschen und den Schutzhandschuhen wurde für sie schließlich lediglich ein lebendiger Wegweiser, dem sie folgen mußte.

Doch plötzlich wurde ihre Aufmerksamkeit auch auf seine Persönlichkeit gelenkt, da sie in seinem Dahinschreiten eine gewisse Eigentümlichkeit bemerkte. Bei irgendwem hatte sie diesen Gang schon gesehen, und er verriet ihr schließlich, wer jener Mann gewesen war – so wie Ahimaaz in der fernen Ebene von der Wache des Königs an seinem Gang erkannt wurde. Sie sagte: »Er hat genau den gleichen Gang wie einst mein Mann«; und dann begriff sie plötzlich, daß der Ginstersammler ihr Sohn war.

Sie war kaum imstande, sich mit dieser seltsamen Tatsache vertraut zu machen. Man hatte ihr erzählt, daß Clym jetzt zum Ginsterschneiden zu gehen pflegte, aber sie hatte geglaubt, daß er dies nur dann und wann tat, als nutzbringenden Zeitvertreib. Doch nun erblickte sie ihn als regelrechten Ginstersammler und nichts sonst – in der üblichen Kleidung dieses Gewerbes und, nach seinen Bewegungen zu urteilen, mit den üblichen Gedanken, die dieses Gewerbe mit sich bringt. Während sie ein Dutzend hastige Pläne machte, wie er und Eustacia augenblicklich vor dieser Art Leben bewahrt werden könnten, folgte sie ihm weiter mit klopfendem Herzen und sah ihn sein Haus betreten.

An einer Seite dieses Hauses befand sich ein kleiner Hügel, und auf der Kuppe dieses Hügels strebte eine Gruppe Tannen so weit in die Höhe, daß ihr Nadelwerk über dem Gipfel aus der Ferne wie ein schwarzer Fleck in der Luft erschien. Als Mrs. Yeobright dort ankam, fühlte sie sich qualvoll erregt, erschöpft und unwohl. Sie stieg hinauf und setzte sich im Schatten der Bäume nieder, um wieder zu Kräften zu kommen und zu überlegen, wie sie es bei Eustacia beginnen sollte, ohne diese Frau zu erzürnen, unter deren scheinbarer Trägheit Leidenschaften schlummerten, die noch stärker und aktiver waren als ihre eigenen.

Die Bäume, unter denen sie saß, befanden sich in einem ungewöhnlich mitgenommenen und verwilderten Zustand. Mrs. Yeobright verbannte für ein paar Minuten die Gedanken an ihre eigene Schwäche und Erschöpfung, um sie nachdenklich zu betrachten. Es gab keinen Zweig an den neun Bäumen, aus denen diese Gruppe bestand, der nicht zersplittert, verschlungen oder verzerrt war von den wütenden Stürmen, denen sie auf Gnade oder Ungnade preisgegeben waren. Einige waren versengt und gespalten wie durch Blitzschlag und an den Seiten mit schwarzen Flecken gezeichnet wie von einem Brand; und der Boden unter ihnen war mit trockenen Tannennadeln und großen Mengen von Tannenzapfen übersät, die die Stürme vergangener Jahre heruntergeblasen hatten. Dieser Ort wurde »Devil's Bellows«, Blasebalg des Teufels, genannt, und man brauchte nur in einer März- oder Novembernacht einmal dorthin zu kommen, um die überzeugenden Gründe für diesen Namen zu erkennen. Selbst an diesem glühenden Nachmittag, an dem kein Windhauch zu spüren war, ging ein fortwährendes Ächzen durch die Bäume, von dem man kaum glauben konnte, daß es von der Luftbewegung verursacht wurde.

Hier blieb Mrs. Yeobright zwanzig Minuten oder auch länger sitzen, ehe sie genügend Entschlußkraft aufbringen konnte, zur Gartenpforte hinunterzugehen, denn ihr Mut war durch ihre körperliche Mattigkeit auf den Nullpunkt gesunken. Jedem anderen als einer Mutter wäre es vielleicht ein wenig demütigend vorgekommen, daß sie, als die ältere der beiden Frauen, den ersten Schritt zur Versöhnung tun wollte. Doch Mrs. Yeobright hatte dies alles wohl überlegt, und sie dachte nur noch darüber nach, wie sie Eustacia am besten zu der Einsicht bringen konnte, daß ihr Besuch nicht als Unterwürfigkeit, sondern als eine verständige Handlung anzusehen war.

Von ihrer erhöhten Stellung konnte die erschöpfte Frau unten das Dach des Hauses, den Garten und die ganzen Abgrenzungen des kleinen Domizils überblicken. Und jetzt, als sie sich gerade erhob, sah sie, wie sich ein zweiter Mann der Gartenpforte näherte. Sein Verhalten war eigenartig und zaudernd und nicht das eines Menschen, der in Geschäften oder auf Einladung gekommen war. Er sah sich das Haus genau und interessiert an, dann ging er herum und ließ seinen Blick an der äußeren Begrenzung des Gartens entlangwandern, wie man es getan haben mochte, wenn es das Geburtshaus Shakespeares, das Gefängnis von Maria Stuart oder das Château von Hougomont gewesen wäre. Nachdem er auf seiner Runde wieder bei der Pforte angelangt war, ging er hinein. Mrs. Yeobright ärgerte das, denn sie hatte fest geglaubt, ihren Sohn und seine Frau allein anzutreffen. Doch ein Augenblick der Überlegung sagte ihr, daß die Gegenwart eines Bekannten die Peinlichkeit ihres ersten Erscheinens in dem Haus — bis sie sich bei ihnen etwas wohler fühlen würde — nehmen mochte, da sich dann das Gespräch auf allgemeine Dinge beschränkte. So ging sie den Hügel hinunter zur Pforte und blickte in den hitzeglühenden Garten.

Esther Kinsky. Am Fluß

Meine Spaziergänge am River Lea waren langsam und planlos. Ich schaute und horchte und suchte Erinnerungen. Ich machte Bilder und blätterte Schicht um Schicht von Erinnerung auf. Zuoberst lagen die ältesten Erinnerungen. Ich sah mich selbst durch London gehen, in den ersten Monaten meiner Zeit hier, als ich auf das neue Land lauschte. Es summte und dröhnte ringsum, über den spitzen Schornsteinhüten zogen morgens und abends bläuliche Vögel einen einzigen immer gleichen Kreis und verschwanden wieder. Die Nacht kratzte an den dünnen sirrenden Fensterscheiben, Stimmen fielen durch den schmalen Schlot in den Aschenkorb des Kamins, und zwischen zwei dunklen Mauerklötzen fuhren am Abend erleuchtete Züge quer über den Himmel.

Um die Ruhe des Ansässigen zu finden, verlegte ich mich aufs Spazieren. Im Gehen erlernte ich die Gerüche der Stadt, die so riesig war, daß man mehr als ein Leben brauchte, um sie ganz zu durchstreifen. Ich lernte den Geruch von Ziegel, Fluß und struppigem Gras auf Ödlandstreifen auswendig, den Geruch von Regen und Staub, Taubenfedern, aufgequollenem Holz und Rotdornbüschen, und die Gerüche der unzähligen Speisen Fremder, die ich bald nach dem Grad der Süße, Bitterkeit und Schärfe, die mir in die Nase stieg, unterscheiden konnte. Ich besuchte Märkte, sah rosa, graue, und bräunliche Fische im Morgenlicht zucken, obwohl sie längst hätten tot sein sollen. Am Abend lagen Köpfe, Flossen, Schuppen und Schwänze der Fische in den Gossen, durch die schmutziges Spritzwasser rann. Die Händler waren müde und zertraten achtlos die Fischreste. Das Fleisch der unzerteilten Ziegen und Schafe, die langgestreckt an schweren Haken vor den roten Planen der Schlachterstände hingen, hatte sich im Laufe des Tages dunkel verfärbt. In großen Plastikwannen lagen verschmähte Stücke zerhackter Tiere, über die sich dicke Fettschwarten zogen. Auch die Hühner waren blass und grau geworden, sie hingen an zierlicheren Haken, baumelten im frischen Wind von der nahen Küste, und die Gesichtsfarbe der Geflügelhändler schien sich im beginnenden Abenddämmer der fahlen, faltigen Rupfhaut der toten Vögel anzugleichen. Die bunten Fähnchen, die Karren mit billigen Eiern oder heimlich verfaulendem Obst schmückten, verloren ihren Glanz. Die Reste der weichgetasteten Früchte wurden an die Ärmsten verkauft, die letzte Kundschaft des Tages, die jetzt scheu aus ihren Winkeln kam. Sie boten kleine Münzen auf den ausgestreckten Handflächen, die Händler klaubten sie aus dem sauren Schweiß der lang zusammengepressten Faust, bevor sie die Ware in die aufgehaltenen Plastikbeutel kippten.

Mit einer kleinen, billigen Kamera nahm ich Fotos auf, die mich später beschämten. Wenn ich sie betrachtete, kam es mir fast unanständig vor, diese Bruchteile fremder Leben, diese Abbildungen flüchtiger Gesten, zielloser Blicke, lauernder Körperhaltungen in meinem Zimmer aufzubewahren, Lebensschnipsel völlig unbekannter Menschen, die nichts von dieser vorläufigen Unvergänglichkeit eines Ausschnitts ihrer Zeit in meiner Hand ahnten. Zwei schwarze Frauen in hellen Sportschuhen und gestreiften Jacken tauchen mehrmals auf. Sie stehen prüfend vor Fischen, die unter der rotleuchtenden Markise golden aussehen, sich in ihrer Küche jedoch als matt und gelblich erweisen würden. Sie streifen über eine Auslage heller Spitzenborten, hinter denen die Verkäuferin in einem braunen Anorak gähnt. Auf einem Bild greift eine Hand unschlüssig nach einer blassen Bananenstaude; wie zaghafte Hälse recken sich die kälterunzligen Finger, an dem unscharfen Streifenmuster des Ärmels erkennt man eine der beiden Frauen. Einmal trat mir ein junger schwarzlockiger Mann heftig entgegen und legte die eine Hand vor das Objektiv der Kamera, während er mit der anderen in der Luft fuchtelte. No no, sagte er laut, no no. Ich ging weiter und begriff erst später, daß er Angst hatte. Nach diesem Erlebnis zog ich es vor, Unbelebtes zu fotografieren. Meistens machte ich meine Aufnahmen am Kanal, einem schmutzigen und ungenutzten Gewässer, das sich von Westen nach Osten durch die Stadt zieht. Wochenends saßen Angler auf dem schmalen Betonweg, der nur wenig oberhalb der Wasseroberfläche entlangführte. Neben ihnen Thermosflaschen, Picknicktaschen und Plastikdosen mit viereckigen Fächern für Gewürm in unterschiedlichen Farben. Die kleinen Würmer wimmelten, suchten untereinander und aneinander Schutz, alle wollten in die Mitte des lauwarmen Haufens von gleichartigem Leben, das sie bildeten. Die Angler hockten reglos auf ihren Klappschemeln und warteten, bis ein Fisch anbiß. Sie zogen den Fang aus dem Wasser, immer waren es weißbäuchige Fische mit silbrigen Rücken, die an der Luft schnell stumpf wurden, unglücklich zappelten sie an der schwankenden Leine und würgten an dem Würmchen, das sie in solches Elend gestürzt hatte, doch die Angler erfreuten sich nur einen Augenblick an der Beute, dann packten sie zu, zogen den Fisch vom Angelhaken und warfen ihn ins Wasser zurück. Die verwundeten oder zu Tode erschrockenen Fische trieben bald leblos an die Oberfläche, Augen und Maul rötlich geöffnet, sie schaukelten auf den leichten, leisen Wellen, die der Wind gelegentlich aufwarf, und rings um sie bildete sich ein schaumiges Kränzchen.

Auf der anderen Seite des Kanals standen leere Fabriken, Lagerhallen und andere dunkle Gebäude mit geborstenen oder schmutzblinden Fenstern. Hinter dem trüben Glas ließen sich Stapel von Kisten, die Umrisse erstarrter Maschinen und erloschener Lampen erkennen, bis fast an die unteren Fensterreihen reichten die Flecken der aufsteigenden Nässe, mit der die

Ziegelmauern vollgesogen waren. Durch Schneisen zwischen den Bauten sah man in weiter Ferne die zierlichen Türmchen prachtvoller alter Bahnhöfe und den flimmernden Glanz der von Betriebsamkeit erfüllten Geld- und Handelsinstitute.

Auf den Fotos war nicht viel zu sehen. Verbogene Gitter, in denen die gezackten Scherben der herausgebrochenen Fenster stecken, ein scharfer Schatten quer durch ein Bild, abgeplatzter Putz, unter dem alte Schichten der Bemalung ans Licht kommen. Schriften, von der Luft zerfressen, Bruchstücke von Buchstaben, die zu beliebigen Worten gereimt und zusammengesteckt werden können. Nichts ist mehr ausgewiesen, alles sich selbst überlassen. Schwarze Brandspuren an den groben Brettern, mit denen Fenster kreuzweise zugenagelt sind. Einschläge von Gelegenheitsschießereien. Abdrücke von Spitzen und Schneiden auf verbeultem Metall, von dem die letzten Reste grüner und roter Farbe platzen, der Rost, der sich wie die Glut um ein Stück Papier von den Rändern aus in die Substanz frißt, ist allem auf den Fersen. Langgestreckte Gebäude mit strengen, in Reihen von Rechtecken unterteilten Fassaden spiegeln sich im Wasser, in der Ferne liegt goldenes Licht auf den Rissen in einer unbenutzten Betonbrücke, grüne Büschel quellen aus den klaffenden Stellen, ein schöner Tag im Februar.

W. G. Sebald.
Die Ringe des Saturn

Mein Weg von Dunwich aus führte zunächst an den Ruinen des Franziskanerklosters vorbei, an etlichen Feldern entlang und durch ein offenbar erst in jüngster Zeit aufgeschossenes, verwahrlostes Gehölz, in dem Krüppelkiefern, Birken und Ginsterstauden so dicht durcheinanderwuchsen, daß ich nur mit viel Mühe vorankam. Ich dachte schon beinah daran umzukehren, da tat sich auf einmal vor mir die Heide auf. Blaßlila bis tief purpurfarben erstreckte sie sich westwärts, und eine weiße Fahrspur ging in leichten Windungen mitten durch sie hindurch. In die unablässig in meinem Kopf sich drehenden Gedanken verloren und wie betäubt von dem wahnsinnigen Blühen, wanderte ich auf der hellen Sandbahn dahin, bis ich zu meinem Erstaunen, um nicht zu sagen zu meinem Entsetzen, mich wiederfand vor demselben verwilderten Wäldchen, aus dem ich vor etwa einer Stunde oder, wie es mir jetzt schien, in irgendeiner fernen Vergangenheit hervorgetreten war. Der einzige Orientierungspunkt auf dieser baumlosen Heide, eine sehr seltsame Villa mit einem rundum verglasten Aussichtsturm, die mich absurderweise an Ostende erinnerte, hatte sich, wie mir nun erst bewußt wurde, während meines achtlosen Dahingehens immer wieder unter einer völlig unerwarteten Perspektive bald in der Nähe, bald weiter entrückt, bald links, bald zu meiner Rechten gezeigt, ja einmal war der Aussichtsturm sogar innerhalb kürzester Frist gleichsam wie durch eine Rochade von der einen Seite des Gebäudes auf die andere geraten, ganz als hätte ich unversehens statt der wirklichen Villa ihr Spiegelbild vor mir. Gesteigert wurde meine Verwirrung im übrigen dadurch, daß die Wegweiser an den Gabelungen und Kreuzungen, wie ich beim Weitergehen mit zunehmender Irritation feststellte, ausnahmslos unbeschriftet waren und daß statt einer Orts- oder Entfernungsangabe immer nur ein stummer Pfeil in diese oder jene Richtung deutete.

Folgte man seinem Instinkt, dann stellte es sich über kurz oder lang unweigerlich heraus, daß der Weg von dem Ziel, auf das man zuhalten wollte, immer weiter abwich. Einfach geradeaus querfeldein zu gehen war wegen des verholzten, gut kniehohen Erikagestrüpps ausgeschlossen, und also hatte ich keine andere Wahl, als auf den krummen Sandwegen zu bleiben und mir jedes kleinste Merkmal, jede noch so geringfügige Verschiebung des Prospekts möglichst genau einzuprägen. Mehrmals bin ich auch in dem vielleicht nur von der Glaskanzel der belgischen Villa ganz zu überblickenden Gelände längere Strecken zurückgegangen, und über all dem kam ich zuletzt in einen Zustand wachsender Panik. Der tief herabhängende bleierne Himmel, das krankhafte, die Augen trübende Violett der Heide, die in den Ohren wie das Meer in einer Muschel rauschende Lautlosigkeit, die Fliegen, die mich dauernd umschwärmten, beängstigend und grauenvoll kam mir das alles vor. Ich kann nicht sagen, wie lang ich in dieser Verfassung herumgeirrt bin und auf welche Weise ich zuletzt einen Ausweg gefunden habe. Bloß daß ich plötzlich draußen auf der Landstraße unter einem großen Eichenbaum gestanden bin, daran erinnere ich mich noch, und daß ringsum der Horizont sich drehte, als sei ich gerade abgesprungen von einem Karussell.

Spaziergänge

Robert Walser.
Der Spaziergang

Ich teile mit, daß ich eines schönen Vormittags, ich weiß nicht mehr genau, um wieviel Uhr, da mich die Lust, einen Spaziergang zu machen, ankam, den Hut auf den Kopf setzte, das Schreib- oder Geisterzimmer verließ, die Treppe hinunterlief, um auf die Straße zu eilen. Beifügen könnte ich, daß mir im Treppenhaus eine Frau begegnete, die wie eine Spanierin, Peruanerin oder Kreolin aussah. Sie trug etwelche bleiche, welke Majestät zur Schau. Ich muß mir jedoch auf das strengste verbieten, mich auch nur zwei Sekunden lang bei dieser Brasilianerin, oder was sie sonst sein mochte, aufzuhalten; denn ich darf weder Raum noch Zeit verschwenden. So viel ich mich heute, wo ich dieses alles schreibe, noch zu erinnern vermag, befand ich mich, als ich auf die offene helle und heitere Straße trat, in einer romantisch-abenteuerlichen Gemütsverfassung, die mich tief beglückte. Die morgendliche Welt, die sich vor meinen Augen ausbreitete, erschien mir so schön, als sähe ich sie zum erstenmal. Alles, was ich erblickte, machte mir den angenehmen Eindruck der Freundlichkeit, Güte und Jugend. Rasch vergaß ich, daß ich oben in meiner Stube soeben noch düster über ein leeres Blatt Papier hingebrütet hatte. Alle Trauer, aller Schmerz und alle schweren Gedanken waren wie verschwunden, obschon ich einen gewissen Ernst, als Klang, noch immer vor mir und hinter mir lebhaft spürte. Freudig war ich auf alles gespannt, was mir auf dem Spaziergang etwa begegnen oder entgegentreten könnte. Meine Schritte waren gemessen und ruhig, und soviel ich weiß, ließ ich, indem ich so meines Weges ging, ziemlich viel würdevolles Wesen sehen. Meine Empfindungen liebe ich vor den Augen meiner Mitmenschen zu verbergen, ohne daß ich mich jedoch deswegen ängstlich bemühe, was ich für einen großen Fehler und für eine starke Dummheit halten würde. Ich war noch nicht zwanzig oder dreißig Schritte weit über einen weiten menschenbelebten Platz gegangen, als mir Herr Professor Meili, eine Kapazität allerersten Ranges, leicht begegnete. Wie die unumstürzliche Autorität schritt Herr Professor Meili ernst, feierlich und hoheitvoll daher; in der Hand trug er einen unbeugsamen wissenschaftlichen Spazierstock, der mir Grauen, Ehrfurcht und Respekt einflößte. Professor Meilis Nase war eine strenge, gebieterische, scharfe Adler- oder Habichtsnase, und der Mund war juristisch zugeklemmt und zugekniffen. Des berühmten Gelehrten Gangart glich einem ehernen Gesetz; Weltgeschichte und Abglanz von längst vorübergegangenen heroischen Taten blitzten aus Herrn Professor Meilis harten, hinter buschigen Augenbrauen verborgenen Augen hervor. Sein Hut glich einem unabsetzbaren Herrscher. Geheime Herrscher sind die stolzesten und härtesten. Im ganzen genommen betrug sich jedoch Professor Meili ganz milde, so als wenn er in keiner Hinsicht nötig gehabt hätte, merken zu lassen, welche Summen von Macht und Gewicht er personifizierte, und seine Gestalt erschien mir trotz aller Unerbittlichkeit und Härte sympathisch, weil ich mir sagen durfte, daß die, die nicht auf süße und schöne Art lächeln, ehrlich und zuverlässig sind. Gibt es ja bekanntlich Schurken, die die Lieben und Guten spielen, die das schreckliche Talent haben, zu den Untaten, die sie begehen, verbindlich und artig zu lächeln.

Ich wittere etwas von einem Buchhändler und einem Buchladen; ebenso will bald, wie ich ahne und merke, ein Bäckerladen mit prahlerischen Goldbuchstaben zur Erwähnung und Geltung gelangen. Vorher aber habe ich noch einen Priester oder Pfarrer zu verzeichnen. Ein radfahrender oder fahrradelnder Stadtchemiker fährt mit freundlichem, gewichtigem Gesicht dicht am Spaziergänger, nämlich an mir, vorüber, ebenso ein Stabs- oder Regimentsarzt. Ein bescheidener Fußgänger darf nicht unbeachtet und unaufgezeichnet bleiben; denn er ersucht mich um gefällige Erwähnung. Es ist dies ein reichgewordener Althändler und Lumpensammler. Buben und Mädchen jagen im Sonnenlicht frei und ungezügelt umher. »Man lasse sie ruhig ungezügelt«, dachte ich; »das Alter wird sie einst schon schrecken und zügeln. Nur zu früh, leider Gottes.« Ein Hund erlabt sich am Brunnenwasser. Schwalben, scheint mir, zwitschern in der blauen Luft. Ein bis zwei elegante Damen in verblüffend kurzen Röcken und überraschend feinen hohen farbigen Stiefelchen machen sich doch wohl hoffentlich so gut bemerkbar wie irgend etwas anderes. Zwei Sommer- oder Strohhüte fallen auf. Die Sache mit den Herrenstrohhüten ist die: Plötzlich sehe ich nämlich zwei Hüte in der hellen zarten Luft, und unter den Hüten stehen zwei bessere Herren, die einander mittels schönen, artigen Hutlüftens und -schwenkens guten Morgen zu bieten scheinen. Die Hüte sind bei dieser Veranstaltung sichtlich wichtiger als ihre Träger und Besitzer. Im übrigen bittet man den Verfasser sehr ergeben, sich vor tatsächlich überflüssigen Spötteleien und Föppeleien zu hüten. Man ersucht ihn, ernsthaft zu bleiben, und hoffentlich hat er das jetzt ein für allemal verstanden.

Da eine äußerst stattliche, reichhaltige Buchhandlung mir angenehm in die Augen fiel und ich Trieb und Lust spürte, ihr einen kurzen und flüchtigen Besuch abzustatten, so zögerte ich nicht, in den Laden mit sichtlich guter Manier einzutreten, wobei ich mir allerdings zu bedenken erlaubte, daß ich vielleicht mehr als Inspektor und Bücher-Revisor, als Erkundigungen-Einsammler und feiner Kenner denn als beliebter und gerngesehener reicher Einkäufer und guter Kunde in Frage käme. Mit höflicher, überaus vorsichtiger Stimme und in den begreiflicherweise gewähltesten Ausdrücken erkundigte ich mich nach dem Neusten und Besten auf dem Gebiet der schönen Literatur. »Darf ich«, fragte ich schüchtern, »das Gediegenste und Ernsthafteste und damit selbstverständlich zugleich auch das Meistgelesene und am raschesten Anerkannte und Gekaufte kennen und augenblicklich schätzen lernen? Sie würden mich zu ungewöhnlichem Dank in sehr hohem Grad verbinden, wenn Sie die weitgehende Gefälligkeit haben und mir das Buch gütig vorlegen wollten, das, wie ja sicher niemand so genau wissen wird wie gerade Sie, die höchste Gunst beim lesenden Publikum sowohl als bei der gefürchteten und daher ohne Zweifel auch umschmeichelten Kritik gefunden hat und ferner munter findet. Sie glauben garnicht, wie ich mich interessiere, sogleich zu erfahren, welches von allen den hier aufgestapelten und zur Schau gestellten Büchern oder Werken der Feder dieses fragliche Lieblingsbuch ist, dessen Anblick mich ja höchst wahrscheinlich, wie ich auf das allerlebhafteste vermuten muß, zum sofortigen freudigen, begeisterten Käufer machen wird. Das Verlangen, den Lieblingsschriftsteller der gebildeten Welt und sein bewundertes, stürmisch beklatschtes Meisterwerk zu sehen und wie gesagt vermutlich auch sogleich zu kaufen, gramselt und rieselt mir durch alle Glieder. Darf ich Sie höflich bitten, mir dieses erfolgreichste Buch zu zeigen, damit die Begierde, die sich meines gesamten Wesens bemächtigt hat, sich zufrieden gibt und aufhört, mich zu beunruhigen?« »Sehr gern«, sagte der Buchhändler. Er verschwand wie ein Pfeil aus dem Gesichtskreis, um jedoch im nächsten Augenblick schon wieder zu dem begierigen Käufer und Interessenten zurückzukehren und zwar mit dem meist gekauften und gelesenen Buch von wirklich bleibendem Wert in der Hand. Das kostbare Geistesprodukt trug er so sorgsam und feierlich, als trage er eine heilig machende Reliquie. Sein Gesicht war verzückt; die Miene strahlte höchste Ehrfurcht aus, und mit einem Lächeln auf den Lippen, wie es nur Gläubige und Innigstdurchdrungene zu lächeln vermögen, legte er mir auf die gewinnendste Art vor, was er daherbrachte. Ich betrachtete das Buch und fragte:

»Können Sie schwören, daß dies das weitestverbreitete Buch des Jahres ist?«

»Ohne Zweifel.«

»Können Sie behaupten, daß dies das Buch ist, das man gelesen haben muß?«

»Unbedingt.«

»Ist das Buch wirklich auch gut?«

»Was für eine gänzlich überflüssige und unstatthafte Frage.«

»Ich danke Ihnen recht sehr«, sagte ich kaltblütig, ließ das Buch, das die absolut weiteste Verbreitung gefunden hatte, weil man es unbedingt gelesen haben mußte, lieber ruhig liegen, wo es lag, und entfernte mich geräuschlos, ohne noch ein weiteres Wort zu verlieren. »Ungebildeter und unwissender Mensch!« rief mir freilich der Verkäufer in seinem berechtigten tiefen Verdruß nach. Ich ließ ihn jedoch reden und ging gemächlich weiter und zwar, wie ich sogleich näher auseinandersetzen und verständlich machen werde, direkt in die nächstgelegene imposante Bankanstalt.

Wo ich nämlich meinte vorsprechen zu müssen, um über gewisse Wertpapiere zuverlässigen Aufschluß zu erhalten. »Im Vorbeigehen rasch in ein Geldinstitut hineinzuspringen«, dachte oder sagte ich für mich selber, »um über Finanzangelegenheiten zu verhandeln und Fragen vorzubringen, die man nur flüsternd vorträgt, ist hübsch und nimmt sich ungemein gut aus.«

»Es ist gut und trifft sich prächtig, daß Sie persönlich zu uns kommen«, sagte mir am Schalter der verantwortungsvolle Beamte in sehr freundlicher Tonart, und er fügte, indem er fast schalkhaft, jedenfalls aber sehr angenehm und heiter lächelte, Folgendes hinzu:

»Es ist, wie gesagt, gut, daß Sie gekommen sind. Soeben wollten wir uns brieflich an Sie wenden, um Ihnen, was jetzt mündlich geschehen kann, die für Sie ohne Frage erfreuliche Mitteilung zu machen, daß wir Sie aus Auftrag eines Vereines oder Kreises von Ihnen offenbar hold gesinnten gutherzigen und menschenfreundlichen Frauen mit

Franken Eintausend

nicht belastet, sondern vielmehr, was Ihnen zweifellos wesentlich willkommener sein dürfte, bestens kreditiert haben, was wir Ihnen hiedurch bestätigen und wovon Sie, wenn Sie so gut sein wollen, prompt Notiz im Kopf oder, wo es Ihnen sonst paßt, nehmen wollen. Wir nehmen an, daß Ihnen diese Eröffnung lieb ist; denn Sie machen uns, offen gestanden, den Eindruck, der uns mit, wir möchten uns erlauben zu sagen, fast nur schon zu großer Deutlichkeit sagt, daß Sie Fürsorge delikater und schöner Natur geradezu bedenklich nötig haben. Das Geld steht von heute ab zu Ihrer Verfügung. Man sieht, daß eine starke Fröhlichkeit sich in diesem Augenblick über Ihre Gesichtszüge verbreitet. Ihre Augen leuchten; Ihr Mund hat in diesem Moment etwas Lachendes, mit welchem Sie vielleicht schon die längste Zeit nicht mehr gelacht haben, weil zudringliche tägliche Sorgen häßlicher Art Ihnen verboten haben, das zu tun, und weil Sie sich seit langer Zeit meistens vielleicht in trüber Laune befanden, da allerhand böse und traurige Gedanken Ihre Stirne umdüsterten. Reiben Sie sich nur immer vor Vergnügen die Hände, und seien Sie froh, daß einige edle, liebenswürdige Wohltäterinnen, durch den erhabenen Gedanken bewogen, daß Leid eindämmen schön und Not lindern gut sei, daran dachten, daß ein armer und erfolgloser Dichter (denn nicht wahr, das sind Sie doch?) der Unterstützung bedürfe. Zu der Tatsache, daß sich einige Menschen fanden, die sich herablassen wollten, sich Ihrer zu erinnern, und zu dem

Umstand, daß nicht alle Leute sich gleichgültig über des vielfach verachteten Dichters Existenz hinwegsetzen, gratulieren wir Ihnen.«

»Die mir von weichen und gütigen Feen- oder Frauenhänden gespendete, unvermutet zugeflossene Geldsumme«, sagte ich, »möchte ich ruhig bei Ihnen liegen lassen, wo sie ja einstweilen am besten aufgehoben ist, da Sie über die nötigen feuerfesten und diebsichern Kassenschränke verfügen, um Schätze vor jeglicher Vernichtung und vor jeglichem Untergang zu bewahren. Überdies zahlen Sie ja sogar noch Zinsen. Darf ich Sie um einen Empfangschein bitten? Ich stelle mir vor, daß ich die Freiheit habe, jederzeit nach Belieben und Bedürfnis von der großen Summe kleine Summen abzuheben. Bemerken möchte ich, daß ich sparsam bin. Ich werde mit der Gabe wie ein solider, zielbewußter Mann, d. h. äußerst vorsichtig umzugehen wissen, und den freundlichen Geberinnen werde ich in einem besonnenen und artigen Schreiben meinen Dank abzustatten haben, was ich schon morgen früh zu tun denke, damit es nicht durch Aufschieben vergessen wird. Die Annahme, die Sie vorhin so offen äußerten, daß ich arm sei, mag immerhin auf kluger und richtiger Beobachtung beruhen. Es genügt aber vollkommen, daß ich selber weiß, was ich weiß, und daß ich selbst es bin, der am besten über meine Person unterrichtet ist. Oft trügt der Schein, mein Herr, und ein Urteil über einen Menschen zu fällen, wird wohl am besten diesem Menschen selbst überlassen sein. Niemand kann einen Mann, der schon allerlei gesehen und erfahren hat, so gut kennen wie er selbst. Ich irrte zu Zeiten allerdings im Nebel und in tausenderlei Schwankungen und Verlegenheiten umher, und oft fühlte ich mich elendiglich verlassen. Aber ich denke, daß es schön ist, zu kämpfen. Nicht auf Freuden und Vergnügungen ist ein Mann stolz. Stolz und froh im Grunde der Seele machen ihn nur tapfer überstandene Anstrengungen und die geduldig ausgehaltenen Leiden. Doch hierüber verschwendet man nicht gerne Worte. Welcher redliche Mann war im Leben nie hilflos, und welches menschlichen Wesens Hoffnungen, Pläne, Träume sind im Laufe der Jahre gänzlich unzerstört geblieben? Wo ist die Seele, deren Sehnen, kühnes Wünschen, süße und hohe Vorstellungen von Glück in Erfüllung gingen, ohne daß sie sich Abzüge hat machen lassen müssen?«

Quittung über eintausend Franken wurde mir aus- und eingehändigt, worauf sich der solide Geld-Einleger und Konto-Korrent-Mensch empfehlen und entfernen durfte, nämlich niemand anderer als ich. Von Herzen froh über das mir so zauberhaft, wie aus blauem Himmel zugefallene Kapital-Vermögen lief ich aus dem hohen, schönen Kassaraum fort, an die freie Luft hinaus, um den Spaziergang fortzusetzen.

Thomas Rosenlöcher. Die Wiederentdeckung des Gehens beim Wandern

Unten in der Stadt war es merkwürdig still geworden. Trotz des vorherrschenden Amselgesangs dröhnten meine Schritte viel zu laut auf dem Pflaster.

Eine Gruppe Schwachsinniger ließ sich noch durch die Straßen führen. Leute mit großen Köpfen und unterschiedlich aufwendigen Arten zu gehn. Doch untereinander hielten sie sich jeweils an den Händen fest und ließen auch ansonsten keine Gelegenheit aus, einander zu berühren. Fast neidisch ging ich ihnen nach.

Ein riesenhafter Holunder, über die Fleischhofmauer hinab in den Graben gewälzt. Unter dem Brückenbogen, schon wie von alters her, schlief eine Colabüchse, halbversunken im Schlamm. Tiefschattende Kirchhoflinden, als müßten die Toten da unten mit Stille beladen werden. Selbst auf dem Marktplatz kein Mensch. Nur hier und da aus den Fenstern hielten Familienväter ihre vom Alkohol furchtbar zerklüfteten Köpfe hinaus in die Abendsonne.

Das Viertel der leeren Häuser, wie hieß der Krieg, der hier war? Zwischen Häusern ein Bauzaun, dahinter ein kahler Platz, gekalkt von Abwesenheit. Tote Fenster, tote Gardinen, Hausflure voller Schutt. Noch manchmal das Fachwerk mit Sonnen bemalt und hier und da ein Spruch aus einer vergessenen Sprache, ihr Hauptwort war Lieb und Treu. So kam ich zur Neuendorfstraße, ein Totenkopf sah mir nach, der freilich auch noch lebte und einer Großmutter gehörte, die ich zu grüßen vergaß. Ich sah in ein Kämmerlein, das inwendig ganz grün war, denn neben dem Herd stand ein Ahorn, der die Kammer durchfiedert hatte.

Noch immer dröhnten die Amseln. Da, übers Vorzeitpflaster, kam schaukelnd ein Chromschiff heran. Beständig umherzufahren, das war ihre Art zu erfahren. Zurück in die Sitze gelehnt, den Riemen der Sicherheit als Schärpe vornübergelegt.

Schon konnte ich den Insassen erkennen, der seinen Erwerbsblick rechts, links an die Fassaden anlegte. Ob er als Apotheker wußte, daß er unsterblich war? Allein schon der Glanz seines Automobils schien mir in diese Richtung zu deuten. Gleichwohl gelang es mir, ihn gar nicht bemerkt zu haben und weiter inmitten der Straße zu gehn.

Schon war das Chromschiff näher gekommen.

Mein Nacken versteifte sich.

Meine Füße gingen, als wären sie vollautomatisch. Wobei das Widerstandszentrum der Rucksack selber war.

Da ich seinen Blick auf ihm spürte.

Und er den Rucksack sicher ziemlich seltsam fand. Wie auch meine dürftigen Hosen.

»Schau sie dir nur an«, dachte ich. »Sie allein sind die Basis für eine gerechtere Welt.«

Schon heulte der Motor dicht hinter mir.

Schon konnte ich die Stoßstange spüren.

Verzweifelt versuchte ich noch, die Internationale zu pfeifen oder doch wenigstens die Marseillaise.

»Hier geh ich und kann nicht anders«, sprach ich, »und wären alle Apotheker der Welt in ihren Chromschiffen hinter mir her.« Da aber, ein fanfarisches Blöken, ein melodiöses Dreiklanggebelfer – und ich warf die Arme auf. Ein stumpffingriges Himmelwärtsfassen – und schon fuhr das Chromschiff vorüber. So, an die Hauswand gelehnt, wandt ich dem Apotheker mein schreckensbleiches Profil in seiner Sterblichkeit zu. Indes auch das Apothekergesicht etwas Sterbliches hatte, da er aus dem Chromschiff schaute und im Vorüberfahren noch das Gespräch mit mir suchte, indem er sich erstaunlicherweise meiner Landessprache bediente.

»Blödnischel«, sagte er.

Der plötzliche Auftritt von Ostapothekern machte mein Weltbild noch komplizierter.

Franz Hessel. Spazieren in Berlin

Langsam durch belebte Straßen zu gehen, ist ein besonderes Vergnügen. Man wird überspült von der Eile der anderen, es ist ein Bad in der Brandung. Aber meine lieben Berliner Mitbürger machen einem das nicht leicht, wenn man ihnen auch noch so geschickt ausbiegt. Ich bekomme immer misstrauische Blicke ab, wenn ich versuche, zwischen den Geschäftigen zu flanieren. Ich glaube, man hält mich für einen Taschendieb.

Die hurtigen, straffen Großstadtmädchen mit den unersättlich offenen Mündern werden ungehalten, wenn meine Blicke sich des längeren auf ihren segelnden Schultern und schwebenden Wangen niederlassen. Nicht als ob sie überhaupt etwas dagegen hätten, angesehen zu werden. Aber dieser Zeitlupenblick des harmlosen Zuschauers enerviert sie. Sie merken, dass bei mir nichts »dahinter!« steckt.

Nein, es steckt nichts dahinter. Ich möchte beim Ersten Blick verweilen. Ich möchte den Ersten Blick auf die Stadt, in der ich lebe, gewinnen oder wiederfinden …

In stilleren Vorstadtgegenden falle ich übrigens nicht minder unangenehm auf. Da ist gegen Norden ein Platz mit Holzgerüst, ein Marktgerippe und dicht dabei die Produktenhandlung der Witwe Kohlmann, die auch Lumpen hat; und über Altpapierbündeln, Bettstellen und Fellen hat sie an der Lattenveranda ihrer Handlung Geraniumtöpfe. Geranium, pochendes Rot in träg grauer Welt, in das ich lange hineinsehen muss. Die Witwe wirft mir böse Blicke zu. Zu schimpfen getraut sie sich nicht, sie hält mich vielleicht für einen Geheimen, am Ende sind ihre Papiere nicht in Ordnung. Und ich meine es doch gut mit ihr, gern würde ich sie über ihr Geschäft und ihre Lebensansichten befragen. Nun sieht sie mich endlich weggehen und gegenüber, wo die Querstraße ansteigt, in die Kniekehlen der Kinder schauen, die gegen die Mauer Prellball spielen. Langbeinige Mädchen, entzückend anzusehen. Sie schleudern den Ball abwechselnd mit Hand, Kopf und Brust zurück und drehen sich dabei, und die Kniekehle scheint Mitte und Ausgangspunkt ihrer Bewegungen. Ich fühle, wie hinter mir die Produktenwitwe ihren Hals reckt. Wird sie den Schupo darauf aufmerksam machen, was ich für einer bin? Verdächtige Rolle des Zuschauers!

Jacques Réda. Die Ruinen von Paris

Der schleichende Gang des Ketzers

Gegen sechs Uhr gehe ich im Winter gerne die Allee auf der linken Seite hinunter, durch die Parkanlagen, und stoße mich an Stühlen, an kleinen Sträuchern, weil ich nur Augen habe für einen Himmel voller Rätsel wie die herannahende Liebe. Seine fast erloschene Farbe ist undefinierbar: ein sehr dunkles Türkis vielleicht, die intensive Verdichtung eines Lichts, das dem Sichtbaren entflieht und zu der eisig glühenden Seele wird, die es durchdringt. Auf Seen sausen völlig lautlos die Wolkenzüge dahin. Ein Blitz würde weniger überraschen als dieser Ausbruch von nicht enden wollender Stille. Außerdem erschüttert ein Wetterleuchten Pavillons im Zuckerbäckerstil, und etwas weiter zieht sich das Theater zusammen wie ein Pulverfass, das gleich in die Luft zu fliegen droht. Überall die Liebe in ihrer Zartheit und ihrer zitternden Feuerglut; überall Äste, um dieses tonlose Feuer der Nacht zu feiern: In Abschnitten singt das an der Baummasse sich losreißende Dunkel, will sich darin verlieren, stolpert jedoch bei den höchsten Tönen und verliert sich im Schrillen. Ich habe die gleiche Stimme im Kopf und die gleiche eintönige Schwärze. Denn es kommt vor, dass uns ein Verlangen nach eiliger Verwandlung beherrscht: durch Betrachten, Vorbeigehen in der Nähe des Geschehens, Eintauchen in die blinde und doch kundige, strahlende Substanz. Als ob der Mensch im augenblicklichen Einhalten auf seinen zwei Beinen, den Himmel im Blick, die unüberwindliche Sternenhülle durchbrechen könnte. Genau in diesem Moment stolpere ich über die kleinen Bögen am Rand des Rasens. Mehr schlecht als recht erreiche ich schließlich die Place de la Concorde. Die Gegend wird plötzlich maritim. Sogar bei einer Windstärke von fast null macht sich hier eine Brise wie beim Inseestechen bemerkbar. Und dicht an den Säulen, unter den

Balustraden, wo die Löwen wachen, steigen schaukelnde Schiffe wie von Lorrain gemalte Schlösser mit Aufbauten empor, deren sämtliche Rumpfhölzer, Masten, Leinen, Segel pfeifen und knacken und dadurch die immer wieder neu über der Stadt entrollte Rauchfahne zerreißen. Ich gehe also durch ein Brachland hindurch wie an einem Strand entlang. Und zweifellos eröffnet mir gerade die Unentschlossenheit des Abends diese Weite, obwohl sie immer noch mit Steinen und Geräuschen von Paris durchsetzt ist. Denn am helllichten Tag, vor allem in den kaum gezähmten Monaten (Februar, März, November), wenn die Luft blass wird wie an den Heide- und Sumpfrändern, graben sich die Straßen durch einem Schimmer aus Wattsand: auf Schritt und Tritt wird diese Perlspiegelung zwischen den Dünen auftauchen, und das Herz schlägt, und ganze Wälder, die umherziehen, bleiben an den Kreuzungen stehen, um dann wie das Einhorn mit einem Satz zu verschwinden, Auf allen Denkmälern hat sich eine natürliche, aber sanfte Wildheit erhalten. In den Himmel geflüchtet, der das Empfindsamste dieser Erde bleibt, bewegt sie sogar den Marmor, der keine Stunden und Jahreszeiten kennt. Ein hell erleuchteter Winkel springt wie ein Bug mitten in diesen Strom von Metamorphosen, und zieht mit sich Paläste im Glanz des Anfangs nach oben. Gespanne aus grüner Bronze fliegen davon; verloren zwischen zwei vorsintflutlichen Dünungen aus Farnkraut, spürt man die Jahrhunderte, die ihrer Zerbrechlichkeit ausgeliefert sind, und die angesichts ihrer Einsamkeit schreckgeweitete menschliche Hoffnung. Jetzt ist es wahrhaftig Nacht. Die englische Buchhandlung ist soeben unter den Arkaden erloschen. Wie von Samt verschlungen, erhebt sich dennoch ein tragisches Gebot: *My Lord!* – dann regt sich nichts mehr zwischen den über Verbrechen, Höhen und vokalischem Nachtigallengetriller fest geschlossenen Seiten. Verlassen und verkohlt sinniert der Park unterhalb einer terrassenförmigen Allee: Nicht weniger verlassen unter dem alten bleifarbenen Gold, das von den Fassaden zurückgestrahlt wird, verläuft sie geradlinig wie ein befremdlicher Fanfarenstoß der Vernunft, hetzt im unbeugsamen Abstand der Parallelen Gesetze und die abstrakte Bosheit des Unendlichen auf. Einige Stufen noch, und danach beginnt glücklicherweise wieder die Erde: ein ebener, karger, sehr harter Boden, wo die Kinder durch das Hintersichherziehen der wackelnden und schwer aufschlagenden Stühle schleifenförmige Feldbahngleise eingezeichnet haben. Manches Unterholz erscheint so ohne jedes Grün, weil Buchen die ganze unten verfügbare Energie für sich beanspruchen. Aber man könnte meinen, die Bäume seien hier ohne Wurzeln gepflanzt worden und stünden wie Möbel nur kraft ihrer Größe und ihres Gewichts. Das Beschottern und Feststampfen des Bodens, die anhaltende Reibung der Sohlen unter diesen Trampeltierfüßen erklären nicht alles. Recht weite Flächen haben seit Monaten nur den schleichenden Gang des Ketzers zu spüren bekommen, aber das unverdrossen, bis auf die Kirchtürme hinauf wuchernde Gras verweigert sich standhaft. Eines Morgens im Frühling meint man ein Aufsprießen von Moos zu bemerken: Es verflüchtigt sich vor Mittag. Man muss also eine Absicht vermuten, arm und rein zu bleiben, aber von einer hygienisch nicht gerechtfertigten, klösterlichen Reinheit. Und dennoch hält sich so viel Nüchternheit weiter oben schadlos, wenn das schläfrige Grau zwischen den Ästen alle Farben träumt und dieses kleine tintenschwarze Gehölz eine ungetrübte, spirituelle Flamme über den apokalyptischen Dämpfen des großen Kessels nährt. Niemand. Das seitliche Dröhnen des Verkehrs breitet sich aus, wölbt sich wie eine Kuppel aus verebbendem Gemurmel, Darunter höre ich ein kleines Pensionat von Flöten umherschweifen. Sie begleiten den erstarrten Schwung der Karussellpferde. Nirgends, höchstens auf einigen Fresken, von denen sie abzustammen scheinen, sieht man die tierische Grazie so schön sich tummeln, naturgetreu mit dem ihr eigenen Überschuss an unfehlbarem Ungeschick, mit echten Farben echter Pferde auf die Begrenzungen gemalt, auf die sich, schwebend und zum Greifen nahe, ein ganzer Himmel stützt: lebhaftes Orange, schrilles Schwarz, verrußtes Weiß, und diese ein wenig wilde Blähung der Pferdenüstern, die die Luft in uns unzugängliche Gerüche, Bilder, Erinnerungen und Wünsche verwandelt. Sie tänzeln voller Einfalt und Anmut im Schatten, verlängern den immer noch spürbaren Zauber der verschwundenen Kinder, während meine Schritte im Kontrapunkt zu den Flöten nachhallen: Sie entfernen sich, Nostalgie oder zerbrochene Heiterkeit wie bei Fauré, der am Ende seines Requiems vor sich her pfeift, und mit einem kristallenen, silbernen Hinken versinkt der grenzenlose Nachmittagskaffee der Alten in Karussellspiralen im Absoluten. Ich mache in einem Funkenwirbel gleichzeitig tausend Gespenster ungleicher Geschwindigkeit aus, die eine einzige Linie entlangbrausen. Eines nach dem anderen verdoppelt sich dort, und dieses Double, das rückwärts flüchtet, sendet wiederum einen anderen Doppelgänger nach hinten aus, der sich sogleich verdoppelt, so dass sich dieses Durcheinander am Ende die Waage hält und zum Bahnhof gleitet, über das ausladende Schwanken der Fußgängerbrücke, die zwischen dem aufgewirbelten Himmel und seinen schwerfällig im Wasser sich abzeichnenden Reflexen knarrt. In dem Augenblick, als ich durch sie hindurchgehe. sollten mich diese Gespenster erschrecken, wäre ich nicht – ich, der keinen Fahrplan im Kopf hat und der von der Straße abkommt – im Grunde unwirklicher und vielleicht furchterregender als sie selbst. In der Mitte des Bassins schüttelt die in einer Fontäne gefangene Nymphe ihr hysterisches Haar in alle Richtungen aus. Ich trete in den fahlen Schlamm einer Baustelle, die unter ihren Signallichtern wie ein Bagger erbebt. Um die Neugierigen zu ärgern, hat man einen Bauzaun errichtet, der aber (wie alle Bauzäune) Löcher aufweist. Dennoch begnüge ich mich im Vorbeigehen mit dem Wenigen, das sich zu erkennen gibt: immer das gleiche infernalische Baggern, und ich mag nicht mehr. Was ich möchte, ist dem Willen des Mondes nicht zu widerstehen, und so lange wie möglich ein Stück weiter mitten auf der Brücke wie ein Tier stehen zu bleiben. Denn im Bodensatz hat sich nordwärts ein Riss aufgetan und vergrößert eine Eisbucht, wo zwei Sterne wie ein optischer Telegraf ihre kurzen Signale aussenden. Ich betrachte diese Küstenstriche, die in Streifen ausfransen und vor dem Gestirn in horizontalem Rauch aufgehen. Blau und braun umlaufen sie zwei ringförmige Blutergüsse. Sie phosphoreszieren auf den Wolken. Ein besorgter Hund weicht mir im Vorbeilaufen aus, als ob ich ein Wolf wäre. Und ich könnte nach Belieben heulen, bin ich doch allein auf der Welt, bis auf diesen Hund und die Motoren, die der Schein des plötzlich enthüllten Mondes mit seinem Kontra-C neutralisiert. Er wurde gerade mit rasendem Eifer poliert. Man könnte ihn an den Seiten packen, falls man sich nicht davor scheute, dort mehrere Finger zu lassen, oder augenblicklich in eine Prise Asche zu zerfallen, da er ja brennt, nicht auf die gleiche Weise wie die Sonne aufgrund einer in ungeheuren Gradzahlen messbaren Wärme, sondern allein durch den lyrischen Effekt seines Lichtes, das das Gehirn der Irren in Brand setzt und verkohlt. Natürlich denke ich an eine Dame. Immer ungewisser und hoffnungsloser wahrscheinlich, doch immerzu. Dann gehe ich weiter. Die Verzweiflung existiert nicht für einen gehenden Menschen, unter der Bedingung, dass er wirklich geht und sich nicht unaufhörlich umdreht, um mit dem anderen zu palavern, bei ihm Mitleid zu heischen, sich ihm gegenüber hervorzutun. Für eine geraume Zeit hört einem der andere tatsächlich zu und scheint einem recht zu geben. Und mit seiner unschuldigen und betroffenen Opfermiene erwischt er einen dann früher oder später und hängt einen an den ersten Nagel. Deshalb gehe ich schnell und immer schön geradeaus dem flachen Land voller Gestrüpp entgegen, das den Invalidendom umgibt. Bereits in der Rue de Babylone kommt es vor, dass man einem Kaninchen über den Weg läuft. Glocken läuten hinter den großen Mauern, die ich im Vorbeigehen streife; ihre Berührung erleichtert mich und regt mich zum Nachdenken an. Aber worüber nachdenken, wenn sich der Himmel in die Tiefe der Ebene drängt und einem der Wind mit einer Ladung feuchter und kalter Erde wie mit einem Treter ins Gesicht schlägt? Ich gehe nach Hause. Es gibt Eier, Käse, Wein, viele Schallplatten, bei denen man dank der Regler den Kontrabasspart hervorheben kann. So komme ich, pizzicato, weiter voran. Bin ich fröhlich? Bin ich traurig? Nähere ich mich einem Rätsel, einem Sinn? Ich will es gar nicht so genau wissen. Ich bin nurmehr das Vibrieren dieser Grundsaiten, gespannt wie die Hoffnung, voll wie die Liebe.

Louis Aragon. Pariser Landleben

Gegenüber dem Hotel überwacht der Wärter der Passage in seinem Gehäuse eine Art Engpaß, durch den man auf einen kleinen Hof gelangt. Neben seinem Häuschen mit den hübschen Häkelgardinen können wir kurz Rast machen: da ist der Schuhputzer, es kostet nur zwölf Sous und wir werden von dort weggehen mit Sonnen an den Füßen. Diese Schuhputzer sollen schicke moderne Läden haben. Welch ein Sinn für Dekoration in diesen Boutiquen des Glanzes! trotz ihres Amerikanismus und ihrer nicht gerade kunstvoll gestalteten Auslagen. Und sehen Sie nur, was für feine Leute diese Schuhputzer sind! Die Höflichkeit in Person. Und dann ihre Art, einen eine Ewigkeit warten zu lassen, während sie unerklärlicherweise Schuhe wichsen, die bereits blenden vor Glanz, ohne Zweifel, weil sie sich von der Leidenschaft für ihre Kunst hinreißen lassen. Eine mindere Kunst, zugegeben, aber Kunst, Kunst, Kunst. Freilich kann man die befremdliche Abwesenheit jeglicher Metaphysik in der Kunst des Schuhputzers bedauern. Vielleicht wäre sie weniger umstritten, trüge sie den jüngsten Errungenschaften des Geistes etwas mehr Rechnung. Auch mag man bedauern, daß in einer Zivilisation wie der unsrigen die Schuhputzer seit der Zeit ihrer romantischen Vorfahren kaum technische Fortschritte gemacht haben. Ihre Erfindungsgabe zeigte sich bisher eher in der Ausstattung ihrer Läden. Die große Entdeckung auf diesem Gebiet waren die erhöhten Lehnstühle, auf die ein New Yorker Schuhputzer gekommen sein soll, oder anderen Autoren zufolge ein italienischer Schuhputzer, der einst als blutjunger Bursche in den Bars angefangen und über die Bequemlichkeit der hohen Barhocker für die Ausübung seines Berufes sinniert hatte. Diese Podiumsplätze, zu deren Füßen der Schuhputzer sich freiwillig erniedrigt, eignen sich außerordentlich gut zum Träumen. Würden die Gelehrten sich ihre Schuhe putzen lassen, was für wunderbare Maschinen, was für grandiose philosophische Systeme wären den Lehnstühlen der Schuhputzer zu verdanken! Aber das ist es ja eben: Die Gelehrten lassen ihre Schuhe schmutzig und ihre Fingernägel ungepflegt. Es handelt sich also nicht um Gelehrte bei diesen Passagieren eines vor Anker liegenden Schiffs, bei diesen Spaziergängern, die hierher kommen, sich von Schmutz und Staub zu reinigen, um zur Meditation zu gelangen, und deren Herz sicher von einer großen Liebe erfüllt ist. Dichter? Wer weiß, Offiziere im Ruhestand, Hochstapler, Börsenspekulanten, Makler, Vertreter, Sänger, Tänzer, Irre, Verfolgte, niemals Priester, aber elegische Gemüter, steinreiche Straßenhändler, Spione, Verschwörer, vom Verwaltungsrat bestochene Politiker, Polizisten in Zivil, Kellner an ihrem freien Tag, Journalisten und Protestanten, Ausländer, Meuchelmörder, Angestellte des Kolonialministeriums, Zuhälter, Buchmacher und Gespenster. Wäre ich ein Gespenst, ich würde hier umgehen. Ich würde meine Schuhe zum Blankputzen geben und mich in Gespenstermanier auf einen dieser Glücksthrone setzen wie die Statue eines Spuks. Der steinerne Gast, wie ich ihn mir vorstelle, setzt sich beim Schuhputzer neben Don Juan. Dieser war bereits in Träumereien versunken. Er rauchte. Ja, heute raucht Don Juan. Er rüstete sich zu einem neuen Abenteuer. Dafür brauchte er saubere Schuhe. Es waren hübsche abgesteppte Schuhe. Cremefarbene Stepperei auf schwarzem und braunem Leder, durchbrochen von weißem Leder, Harlekine des Fußes, mit Kreppsohlen und blattdünnen Gummiabsätzen, Schuhe für den Ehebruch und den Strand. Sie gewährleisten ein garantiert geräuschloses Schreiten. Don Juan hat an diesen karamelfarbenen Spitzenschuhen Gefallen gefunden, als er einen Film aus Hollywood sah. Er ist ganz Paris abgelaufen, um solche aufzutreiben, am Ende hat er bei einem Trödler im Viertel Saint-Georges eben dieses Paar entdeckt, das ein Neger sich hatte anfertigen lassen, als es ihm noch glänzend ging, bis der Gerichtsvollzieher, das Kokain und der Schlendrian ihn zwangen, sich von ihnen zu trennen. Er denkt kaum noch daran, Don Juan, und der Neger ist hundert Meilen weit weg, lehnt auf einem Dancing der Provinz zwischen einem Rohrstuhl und einer Reklame für Tommysette, während Don Juan, die Füße dem reißenden Strom des Putzens überlassend, duselt und sich sanft hin und her wiegt. Don Juan läßt seine Gedanken schweifen und verliert sich in das rosa Muster eines Netzhemdes. Unaufmerksam hört er dem Gespräch des Schuhputzers mit seinem Nachbarn zu. Jener Kunde kommt heute bereits zum vierten Mal, insgesamt kommt er fünfmal. Er erklärt, daß die Rue Grange-Batelière besonders staubig sei, daß man sich in der Rue Réaumur schrecklich schmutzig mache. Noch ein Verrückter, aber ich kenne diese Stimme doch. Den Kopf hebend, erkennt Don Juan den steinernen Gast. O Schicksal, manisches Schicksal, da bist du also ganz in meiner Nähe. Der steinerne Gast trägt den portugiesischen Christus-Orden, was fast nach Ehrenlegion aussieht. Werter Herr, ich hatte geschwankt zwischen diesem Schuhputzer, dem von Nr. 12 derselben Passage (Rue Chauchat) und dem der Passage Verdeau: überdies ist es das gleiche Haus, *Brondex*. Schließlich bin ich hier eingetreten, und da sitzen Sie: ich hatte mich also nicht geirrt. Sie erlauben doch, daß man mir die Schuhe putzt? Ich habe ein Rendezvous und die Bettdecke ist in Filet gearbeitet, verziert mit englischer Stickerei und mit Motiven unterlegt, die die Jahreszeiten und die Taten des Herkules darstellen. Und sehen Sie, im Eifer könnte man sie leicht mit den Schuhen beschmutzen. »Würden Sie«, sagt der steinerne Gast, »da Ihre Zigarette ausgeht, wohl diese Zigarre von mir annehmen?« Ein köstlicher Augenblick, Don Juan nimmt die Zigarre, die das Gespenst ihm hinhält. Dieser Anblick ist unerträglich, ich verlasse den Schuhputzer und wende mich der Briefmarkenhandlung zu.

Edgar Allan Poe. Der Mensch in der Menge

Ce grand malheur, de ne pouvoir être seul.
Jean de La Bruyère

Über ein gewisses deutsches Buch wurde die treffende Aussage *»es lässt sich nicht lesen«* gemacht. Es gibt Geheimnisse, die unausgesprochen bleiben müssen. Menschen sterben des Nachts in ihren Betten, umklammern die Hände geisterhafter Beichtväter und sehen ihnen flehentlich in die Augen, die Verzweiflung drückt ihnen das Herz ab und schnürt ihnen die Kehle zu, denn die grauenvollen Geheimnisse *dürfen nicht enthüllt werden.* Leider lädt sich das menschliche Gewissen hin und wieder eine derartig entsetzliche Bürde auf, dass sie erst im Grab abgeworfen werden kann und so bleibt das ganze Verbrechen unentdeckt.

Vor nicht allzu langer Zeit saß ich, während die herbstliche Dämmerung hereinbrach, im Londoner Kaffeehaus D. an einem großen Erkerfenster. Monatelang hatte ich gekränkelt, war jetzt auf dem Weg der Besserung und je mehr meine Kräfte zurückkamen, desto mehr besserte sich meine Stimmung, wurde zum Gegenstück dessen, was man als *ennui* bezeichnet: ein Zustand höchst interessierter Aufmerksamkeit, in dem sich der vor dem inneren Auge liegende Schleier hebt – αχλυς ος πϱιν επνεν – und der dermaßen elektrisierte Intellekt so über seine normalen Fähigkeiten hinauswächst wie der lebhafte und unbestechliche Verstand eines Leibniz über die wirren und schwachen Rhetorikkünste eines Gorgias. Schon allein das Atmen wurde zum Vergnügen und ich konnte mich sogar an dem erfreuen, was mich üblicherweise leiden lässt. Trotz innerlicher Gelassenheit hegte ich ein brennendes Interesse an allem. Mit einer Zigarre im Mund und einer Zeitung auf dem Schoß hatte ich den Nachmittag größtenteils mit dem Studium der Anzeigen und dem Beobachten der anderen Gäste verbracht. Nun sah ich durch die rauchgetrübten Fensterscheiben auf die Straße hinaus, die zu den Hauptverkehrsadern der Stadt gehört und bereits tagsüber sehr belebt gewesen war. Bei Einbruch der Dunkelheit nahm das Gedränge noch mehr zu, und als die Laternen angezündet waren, rauschte an der Tür in beide Richtungen ein dichter Personenstrom vorbei. Bisher war ich nie zu dieser Zeit hier gewesen und das lärmende Menschenmeer erfüllte mich daher mit einem unbekannten, berauschenden Gefühl. Bald kümmerte ich mich nicht mehr um die Vorgänge im Kaffeehaus, sondern vertiefte mich ganz in das Schauspiel draußen.

Anfänglich waren meine Beobachtungen ganz allgemeiner Natur und ich beobachtete die Masse der Passanten in ihrer Gesamtheit. Bald aber fielen mir Einzelheiten auf und ich studierte mit größtem Interesse die zahllosen Unterschiede in Gestalt, Kleidung, Haltung und Gesichtsausdruck.

Die meisten der Vorübergehenden machten einen zufriedenen, geschäftsmäßigen Eindruck und wollten sich offenbar möglichst rasch einen Weg durchs Gewühl bahnen. Ihre Stirn war gerunzelt und mit raschem Blick sondierten sie die Lage; wurden sie auf einen der anderen Fußgänger geschubst, wirkten sie keineswegs verärgert, sondern zupften lediglich ihre Kleidung zurecht und hasteten weiter. Eine andere, ebenfalls recht große Gruppe hatte gerötete Gesichter und redete heftig gestikulierend mit sich selbst, als fühlten sie sich gerade durch das Gedränge um sich herum einsam. Wurden sie am Weitergehen gehindert, stellten diese Menschen abrupt das Murmeln ein, fuchtelten aber doppelt so heftig mit den Armen und warteten abwesend, mit einem übertriebenen Lächeln auf den Lippen, bis die sie behindernden Passanten aus dem Weg waren. Wurden sie beiseitegestoßen, verbeugten sie sich offensichtlich verlegen mehrmals vor den Dränglern. Ansonsten unterschieden sich diese beiden Gruppen kaum. Ihre Kleidung war, was man landläufig unter schicklich versteht. Zweifellos handelte es sich um Personen von Stand, Kaufleute, Anwälte, Börsenhändler – die Adels- und Bürgerschichten –, Müßiggänger und Tatmenschen, die ihrer Wege und eigenverantwortlich ihren Geschäften nachgingen – und meine Aufmerksamkeit nur wenig fesselten.

Die Klasse der Angestellten war leicht zu identifizieren, hier ließen sich zwei Gruppen unterscheiden. Da gab es die Bürogehilfen protziger, aber dubioser Firmen – junge Männer in enggeschnittenen Mänteln, mit glänzenden Stiefeln, kräftig pomadisiertem Haar und überheblichem Gesichtsausdruck. Von einer gewissen gefälligen Haltung abgesehen, die man mangels eines besseren Ausdrucks Aktenhengststil nennen könnte, kam mir diese Kategorie wie eine genaue Kopie dessen vor, was vor zwölf bis achtzehn Monaten *bon ton* gewesen war. Sie hatten sich die abgelegten Manieren des Landadels angeeignet, das hervorstechendste Merkmal dieser Gesellschaftsklasse.

Unverkennbar auch die Gruppe der höheren Angestellten solider Unternehmen, die »zuverlässigen Altgedienten«. Man erkannte sie an ihren Mänteln, den schwarzen oder braunen Hosen, beides von bequemem Schnitt, ihren weißen Krawatten und Westen, dem derben Schuhwerk, den dicken Gamaschen. Alle hatten sie schütteres Haar und das rechte Ohr, das seit langem als Stiftehalter diente, stand merkwürdig ab. Mir fiel auf, dass sie ihren Hut stets mit beiden Händen ab- und aufsetzten und Uhren trugen, die an kurzen, gewichtigen Goldketten altmodischer Machart befestigt waren. Sie trugen eine gezierte Ehrbarkeit zur Schau, wenn denn Geziertheit überhaupt honorig sein kann.

Dann gab es etliche schneidige Gestalten, die ich problemlos der famosen Zunft der Taschendiebe zurechnen konnte, von denen es in jeder Großstadt nur so wimmelt. Ich beobachtete diese feinen Herren sehr genau und fand es schwer vorstellbar, dass vornehme Leute sie jemals für ihresgleichen halten könnten. Manschettenbreite gepaart mit übertriebener Freimütigkeit verriet sie sofort.

Die Glücksspieler, von denen ich etliche entdeckte, waren noch einfacher auszumachen. Sie trugen keine einheitliche Kleidung, es gab den rüpelhaften Taschenspieler mit Samtweste, verspieltem Halstuch, Goldketten und Filigranknöpfen oder den Geistlichen, dessen ach so schlichtes Gewand am wenigsten Verdacht erregt. Trotzdem konnte man sie an ihrem dunklen, teigigen Teint, dem verschleierten Blick und den zusammengekniffenen Lippen erkennen. Zudem gab es zwei weitere Unterscheidungsmerkmale, anhand deren ich sie stets einwandfrei identifizieren konnte: dem kontrolliert leisen Tonfall und dem in unnatürlich rechtem Winkel von der Hand abstehenden Daumen. Häufig fielen mir in Gesellschaft dieser Galgenvögel Männer auf, die zwar anders gekleidet, aber dennoch vom selben Schlag waren. Man könnte sie als Gentlemen bezeichnen, die von ihrem Esprit leben. Sie scheinen sich in zwei Bataillonen auf die Öffentlichkeit zu stürzen, entweder als Dandy oder als Militär. Die hervorstechenden Kennzeichen der ersten Kategorie sind langes Haar und ein Lächeln, die der zweiten posamentierte Mäntel und ein Stirnrunzeln.

Einige Gesellschaftssprossen unterhalb der sogenannten vornehmen Herkunft wurden die Typen finsterer, die Einordnung schwieriger. Ich sah jüdische Hausierer, aus deren Gesichtern, die sonst den Ausdruck unterwürfiger Demut trugen, Adleraugen blitzten, derbe Berufsbettler, die grimmig ihre bessergestellten Artgenossen anblitzen, welche allein die verzweifelte Hoffnung auf Almosen in die Nacht hinaus getrieben hatte, schwache, geisterhafte Gestalten, auf die der Tod schon schwer die Hand gelegt hatte. Schwankend drückten sie sich durch die Menge und blickten jedem mitleidheischend ins Gesicht, als hofften sie darin Trost zu finden, eine längst verlorene Hoffnung. Sittsame junge Mädchen kehrten nach langer Arbeit in ihr freudloses Heim zurück und wichen, da sich ein direkter Kontakt nicht vermeiden ließ, eher den Tränen nah als entrüstet, den Blicken der Wüstlinge aus. Gunstgewerblerinnen aller Art und jeden Alters: die unvergleichliche Schönheit in voller Blüte ihrer Weiblichkeit, die an die Statue bei Lukian erinnerte, außen Parischer Marmor, das Innere jedoch mit Unrat gefüllt, die liederliche, in Lumpen gekleidete, unrettbar verlorene Aussätzige, die verrunzelte, talmibehängte, dick mit Schminke zugekleisterte Vettel, die eine letzte Anstrengung unternimmt, jugendlich zu wirken, das unterentwickelte Mädchen, ein Kind noch, durch den jahrelangen Umgang jedoch schon zur Meisterin der grauenvollen Koketterie ihre Gewerbes geworden und von dem brennenden Ehrgeiz erfüllt, es den Älteren an Lasterhaftigkeit gleichzutun; zahllose, aufs Tiefste gesunkene Trunkenbolde, die einen in Lumpen und Flicken, mit glasigen Augen und zerschrammten Gesichtern brabbelnd einhertaumelnd, die anderen in heilen, aber verdreckten Anzügen mit leicht unsicherem Schritt daherschwankend, die Lippen lüstern, das Gesicht aufgeschwemmt, andere wiederum, deren Kleidung einstmals aus gutem Stoff gewesen und selbst jetzt noch penibel ausgebürstet war, Männer, die mit übertrieben federndem Schritt einhergingen, das Gesicht jedoch erschütternd blass, die geröteten Augen blickten wild und sie hielten sich bei ihrem Gang durch die Menge mit zitternden Fingern an allem fest, was ihnen in den Weg kam. Daneben noch Pastetenverkäufer, Lasten- und Kohlenträger, Straßenkehrer, Leierkastenmänner, Männer mit dressierten

Affen und Bänkelsänger und jene, die für sie das Geld einsammelten; zerlumpte Handwerker und erschöpfte Arbeiter jeglicher Couleur, alle wuselten mit einer lärmenden Geschäftigkeit herum, die schrill ans Ohr drang und das Auge schmerzte.

Je dunkler es wurde, desto größer wurde mein Interesse für das Schauspiel dort draußen, denn nicht nur veränderte sich die Charakteristik der Menge wesentlich (mit dem allmählichen Rückzug der besseren Leute schwanden die freundlichen Züge und die härteren Konturen traten stärker hervor, da die späte Stunde alle verrufenen Subjekte aus ihren Höhlen lockte), sondern auch die Strahlen der Gaslaternen, die anfänglich noch im Wettstreit mit dem verblassenden Tageslicht gelegen, nun aber die Herrschaft an sich gerissen hatten und über alles ihr grell flackerndes Licht warfen. Alles lag im Dunkel und glänzte hell, wie das Ebenholz, mit dem der Stil Tertullians verglichen worden ist.

Die bizarren Lichteffekte zogen mich in den Bann einzelner Gesichter und obwohl die Schnelligkeit, mit der die umflackerte Menge am Fenster vorbeizog, mich daran hinderte, mehr als einen flüchtigen Blick auf das einzelne Gesicht zu werfen, kam es mir doch in meinem seltsamen Gemütszustand vor, als könnte ich oftmals in jenem kurzen Augenblick die Geschichte ganzer Jahre lesen.

Die Stirn gegen die Scheibe gepresst, war ich völlig mit der Beobachtung der Menschenmenge beschäftigt, da kam mir unvermittelt ein Gesicht unter die Augen (das eines etwa fünfundsechzig-, siebzigjährigen hinfälligen Alten), ein Gesicht, das aufgrund seiner absoluten Einzigartigkeit sofort meine ganze Aufmerksamkeit fesselte. Noch nie hatte ich einen auch nur im entferntesten ähnlichen Gesichtsausdruck gesehen. Ich erinnere mich gut, dass mein erster Gedanke Retzsch galt, der das Antlitz dieses Mannes seinen eigenen Abbildungen des Bösen unbedingt vorgezogen hätte. Während der kurzen Zeitspanne, in welcher ich ihn direkt vor Augen hatte und versuchte, die Gesichtszüge zu ergründen, überschlugen sich die teilweise widersprüchlichen Assoziationen – enorme Geisteskraft, Vorsicht, Geiz, Habgier, Kälte, Bosheit, Blutrünstigkeit, Triumph, Fröhlichkeit, unermessliches Grauen, tiefe, abgrundtiefe Verzweiflung. Ich war merkwürdig erregt, bestürzt, fasziniert. »Was für wilde Geschichte steckt in diesem Menschenherz!«, sagte ich zu mir selbst und verspürte das brennende Verlangen, den Mann im Auge zu behalten, mehr über ihn zu erfahren. Rasch schlüpfte ich in meinen Mantel, schnappte mir Hut und Stock, trat auf die Straße und schob in jener Richtung durch die Menge, die ich ihn hatte einschlagen sehen, denn er war bereits verschwunden. Mit einiger Mühe bekam ich ihn wieder ins Blickfeld, hastete hinterher und folgte ihm dicht auf den Fersen, vorsichtig allerdings, denn ich wollte seine Aufmerksamkeit nicht erregen.

Nun hatte ich ausreichend Gelegenheit zum Studium seiner Person. Er war kleingewachsen, äußerst mager und offensichtlich sehr schwach. Seine gesamte Kleidung war dreckig und zerlumpt, wenn er aber hin und wieder in das grellen Licht einer Laterne trat, fiel mir auf, dass sein Hemd, wenn auch schmutzig so doch aus feinstem Stoff war, und wenn mich mein Auge nicht täuschte, konnte ich durch einen Riss seines hochgeknöpften und offenbar aus zweiter Hand stammenden, knielangen Mantels sowohl einen Dolch als auch einen Diamanten erspähen. Diese Entdeckung fachte meine Neugier weiter an und ich beschloss, dem Fremden zu folgen, wohin er auch gehen mochte.

Mittlerweile war es völlig dunkel und ein dichter, feuchter Nebel hing über der Stadt, der bald darauf in heftigen Dauerregen überging. Dieser Wetterwechsel hatte eine eigenartige

Wirkung auf die Menschenmenge, die in ihrer Gesamtheit in abrupte Bewegung geriet und von einem Wald aus Regenschirmen verdunkelt wurde. Das Wogen, Drängen und Gemurmel verzehnfachte sich. Ich selbst schenkte dem Regen kaum Beachtung, auch wenn das gerade überstandene Fieber die Nässe zu einem nicht ganz ungefährlichen Vergnügen machte. Ich band mir ein Taschentuch vor den Mund und stapfte weiter. Eine halbe Stunde lang ging der Alte unter Mühen die große Durchgangsstraße entlang und voller Sorge, ihn aus den Augen zu verlieren, blieb ich immer dicht hinter ihm. Kein einziges Mal wandte er den Blick zurück und bemerkte mich deshalb auch nicht. Nach einiger Zeit bog er in eine Querstraße ein, die zwar belebt war, in der aber kein derartiges Gedränge wie auf der soeben verlassenen Hauptstraße herrschte. Hier änderte sich sein Verhalten. Er ging langsamer und zielloser als zuvor. Wiederholt überquerte er ohne ersichtlichen Grund die Straße, und das Gewühl war immer noch so dicht, dass ich ihm dabei gezwungenermaßen jedes Mal dicht auf den Fersen bleiben musste. Die Straße war lang und eng und er folgte ihr fast eine Stunde lang, während sich die Menschenmenge allmählich lichtete, bis sie zahlenmäßig ungefähr jener glich, die man normalerweise auf dem Broadway in der Nähe des Parks zur Mittagszeit antrifft – so groß ist der Unterschied zwischen der Einwohnerzahl Londons und der bevölkerungsreichsten Stadt Amerikas. Sein nächstes Abbiegen führte uns auf einen hell erleuchteten Platz, wo das Leben tobte. Der Fremde fiel in sein früheres Verhalten zurück. Das Kinn sank ihm auf die Brust, die irren Augen unter der gerunzelten Stirn funkelten jeden, der ihm im Weg stand, wütend an. Beharrlich hielt er den einmal eingeschlagenen Pfad ein. Erstaunt bemerkte ich, dass er, nachdem er den Platz einmal umrundet hatte, sich umdrehte und seine Schritte wieder zurücklenkte. Noch erstaunter war ich, dass er die gleiche Runde mehrmals machte. Bei einer unvermittelten Drehung entdeckte er mich beinahe.

Mit dieser Betätigung verbrachte er eine weitere Stunde, zum Schluss behinderten uns immer weniger Passanten. Es regnete in Strömen und es wurde kalt; die Menschen zogen sich in ihre Wohnungen zurück. Mit einer Geste der Ungeduld lenkte der Wanderer seine Schritte in eine verhältnismäßig verlassene Seitengasse. Ungefähr eine Viertelmeile weit hastete er mit einer Geschwindigkeit dahin, die ich jemand in seinem Alter nicht zugetraut hätte und ich konnte ihm nur mit Mühe folgen. Nach ein paar Minuten erreichten wir einen großen, geschäftigen Bazar, mit dem der Fremde sehr vertraut schien und wo er sich wieder wie zuvor ziellos durch die Menge der Käufer und Verkäufer schob.

Während der ungefähr anderthalb Stunden, die wir hier verbrachten, musste ich sehr behutsam vorgehen, wollte ich doch in seiner Nähe bleiben, ohne seine Aufmerksamkeit zu erregen. Glücklicherweise trug ich Gummiüberschuhe, mit denen ich mich vollkommen geräuschlos bewegen konnte. Keine Sekunde lang bemerkte er, dass ich ihn beobachtete. Er betrat einen Laden nach dem anderen, fragte nie nach einem Preis, sondern schwieg und betrachtete alle Waren mit leerem, irrem Blick. Sein Benehmen faszinierte mich so sehr, dass ich den festen Entschluss fasste, ihm nicht eher von der Seite zu weichen, bis ich halbwegs über ihn im Bild war.

Dröhnend schlug eine Uhr elf, und die Menge verließ rasch den Bazar. Einer der Händler stieß beim Schließen seines Gitters gegen den Alten worauf dieser heftig zusammenzuckte. Hastig eilte er auf die Straße hinaus, sah sich einen Augenblick lang ängstlich um und rannte dann unglaublich flink durch viele gewundene, menschenleere Gassen, bis wir wieder bei der Hauptstraße anlangten, unserem Ausgangspunkt, wo das

Kaffeehaus D. lag. Mittlerweile sah alles verändert aus, wurde zwar immer noch hell von den Gaslaternen erleuchtet, doch da es wie aus Kübeln schüttete, waren nur wenige Passanten zu sehen. Der Fremde wurde bleich. Missmutig tat er einige Schritte auf der ehemals so belebten Straße, wandte sich laut aufseufzend in Richtung Fluss und kam schließlich auf verschlungensten Wegen in Sichtweite eines der großen Theater heraus. Die Vorstellung war gerade zu Ende und das Publikum drängte ins Freie. Der Alte holte tief Luft und stürzte sich mitten ins Gedränge; ich hatte das Gefühl, dass er nicht mehr ganz so gequält wirkte. Wieder sank ihm der Kopf auf die Brust; er machte wieder den gleichen Eindruck auf mich wie vor Stunden, als ich ihn zum ersten Mal erblickt hatte. Ich sah ihn die Richtung einschlagen, die der Großteil der Theaterbesucher genommen hatte. Ich gab es auf, sein Verhalten begreifen zu wollen.

Die Menge zerstreute sich allmählich und er wurde wieder von seiner früheren Ruhelosigkeit ergriffen. Eine Zeitlang folgte er etwa zehn, zwölf Nachtschwärmern, von denen sich einer nach dem anderen aus der Gruppe löste, bis nur noch drei in der Düsternis einer engen und menschenleeren Gasse übrig waren. Der Fremde blieb einen Moment offensichtlich gedankenverloren stehen, schlug dann mit allen Anzeichen innerer Erregung einen Weg ein, der uns an den Stadtrand in eine sich von allen bislang durchquerten Vierteln gänzlich unterscheidende Gegend führte. Es war der heruntergekommenste Bezirk Londons, der überall den Stempel bitterster Armut und übelsten Verbrechens trug. Im trüben Licht der vereinzelten Laternen sah man alte wurmzerfressene, mehrstöckige Holzbauten, die kurz vor dem Einsturz standen; so kreuz und quer standen sie, dass zwischen ihnen fast nicht einmal die Andeutung eines Durchgangs zu erkennen war. Die Pflastersteine lagen, vom üppig wuchernden Gras aus ihrer Bettung gedrückt, lose herum. In den verstopften Abflussgräben verrottete Unrat. Die gesamte Atmosphäre verströmte völlige Trostlosigkeit. Allmählich drangen immer mehr menschliche Laute an unser Ohr, bis schließlich scharenweise der Abschaum Londons an uns vorbeitorkelte. Die Lebensgeister des Alten flammten auf wie eine Lampe kurz vor dem Verlöschen. Noch einmal beschwingte sich sein Schritt. Unvermittelt bog er um eine Ecke, alles war in grelles Licht getaucht und wir standen vor einem der riesigen Vorstadttempel der Trunksucht, einem der Paläste des Ginteufels.

Es dämmerte beinahe schon, aber immer noch drängten zahllose Zecher durch den protzigen Eingang hinein und hinaus. Mit einem unterdrückten Freudenschrei bahnte sich der Alte einen Weg ins Innere, verfiel umgehend in sein früheres Verhalten und schlich ohne offensichtliches Ziel zwischen den Anwesenden herum. Kurz darauf verriet ein Andrang zur Tür, dass der Wirt für diese Nacht schließen wollte. In den Zügen des Menschen, den ich so beharrlich beobachtet hatte, zeichnete sich bodenlose Verzweiflung ab. Trotzdem blieb er in Bewegung und eilte mit wahnwitzigem Tempo zurück ins Herz des riesigen Londons. Entschlossen, nicht von meinem fesselnden Studienobjekt abzulassen, folgte ich dem Alten auf seiner Flucht. Mittlerweile ging die Sonne auf und als wir wieder die Straße des Kaffeehauses D. erreichten, den belebtesten Teil dieser bevölkerungsreichen Stadt, bot diese ein Bild derartigen Menschengewimmels, das der Geschäftigkeit des vergangenen Abends beinahe in nichts nachstand. Auch hier inmitten des ständig hektischer werdenden Getümmels verfolgte ich den Fremden, der wie zuvor hin und her wanderte und den ganzen Tag die belebte Straße nicht verließ. Und als die Dämmerung des zweiten Abends hereinbrach, stellte ich mich todmüde dem Alten in den Weg und sah ihm direkt in die Augen. Er nahm mich nicht wahr, sondern setzte seine traurige Wanderung fort, während ich tief in Gedanken versunken die Verfolgung aufgab. Dieser Alte, sagte ich schließlich zu mir, ist das Inbild des Verbrechenstriebs. Er flieht vor dem Alleinsein. *Er ist der Mann in der Menge.* Ihm zu folgen ist sinnlos, denn mehr werde ich über ihn oder seine Taten nicht erfahren. Das schwärzeste Menschenherz ist ein unglaublicheres Buch als der »Hortulus animae« und wahrscheinlich gehört es zu Gottes größten Barmherzigkeiten, dass »es sich nicht lesen lässt«.

Virginia Woolf. Der Tod des Falters

Falter, die bei Tage fliegen, kann man nicht eigentlich Falter nennen; sie rufen nicht jenes angenehme Gefühl von dunklen Herbstnächten und Efeublüten wach, das der gemeinste gelbe Nachtfalter, der schlafend im Schatten des Vorhangs hängt, unfehlbar in uns erregt. Es sind hybride Geschöpfe, weder fröhlich wie Schmetterlinge, noch düster wie ihre eigene Gattung. Das gegenwärtige Exemplar, die schmalen heufarbenen Flügel von gleichfarbigen Fransen gerändert, schien dennoch mit dem Leben zufrieden. Es war ein angenehmer Morgen Mitte September, milde, wohltuend, doch mit schärferem Atem als in den Sommermonaten. Der Pflug zog schon seine Furchen in das Feld vor dem Fenster, und wo die Pflugschar gewesen war, war die Erde flachgepreßt und glänzte von Feuchtigkeit. Solche Lebenskraft kam von den Feldern und den Hügeln drüben hereingerollt, daß es schwerfiel, die Augen fest auf dem Buch zu halten. Dazu feierten die Krähen eins ihrer jährlichen Feste; umschwangen die Baumwipfel, bis es aussah, als wäre ein riesiges Netz mit Tausenden schwarzer Knoten darin hinauf in die Luft geworfen; das über ein kurzes sachte auf die Bäume herniedersänke, bis jeder Zweig am Ende einen Knoten zu haben schien. Dann, ganz plötzlich, würde das Netz erneut in die Luft geworfen, diesmal in weiterem Kreis, unter gewaltigem Lärm und Geschrei, als sei es ein ungeheuer aufregendes Erlebnis, in die Luft geworfen zu werden und sachte auf Baumwipfel niederzugehen.

Dieselbe Energie, die die Krähen, die Pflüger, die Pferde beseelte und, wie es schien, selbst die kahlen, schmalrückigen Hügel, trieb den Falter hin und her von einer Seite seines Fensterquadrats zur andern. Unwillkürlich mußte man ihn beobachten. Ja, man entdeckte in sich ein sonderbares Gefühl von Mitleid für ihn. An jenem Morgen zeigten sich die Möglichkeiten zur Freude so ungeheuer und so grenzenlos, daß es ein hartes Los schien, nur als Falter, noch dazu als Tagfalter Anteil am Leben zu haben, und die Lust, mit der er seinen dürftigen Spielraum bis zum äußersten nutzte, hatte etwas Anrührendes. Voller Energie flog er in eine Ecke seines Gevierts, verharrte dort einen Augenblick und flog hinüber zur andern. Was blieb ihm übrig, als zu einer dritten zu fliegen und dann zur vierten? Das war alles, was er tun konnte, trotz der Größe des Hügellandes und der Weite des Himmels, der Rauchwolken aus fernen Häusern und der romantischen Stimme, hin und wieder, eines Dampfschiffs draußen auf See. Was er tun konnte, tat er. Im Zusehen schien es, als sei ein Teil der ungeheuren Weltenergie, eine sehr dünne, aber reine Faser, in seinem überaus zarten und verletzlichen Körper eingeschlossen. Sooft er die Scheibe überquerte, konnte ich mir einbilden, ein Faden wesenhaften Lichtes werde sichtbar. Er war wenig oder nichts, aber das Leben.

Gleichwohl, weil er so klein und eine so einfache Form der Energie war, die zum offenen Fenster hereinrollte und durch so viele enge und verzwickte Windungen meines Gehirns und anderer Menschen Gehirne seinen Weg nahm, war etwas Wunderbares ebenso wie Anrührendes um das Geschöpf. Es war, als hätte jemand eine winzige Perle puren Lebens genommen, sie so leicht wie möglich mit Flaum und Federn umkleidet und sie zum Tanzen gebracht, hin und her und kreuz und quer, um uns die wahre Natur des Lebens zu zeigen. Man kam über das Sonderbare dieses Schauspiels gar nicht hinweg. Sehr leicht vergißt man das Leben ganz, bucklig und unförmig und aufgeputzt und überladen, wie es sich ansieht, so daß es sich mit größter Umsicht und Würde bewegen muß. Wieder bewirkte der Gedanke an alles, was das Leben hätte sein können, wäre er in irgendeiner anderen Gestalt zur Welt gekommen, daß man sein einfaches Tun und Treiben mit einer Art Mitleid betrachtete.

Nach einer Weile, offenbar müde vom Tanzen, setzte er sich aufs Fensterbrett in die Sonne, und mit dem Ende des sonderbaren Schauspiels vergaß ich ihn. Dann, als ich aufschaute, fiel er mir ins Auge. Er versuchte, seinen Tanz wiederaufzunehmen, schien aber so steif oder so ungeschickt, daß er nur die Fensterscheibe hinabflattern konnte; und als er quer zu fliegen versuchte, scheiterte er. In andere Dinge vertieft, beobachtete ich diese fruchtlosen Versuche eine Zeitlang gedankenlos, unbewußt darauf wartend, daß er seinen Flug wiederaufnähme, so wie man erwartet, daß eine Maschine nach kurzem Stillstand wieder einsetzt, ohne die Ursache des Versagens zu bedenken. Nach dem vielleicht siebenten Versuch glitt er vom Holzrahmen herab und fiel flügelflatternd mit dem Rücken aufs Fensterbrett. Das Hilflose seiner Haltung weckte mich auf. Plötzlich begriff ich, daß er in Schwierigkeiten war; er konnte sich nicht mehr erheben; die Beine kämpften vergebens. Aber wie ich den Bleistift hinstreckte und ihm helfen wollte, sich aufzurichten, überkam mich die Gewißheit, das Ungeschick und Versagen sei das Nahen des Todes. Ich legte den Bleistift wieder hin.

Die Beine bewegten sich noch einmal heftig. Ich sah hin, als suchte ich den Feind, gegen den er kämpfte. Ich blickte ins Freie. Was war dort geschehen? Es war wohl Mittag, und die Arbeit auf den Feldern hatte aufgehört. Stille und Ruhe herrschten anstelle der Belebtheit vorher. Die Vögel waren auf und davon, um an den Bächen Futter zu suchen. Die Pferde standen still. Und doch war da draußen die gleiche gesammelte Kraft, gleichgültig, unpersönlich, mit nichts Besonderem befaßt. Irgendwie stand sie dem kleinen heufarbenen Falter feindlich gegenüber. Es hatte keinen Sinn, etwas tun zu wollen. Man konnte nur zusehen, wie diese winzigen Beine mit alleräußerster Anstrengung sich gegen ein nahendes Verhängnis wehrten, das je nach Belieben eine ganze Stadt, ja nicht bloß eine Stadt, ach Massen von Menschen hätte erfassen können; nichts, ich wußte es, kam gegen den Tod an. Jedoch, nach einer Pause der Erschöpfung flatterten die Beine erneut. Herrlich war dieser letzte Protest, und so wild, daß es ihm endlich gelang, sich aufzurichten. Natürlich stand man ganz auf der Seite des Lebens. Dann auch, wenn es doch niemanden gab, der sich kümmerte oder wußte, war man merkwürdig bewegt von der gigantischen Anstrengung eines unbedeutenden kleinen Falters, gegen eine so gewaltige Übermacht festzuhalten, was kein anderer achtete oder begehrte. Und wieder, irgendwie, sah man das Leben, eine vollkommene Perle. Ich hob den Bleistift erneut, wenn ich auch wußte, wie vergeblich es sei. Aber im selben Augenblick zeigten sich unverkennbar die Zeichen des Todes. Der Körper entspannte sich und war im Nu steif. Der Kampf war vorüber. Das unbedeutende kleine Geschöpf kannte nun den Tod. Wie ich auf den toten Falter blickte, überkam mich Verwunderung über diesen beiläufigen winzigen Triumph einer so gewaltigen Kraft über einen so geringen Gegner. Schien eben noch das Leben merkwürdig, so war es nun der Tod gleichermaßen. Der Falter, der sich aufgerichtet hatte, lag jetzt hochanständig und klaglos still da. O ja, schien er zu sagen, der Tod ist stärker als ich.

Als ich also im vergangenen Herbst begann, abendliche Streifzüge durch die Stadt zu unternehmen, erwies sich Morningside Heights als guter Ausgangspunkt. Der Weg, der ausgehend von der Cathedral of St. John the Divine den Morningside Park durchquert, führt in nur fünfzehn Minuten zum Central Park. In die andere Richtung, nach Westen, sind es ungefähr zehn Minuten zum Sakura Park, und wenn man sich von dort nach Norden wendet, immer am Hudson River entlang, der aber wegen des Straßenlärms jenseits der Bäume nicht zu hören ist, kommt man nach Harlem. Diese Spaziergänge, ein Kontrapunkt zu meinen geschäftigen Tagen im Krankenhaus, wurden länger und länger und führten mich von Mal zu Mal weiter fort. Oft fand ich mich spätabends in großer Entfernung von zu Hause wieder und war gezwungen, die U-Bahn zurück zu nehmen. So drang New York City zu Beginn des letzten Jahres meiner Facharztausbildung zum Psychiater im Schritttempo in mein Leben ein.

Kurz bevor ich meine ziellosen Wanderungen aufnahm, hatte ich mir angewöhnt, Zugvögel zu beobachten, und heute frage ich mich, ob zwischen beidem ein Zusammenhang bestand. An Tagen, an denen ich früh genug zu Hause war, blickte ich aus dem Fenster wie ein Augur, der den Himmel nach Zeichen absucht, und hoffte, das Wunder der natürlichen Immigration zu erleben. Jedes Mal, wenn ich Gänse erspähte, die in Formationen über den Himmel schossen, fragte ich mich, wie unser Leben hier unten wohl aus ihrer Perspektive aussah. Würden sie sich jemals solchen Überlegungen hingeben, dann müssten ihnen, stellte ich mir vor, die Wolkenkratzer als ein Wald dicht aneinandergedrängter Tannen erscheinen. Oft genug sah ich, wenn ich den Himmel absuchte, nur Regen oder den diffusen Kondensstreifen eines Flugzeugs, der das Bild im Fensterrahmen zerteilte, und dann zweifelte etwas in mir, ob diese Vögel mit ihren dunklen Flügeln und Hälsen, ihren blassen Körpern und unermüdlichen kleinen Herzen wirklich existierten. Sie waren so unglaublich, dass ich meiner Erinnerung kaum traute, wenn sie nicht da waren.

[…]

Anfänglich erlebte ich die Straßen als eine unaufhörliche Geräuschkulisse, ein Schock nach der Konzentration und relativen Ruhe des Tages, so als zerrisse jemand die Stille einer abgeschiedenen Kapelle mit einem dröhnenden Fernseher. Ich bahnte mir meinen Weg durch die Menge der Kauflustigen und der Angestellten, durch Baustellen und an hupenden Taxis vorbei. Wenn ich durch belebte Teile der Stadt lief, fiel mein Blick auf mehr Menschen, hundert- oder sogar tausendmal mehr Menschen, als ich den ganzen Tag zu sehen gewohnt war, doch der Eindruck dieser zahllosen Gesichter trug nicht dazu bei, mein Gefühl der Isolation zu lindern; es wurde eher noch verstärkt. Auch die Müdigkeit nahm zu, eine Erschöpfung, die ich seit den ersten Monaten als Assistenzarzt drei Jahre zuvor nicht mehr gespürt hatte. Eines Abends lief ich einfach immer weiter, bis zur Houston Street, die ungefähr sieben Meilen entfernt lag, und fand mich schließlich in einem Zustand verwirrter Ermüdung wieder. Ich musste kämpfen, um auf den Beinen zu bleiben. An diesem Abend nahm ich die U-Bahn nach Hause, aber anstatt sofort einzuschlafen, lag ich auf dem Bett, zu müde, um mich vom Wachzustand zu lösen. Und in der Dunkelheit ließ ich noch einmal die zahlreichen Ereignisse und Bilder meines Streifzuges ablaufen und versuchte die Begegnungen zu sortieren, wie ein Kind, das mit Bauklötzen spielt und versucht herauszufinden, welcher Klotz wo hingehört, welcher zu welchem passt. Jedes Viertel schien aus einem anderen Stoff zu bestehen, einen anderen Luftdruck zu haben, eine andere psychische Aufladung: die strahlenden Lichter und verlassenen Läden, die Sozialbauten und Luxushotels, die Feuerleitern und Stadtparks. Ich sortierte weiter, vergeblich, bis die Formen ineinander verschmolzen und abstrakte Gestalten annahmen, die nichts mehr mit der tatsächlichen Stadt zu tun hatten. Erst dann begann mein hektisches Gehirn, endlich Gnade zu zeigen und Ruhe zu geben, und traumloser Schlaf überfiel mich.

Die Spaziergänge erfüllten ein Bedürfnis: Sie erlösten mich von der Atmosphäre strenger Reglementierung bei der Arbeit, und als ich ihren therapeutischen Wert einmal erkannt hatte, wurden sie zur Normalität, und ich vergaß, wie mein Leben gewesen war, bevor ich damit begonnen hatte. Die Arbeit war bestimmt von Perfektion und Kompetenz, für Improvisation war kein Platz, Irrtümer wurden nicht geduldet. Mein Forschungsprojekt – eine klinische Studie über affektive Störungen bei älteren Menschen – interessierte mich sehr, doch es verlangte mir eine Akribie ab, wie ich sie zuvor nicht hatte aufbringen müssen. Die Straßen boten einen willkommenen Ausgleich. Jede Entscheidung – wo ich nach links abbog, wie lange ich gedankenverloren vor einem verlassenen Gebäude stand, ob ich den Sonnenuntergang über New Jersey beobachtete oder durch die Schatten auf der East Side schlenderte und nach Queens hinüberschaute – war letztlich unerheblich und daher eine Erinnerung an Freiheit. Ich durchquerte die Viertel, als wollte ich sie mit meinen Schritten vermessen, die U-Bahnhöfe dienten als Leitmotive meiner ziellosen Bewegung. Der Anblick von großen Menschenmassen, die eilig in unterirdische Kammern drängten, befremdete mich immer wieder aufs Neue, es kam mir vor, als ob die gesamte Menschheit, einem widernatürlichen Todestrieb folgend, in fahrende

Katakomben hastete. Unter freiem Himmel teilte ich meine Einsamkeit mit Tausenden, in der U-Bahn, in unmittelbarer Nähe fremder Menschen, einander rempelnd im Kampf um Platz und Luft zum Atmen, unerkannte Traumata auslebend, intensivierte sie sich.

Entbehrungen

Ma Jian.
Lockende Ferne

Am nächsten Morgen packe ich meine Sachen, binde meine feuchten Socken an die Rucksackriemen und mache mich auf den Weg zu der Straße, die nordwärts nach Xinjiang und südwärts in die Einöden Qinghais führt.

Lastwagen fahren in stetem Strom vorüber. Der warme Wind weht Benzindämpfe heran – so riecht der Atem der modernen Welt. Mein Geld wird knapp. Wohin ich fahre, ist mir ziemlich egal, ich hoffe nur, jemand nimmt mich mit in die nächste Provinz.

Nachdem ich eine Stunde lang einen Ein-Yuan-Schein geschwenkt habe, hält endlich ein Laster. Als ich hineinklettere, brummt der Fahrer, er habe gedacht, ich hätte einen Zehner in der Hand. Ich sage ihm, dass ich nicht mehr Geld habe.

Sechs oder sieben Stunden später hält er in Akesai, der Hauptstadt des Kasachischen Autonomen Bezirks, nahe der Grenze zwischen Gansu und Qinghai. Ich steige aus und schaue zu den eisigen Aierjinbergen hinüber. Die zerklüfteten Gipfel sehen aus wie von einem Verrückten zerhackt. Die Bergflanken sind kahl.

Das Komiteegasthaus ist das höchste Gebäude der Stadt. Seine drei Stockwerke ragen über die niedrigen Steinhäuser auf wie eine riesige Zündholzschachtel. Die Straßen sind baumlos. Der Bergwind fegt durch die Stadt und wirbelt Staubspiralen auf. Die Kasachengesichter unter den weißen Kappen und den weißen Kopftüchern spiegeln die Farbe der Berge wider. Ich erinnere mich, dass Mili gesagt hat, ihre Mutter sei hier geboren.

Plötzlich bereue ich es, nicht nach Norden gefahren zu sein. Xinjiang ist Chinas größte und entlegenste Provinz, und es gibt dort zahlreiche buddhistische Stätten. Ich habe noch meine Zugfahrkarte in die Hauptstadt Urumqi in der Tasche, aber sie ist vor einer Woche abgelaufen. So bleibt mir nur, die Aierjinberge zu überqueren und nach Qinghai zu fahren. Wenigstens werde ich das Chaidambecken sehen, wenn ich den Dangjinpass überquert habe. Es soll eine weite Senke mit zahlreichen hellblauen Salzseen sein.

Am Morgen nimmt mich ein Laster mit, am Mittag bin ich auf dem Pass. Eine Kluft öffnet sich in dem Berg. Die Straße führt in sie hinein, windet sich auf der anderen Seite abwärts und stößt in die gespenstische Ödnis des Chaidambeckens vor.

Ich bitte den Fahrer anzuhalten. Ich steige aus, verlasse die Straße und klettere eine hohe Geröllhalde hinauf. Auf halbem Weg habe ich das Gefühl, in der Luft zu schweben. Nach Westen verstellt ein hoher Berg die Sicht, aber nach Osten erstreckt sich eine Kette weißer Gipfel bis weit in die Ferne. Vor tausend Jahren marschierten Truppen des Jin-Königreichs hier durch, um die zentralen Ebenen anzugreifen. Ein Sturm brach los und begrub die Soldaten unter Schneemassen. Von diesem Tag an wurde der Pass »Dangjin« genannt – Schutzschild gegen die vordringenden Jin. Offenbar suchen die Geister der toten Soldaten noch heute die Gegend heim. Niemand wagt dort nachts durchzufahren.

Unter mir dehnt sich das Schotterbecken in der Mittagssonne. In der Ferne blinkt ein blauer See; er hängt in der Wüste wie ein Juwel am Hals einer Frau. Es muss der Sugansee sein, um den sich so viele Volkslieder ranken.

»Schön ist das, wunderschön.« Meine Hände ballen sich zu Fäusten.

Ich hole meine Kamera hervor und schaue durch das Objektiv. Augenblicklich schrumpft der See zu einem Fleck in der Landschaft, einem kleinen Saphir, den am Finger einer schönen Frau niemand bemerken würde. Kein Fotograf könnte diese Schönheit einfangen. Ich lege die Kamera weg und esse die Instantnudeln, die ich gestern gekauft habe, trinke einen Schluck Wasser und mache mich auf den Weg zum See.

Nach einer Stunde Abstieg bin ich am Rand der Wüste angelangt. Ich schwitze heftig, aber der Schweiß verdunstet innerhalb von Sekunden. Meine Wasserflasche ist halb leer, und der See ist nicht mehr zu sehen. Von jetzt an muss ich mich nach meinem Kompass richten.

Die Sonne steht noch hoch am Himmel. Vom Einatmen der heißen Luft wird mein Mund staubtrocken. Der Kompass in meiner Hand brennt wie der Schotter unter meinen Füßen. Die trockenen Nudeln in meinem Magen scheinen mir die Feuchtigkeit aus dem Blut zu saugen. Ich sehne mich danach, ans Ufer des Sees zu gelangen und meinen Kopf in sein kühles Wasser zu tauchen. Für Momente sehe ich, durch die flimmernde Luft gebrochen, Dörfer, fahrende Laster, ein Sumpfgebiet. Ohne den Kompass wäre ich versucht, geradewegs auf die Luftspiegelungen zuzugehen.

Vier oder fünf Stunden verstreichen. Endlich erscheinen Unkrautbüschel zwischen den Steinen. Das Gelände fällt allmählich ab. Ich schaue auf den Kompass. Der Sugansee müsste jetzt direkt vor mir liegen, aber da ist nichts als eine weite steinige Fläche.

Da dämmert mir, dass Entfernungen in der glasklaren Luft der Wüste täuschen können. Der See, der vom Pass aus so nahe schien, könnte noch hundert Kilometer entfernt sein. Was wie ein kleiner blauer Fleck aussah, ist immerhin ein riesiger See. Zum Umkehren ist es zu spät – meine Flasche ist leer. Ich habe keine Wahl: Ich muss weitergehen, bis ich ans Wasser komme. Wo Wasser ist, da sind auch Menschen, und wo Menschen sind, da ist Leben. Einen anderen Weg gibt es für mich nicht.

Als die Sonne im Westen untergeht, taucht der See endlich wieder auf. Es ist nicht direkt ein See, nur ein grauer Strich, etwas heller als die Steine der Wüste, und diesmal flimmert er nicht im Hitzedunst, sondern liegt still am Rand des Himmels.

Ich bin auf Kurs, kann mich aber kaum noch auf den Beinen halten. Kameldorn wächst hier, und der Boden ist mit einer dicken Salzkruste überzogen. Die Sonne sinkt langsam tiefer, dann färbt sie sich rot und geht unter.

Als meine Füße auf feuchtes Gras treten, ist der Himmel schon fast schwarz. Wie betäubt gehe ich weiter. Der Boden wird immer feuchter. Durch das Grün hindurch sehe ich Wasser. Schnell lasse ich meinen Rucksack fallen und wate durch den Sumpf zum See. Endlich bin ich da. Lass mich in deine Wasser tauchen! Ich stapfe ans Ufer, werfe mich zu Boden und schöpfe mir das Wasser in den Mund. Es schmeckt faulig und brackig. Ein Feuer entzündet sich in meiner Brust, und mein Magen explodiert. Ich wälze mich herum, ich würge, dann wird alles schwarz.

Nach einiger Zeit wache ich vor Kälte zitternd auf. Instinktiv bewege ich mich vom See weg. Ein salziger Geschmack steigt aus meinem Magen auf und bleibt an dem Erbrochenen auf meiner Zunge haften. Hätte ich nur ein wenig sauberes Wasser, um mir Mund und Rachen zu spülen! Ich bin fix und fertig an Körper und Geist, aber wenn ich jetzt nicht losgehe, werde ich hier am Ufer sterben. Ich versuche auf allen vieren zu kriechen, doch meine Hände halten mich nicht. Ich falle hin und sinke in den Morast.

Als ich Beijing verließ, dachte ich, es spielt keine Rolle, wohin ich gehe – mein Grab kann ich mir überall in Chinas gelbem Boden schaufeln. Jetzt aber, da mein Leben am seidenen Faden hängt, habe ich nur einen Gedanken: überleben. Ich zwinge mich, die Augen zu öffnen, und versuche zu sehen, was vor mir liegt. Schwaches Licht fällt auf meine Stirn. Ich krabble aus dem Sumpf heraus und sehe den Vollmond am Horizont stehen, klar und rund, scheinbar zum Greifen nahe. Am liebsten würde ich auf ihn zugehen, aber ich beherrsche mich. Seine

Schönheit ist so verführerisch wie die des Sees, und sie würde sich als ebenso mörderisch erweisen.

Ich krieche zu meinem Rucksack, ziehe alles heraus und wühle in dem Haufen herum, reiße Tüten auf, werfe Dinge zur Seite. Endlich finde ich in einer kleinen Plastiktüte ein Päckchen Kaffeegranulat. Ich stecke die Tüte in den Mund und kaue durch Plastik und Folie hindurch darauf herum. Die Körnchen sind hart und trocken. Ich schlucke ein paar hinunter, den Rest spucke ich aus.

Mein Kopf wird allmählich klarer. Als ich den Drang verspüre, Wasser zu lassen, halte ich mir die Flasche hin und warte. Ein paar Tropfen fallen hinein. Ich schlucke sie hinunter und spüre, wie mein Blut wieder zu fließen beginnt.

Im Mondschein mustere ich meine Sachen durch und werfe alles Überflüssige weg: Bücher, Zeitschriften, Kleider, Socken. Dann schwinge ich mir den Rucksack auf den Rücken und rapple mich hoch.

Ich schaue auf den Kompass und beschließe, mich zehn Grad weiter nördlich zu halten. So müsste ich zur Straße nach Qinghai kommen. Li Anmei, die Dorfansagerin von Qiaozi, hat mir gesagt, dass ihre Eltern in dem Dorf Tuanjie an der Straße zwischen Gansu und Qinghai wohnen.

Vom Geräusch meiner schleppenden Schritte abgesehen, ist es still in der Wüste. Der Mond steigt in den Nachthimmel auf. Nach einigen Stunden langsamen Wanderns sehe ich in der Ferne ein Licht. Erst glaube ich es mir nur einzubilden. Ich gehe eine Weile mit geschlossenen Augen, doch als ich sie wieder öffne, ist das Licht noch da. Ich halte darauf zu. Es wird größer. Es scheint eine Lampe zu sein. Ich bleibe stehen und ruhe mich aus, den Blick weiter auf das Licht gerichtet. Ich habe Angst, es könnte verschwinden, wenn ich zwinkere. Nachdem ich nun ein Ziel habe, spüre ich, wie es meinen Körper dorthin zieht.

Bald erkenne ich einen Lastwagen, über dessen Ladefläche eine Laterne hängt. Ich höre Geräusche. Aufgeregt streben meine Beine vorwärts.

Im Näherkommen sehe ich einen Mann an einem der Räder hämmern. Laut schallt das Geräusch durch die Nacht. Es ist ein beruhigender Lärm. Ich mache mich nicht bemerkbar, um den Mann nicht zu erschrecken.

Da fällt mein Blick auf den Becher einer Thermosflasche, der auf dem Weg steht. Ich stürze mich darauf und schütte das Wasser in einem Zug hinunter. Mein Körper bebt vor Leben. Meine Augen werden feucht.

Ich kauere mich hin und sehe den Fahrer an. Er sitzt zehn Meter entfernt vor seinem Laster und erwidert meinen Blick.

»Danke, Bruder«, sage ich und stelle den Becher wieder hin,

Der Mann hat ihn möglichst weit weg gestellt; ich mache ihn sichtlich nervös. Wahrscheinlich hält er mich für einen entsprungenen Sträfling. Weshalb sonst sollte ich mutterseelenallein durch die Wüste wandern? Aber sein Wasser hat mir das Leben gerettet.

»Ich bin auf dem Weg nach Tuanjie, zur Familie Li. Ich hab mich wohl verirrt.«

Seine Hände bewegen sich. »Folge den Wagenspuren bis zur Straße. Bei Tagesanbruch kommt ein Laster vorbei.«

Ich gehe um seinen Lastwagen herum. Als ich außer Sichtweite bin, bleibe ich stehen und lasse mich zu Boden fallen.

Ich richte die Taschenlampe auf meine Uhr. Vier – noch zwei Stunden, bis die Sonne aufgeht. Ich schlafe ein, aber bald weckt mich der Wind wieder auf.

Im Mondlicht wirkt die Wüste kalt und leer. Das einzige Geräusch, das ich höre, ist das Klingen in meinen Ohren. Einen Moment lang komme ich mir vor wie in einem Traum. Ich träume manchmal, ich würde auf Hirschhufen unter dem

Mond dahingaloppieren und mein Körper wäre leicht wie Papier. Jetzt aber ist es, als wären meine Knochen an den Boden genagelt und so schwer wie der Tod. Meine Lippen und mein Hals sind so ausgetrocknet, dass es schmerzt. Aus Angst, Wölfe anzulocken, wage ich meine Taschenlampe nicht noch einmal anzuschalten. Solange ich mich nicht rühre, kann ich mit der Dunkelheit verschmelzen. Als die Kälte unerträglich wird, springe ich auf und stampfe mit den Füßen. Dann reißt das Morgenlicht den Himmel von der Erde. Ich lege mich wieder hin und döse ein.

Vom fernen Brummen eines Lastwagens wache ich wieder auf. Ich drehe mich um, setze mich auf und schaue nach Westen, wo das Geräusch herkommt. Nach dem, was ich gestern erlebt habe, weiß ich, dass der Laster noch weit entfernt sein kann. Der Himmel ist jetzt klar. Vor dem tiefen Horizont komme ich mir sehr groß vor. Die Aierjinberge wirken nicht mehr so abweisend wie gestern von Akesai aus. Ihre Umrisse sind weicher, ihre Flanken in ein blaugrünes Licht, ihre Gipfel in Gold getaucht.

Ich lasse mich mitten auf der Piste nieder. Trotz der feuchten Morgenluft ist mein Hals noch wie ausgedörrt. Der Laster von heute Nacht und sein Fahrer sind nirgends mehr zu sehen.

Eine gelbe Staubfahne steigt am Horizont auf, und das Brummen kommt näher. Eine Stunde später ist die Staubwolke größer geworden. Sie sieht aus wie eine Woge im sturmgepeitschten Meer, die den Laster vorwärtsschiebt. Ich stehe auf und werfe einen Blick auf die Piste: Sie ist so breit, dass der Laster ohne Weiteres an mir vorbeifahren könnte. Ich kann nur hoffen.

Ich winke. Der Laster fährt vorbei. Ich schließe die Augen.

Da hält der Laster, und eine Stimme ruft: »Bist du lebensmüde, oder was?«

Ich schaue auf. Überall ist Sand. Ich taste mich zum Fahrerhaus vor und rufe: »Hilf mir, Bruder, bitte! Ich muss nach Tuanjie. Danke, vielen Dank.« Ich klettere auf die Ladefläche und setze mich auf einen Stapel Zementsäcke.

Der Mann tritt aufs Gaspedal, und wir fahren los. Ich betrachte die zitternde Wüste und die zurückweichende Bergkette, und wie gestern beim Anblick des Sugansees schwingt sich mein Herz empor.

Hector Malot. Heimatlos

Ich stand am nächsten Morgen früh auf. Der Tag graute noch nicht, kein Stern war am Himmel zu erblicken, nur schwere, schwarze Wolken hingen tief herunter, als hätten sie sich auf die Erde gesenkt, um sie zu erdrücken. Öffnete man die Tür, so fing sich ein scharfer Wind im Kamin und blies die Funken wieder an, die sich abends vorher unter die Asche geflüchtet hatten.

»An Ihrer Stelle würde ich hierbleiben«, wandte sich der Wirt an meinen Herrn; »es gibt Schnee.«

»Ich habe Eile und hoffe Troyes noch vor dem Schnee zu erreichen«, erwiderte Vitalis.

»Dreißig Kilometer legt man nicht in einer Stunde zurück.«

Trotz dieser Warnung machten wir uns auf den Weg.

Vitalis hielt Joli-Coeur unter der Weste, um ihm ein wenig von der eignen Wärme abzugeben; die Hunde, froh über das trockene Wetter, liefen munter vor uns her. ich hüllte mich fest in den Schafpelz, den mir mein Herr in Dijon gekauft hatte und den mir der Nordwind, der uns gerade ins Gesicht blies, an den Körper drückte. Wir wanderten schweigend und beschleunigten den Schritt so sehr wie möglich, um sowohl rascher fortzukommen als auch um uns zu erwärmen.

Die Stunde des Sonnenaufgangs war herangekommen, der Himmel blieb aber dunkel wie zuvor.

Endlich, endlich durchdrang ein weißlicher Streifen im Osten die dichte Finsternis, aber die Sonne zeigte sich nicht; wenn auch die Nacht vorüber war, so wäre es schwer gewesen, zu behaupten, es sei Tag. Auf freiem Felde traten die Gegenstände ein wenig deutlicher hervor; das fahle Licht, das, wie aus einem ungeheuren Lichtherde kommend, von Osten her über die Erde hinstreifte, zeigte uns die kahlen Bäume, die vereinsamten Hecken und Sträucher, in deren dürrem Laubwerk der kalte Wind rauschte.

Kein Mensch auf der Straße oder auf den Feldern, weder Wagengeräusch noch Peitschenknall. Nur Elstern hüpften umher, den Schwanz hoch, den Schnabel in der Luft, und flogen bei unsrer Annäherung davon, um sich auf einen Baum zu setzen, von wo aus sie uns mit einem Geschrei verfolgten, als wollten sie uns Unglück verkünden.

Die Gegend, die wir durchwanderten, war von einer grauenvollen, durch die Stille noch mehr hervortretenden Öde. Soweit der Blick an diesem dunklen Tage zu reichen vermochte, sah man nichts als nackte Felder, kahle Hügel und braunen Wald.

Bald flogen uns einzelne Schneeflocken an den Augen vorbei, so groß wie Schmetterlinge; sie hoben sich, senkten sich und wirbelten in der Luft umher, ohne die Erde zu berühren.

Wir kamen trotz allen Anstrengungen nur langsam weiter, es schien ganz unmöglich, Troyes zu erreichen, ehe sich die Schneewolken entluden. Aber mich beunruhigte das wenig, denn ich dachte mir, der Wind würde sich mit Beginn des Schneefalls legen und die Kälte sich mindern; denn ich wußte ja nicht, was ein Schneesturm ist, sollte es aber bald so deutlich erfahren, daß ich es nie wieder vergessen würde.

Jetzt waren die aus Nordwest heranziehenden Wolken ganz nahegekommen, ein weißliches Licht erhellte den Horizont auf ihrem Wege – das war der Schnee, der wie ein dichter weißer Regen herunterfiel.

»Es steht geschrieben, daß wir nicht nach Troyes kommen sollen«, sagte Vitalis, »wir müssen in dem ersten besten Hause Zuflucht suchen.«

Das war gut gesagt und konnte mir nur sehr angenehm sein, aber wo das gastliche Haus finden? Ich hatte, bevor uns der Schnee in seine undurchdringliche weiße Dämmerung einhüllte, meine spähenden Blicke nach allen Seiten schweifen lassen, ohne die geringste Spur menschlicher Wohnungen entdecken zu können; wir befanden uns am Saume eines Waldes, der sich vor uns und nach beiden Seiten ins Unendliche zu verlieren schien.

Auf ein Haus durfte man demnach nicht allzufest rechnen – eher noch mochte eine Pause in dem Schneegestöber eintreten. Aber nein, es schneite ununterbrochen mit zunehmender Heftigkeit, und vom Winde gepeitscht flog der Schnee über die Landstraße hin und blieb an allem hängen, was ihm auf seiner Bahn hindernd entgegenstand. So setzte er sich uns in die Kleider, drang wie feiner Staub überall ein; ich fühlte, wie er alsbald zerschmolz und das Wasser mir kalt den Nacken hinabrieselte. Meinem Herrn, der seinen Schafpelz ein wenig geöffnet hielt, um Joli-Coeur Luft zu verschaffen, erging es nicht besser als mir. Dennoch wanderten wir rastlos weiter, dem Schnee und Sturm zum Trotz, ohne ein Wort zu sprechen; dann und wann nur wandten wir den Kopf zum Atemschöpfen zur Seite, während die Hunde nicht mehr voranliefen, sondern sich dicht hinter uns hielten, als wollten sie hinter uns Schutz vor dem Unwetter suchen, so wenig wir ihnen den auch gewähren konnten.

Vom Schnee geblendet, durchnäßt, erstarrt, kamen wir nur langsam und mit großer Anstrengung vorwärts; und obgleich wir inzwischen im dichten Wald gingen, fanden wir nirgends Schutz, denn der Weg war dem Wind völlig ausgesetzt. Mein Herr schaute von Zeit zu Zeit nach links hinüber, als suche er dort etwas, doch zeigte sich nichts als eine weite Lichtung, wo im Frühjahr Holz gefällt worden war, und wo jetzt der junge Nachwuchs unter der Last des Schnees niederknickte – was hoffte Vitalis da zu entdecken? Was hoffte er auf dieser Seite zu finden?

Ich dagegen sah immer geradeaus, um zu erspähen, ob

denn der Wald nicht bald zu Ende sei und ein Haus zu erblicken wäre, obwohl es eine Torheit war, durch dieses Schneegewirbel in die Ferne sehen zu wollen. Das war keine angenehme Lage; unsre Füße sanken tiefer und tiefer in den Schnee, die Last auf unsern Hüten wurde schwerer und schwerer – aber wir mußten weiter und durften den Mut nicht verlieren.

Plötzlich streckte mein Herr die Hand nach links aus, um meine Aufmerksamkeit dahin zu lenken. Ich folgte der angedeuteten Richtung mit den Augen und glaubte dort die unbestimmten Umrisse einer mit Schnee bedeckten Hütte zu bemerken.

Wir bogen in der bezeichneten Richtung von der Landstraße ab, drangen durch dicht beschneites Gebüsch und Gestrüpp vorwärts und gelangten so zu einer Hütte, die aus Holz und Reisigbündeln errichtet und außerdem so dicht mit Buschwerk gedeckt war, daß der Schnee nicht hindurchdringen konnte – eine Zufluchtsstätte, die es wohl mit einem Haus aufnehmen konnte.

Fynes Moryson. Regenroute

»Diese ganze Nacht und am nächsten Morgen fiel eine Menge Regen, und der Wind war so stürmisch, daß wir nicht zu Wasser fahren konnten, auch wollten meine Reisegenossen *keinen* Wagen mieten. Außerdem war der Weg zu dieser Zeit so dreckig, daß auf ihm kein Wagen fahren konnte. Dennoch beschloß ich, da nur noch zwei Meilen einer gefährlichen Reise zurückzulegen waren, und weil ich dachte, daß kein Dieb bei solch einem Regen herauskommen werde, mit meinen Reisegenossen zu Fuß nach Emden zu gehen; das waren zwei Meilen, aber von unvorstellbarer Länge und schwierig zu bewältigen.«

[...]

»Der Weg bot drei Möglichkeiten: Eine oben auf dem Deich an einer Meeresbucht oder vielmehr an der Ems, die hier ins Meer mündet; und auf diesem Weg drohte uns der Sturm umzuwerfen und machte uns blind, indem er Salzwasser in unsere Augen trieb. Außerdem ging uns der Dreck bis über die Schuhe. Der zweite Weg lief an der Landseite des Deiches entlang; er war etwas besser als der andere, aber dadurch mühsamer, daß wir uns immer auf einen Stab stützen mußten, den jeder in seiner Hand hatte; wenn wir uns nicht mit dem Stab stützten, wären wir auf *den* unteren Weg heruntergefallen, der unerträglich dreckig war. Der untere bzw. der dritte Weg am Fuß des Deiches, der sich am weitesten vom Wasser entfernt befand, war für Wagen, doch da die Felder ringsum im Winter überschwemmt wurden, war dieser Weg jetzt unerträglich dreckig. Auf diesem Weg gingen wir eine sehr lange Meile von der kleinen Stadt Leer zum Dorf Oldersum von 7 Uhr morgens bis 12 Uhr. Zuerst waren wir auf dieser Wanderung zehn Personen, aber gleich hinter Leer verließen uns sechs, da sie zweifelten, gegen den Wind an dem üblen regnerischen Tag, wobei die Füße fast im Dreck steckenblieben, ankommen zu können, und sie spotteten über unsere Hartnäckigkeit weiterzugehen. Nach einer Weile war ich naß bis auf die Haut und meine Schuhe wurden bei jedem Schritt fast ausgezogen, so daß ich gezwungen war, sie mit vier Schnüren festzubinden. Auch sah niemand von uns zurück zu seinem Genossen, um ihm zu helfen, wenn er nicht mehr folgen konnte, und ich glaube, es wäre keiner zurückgekommen, mir zu helfen, wenn ich ins Meer gefallen wäre. Nachdem wir ½ Meile gegangen waren, wollte einer von uns vieren, ein junger Mann mit schwarzem Bart und kräftigem Körper, keinen Schritt weitergehen, obgleich er nur einen Stüber in der Geldbörse hatte und gezwungen war, von uns Geld zu borgen, damit er in einer kleinen Bierwirtschaft bleiben konnte.

Als wir nach Oldersum kamen, betraten die Freibeuter-Spione die Gastwirtschaft und gafften uns an, so daß ich, obwohl naß bis auf die Haut, nichts zum Trocknen ausziehen durfte, wenn mich nicht meine innere Kleidung, die besser war als die äußere – meine Verkleidung – verraten sollte [...] Wir gingen weiter, um diese gefährliche Reise hinter uns zu bringen, und als wir aus dem Dorf herauskamen, kamen die Freibeuter-Spione nahe an uns heran und betrachteten uns genau. Aber da sie uns mit Schmutz bedeckt sahen, hielten sie uns für arme Leute und erwarteten keine Beute. Wir sammelten unsere letzten Kräfte und gingen weiter, bis wir schließlich so müde waren, daß wir keine Kraft mehr hatten unseren Weg auszusuchen: Wir warfen unsere Wanderstäbe weg und gingen fast bis zu den Knieen im Dreck auf dem unteren Wege. Schließlich kamen wir, nachdem wir von ein Uhr nachmittags bis fünf Uhr eine Meile (die mir enorm lang erschien) gegangen waren, nach Emden, wo ich nach dem Eintritt ins Tor nicht mehr stehen konnte, bis die Soldaten unseren Namen aufgeschrieben hatten; ich hätte mich auf den Boden gelegt, wenn sie mir nicht einen Sitz angeboten hätten.«

Werner Herzog. Vom Gehen im Eis

Samstag, 23.11.

Gleich nach ungefähr 500 m machte ich beim Pasinger Krankenhaus die erste Rast, von dort an wollte ich den Knick nach Westen machen. Mit dem Kompass peilte ich die Richtung nach Paris an, jetzt weiß ich sie. Achternbusch war aus dem fahrenden VW-Bus gesprungen, das machte ihm nichts, dann sprang er gleich noch einmal und brach sich das Bein dabei, jetzt liegt er auf der Station fünf.

Der Lech, sagte ich zu ihm, wird das Problem, weil so wenig Brücken darüber sind. Ob einen die Dorfbewohner über den Fluss rudern in einem Kahn? Herbert legt mir die Karten, ganz winzige, so groß nur wie ein Daumennagel, zwei Reihen zu je fünf, weiß aber nicht, wie zu deuten, weil er das Blatt mit den Lösungen nicht findet. Es ist The Devil dabei und in der zweiten Reihe The Hanged Man, umgekehrt aufgehängt.

Sonne, wie ein Frühlingstag, das ist die Überraschung. Wie aus München herauskommen? Was beschäftigt die Menschen? Caravans, die Unfallautos, die aufgekauft werden, Autowaschstraße? Das Nachdenken über mich fördert eines zutage: der Rest der Welt reimt sich.

Ein einziger, alles beherrschender Gedanke: weg von hier. Die Menschen machen mir Angst. Die Eisnerin darf nicht sterben, sie wird nicht sterben, ich erlaube das nicht. Sie wird nicht sterben, sie wird nicht. Nicht jetzt, das darf sie nicht. Nein, jetzt stirbt sie nicht, weil sie nicht stirbt. Meine Schritte gehen fest. Und jetzt zittert die Erde. Wenn ich gehe, geht ein Bison. Wenn ich raste, ruht ein Berg. Wehe! Sie darf nicht. Sie wird nicht. Wenn ich in Paris bin, lebt sie. Es wird nicht anders sein, weil es nicht darf. Sie darf nicht sterben. Später vielleicht, wenn wir es erlauben.

Auf einem verregneten Feld fängt ein Mann eine Frau. Das Gras ist niedergelegt und schmutzig.

Die rechte Wade gibt vielleicht noch ein Problem, der linke Stiefel möglicherweise auch, vorne am Rist. Beim Gehen kommt einem so vieles durch den Kopf, das Hirn, das wütet. Jetzt fast ein Unfall ein Stückchen voraus. Die Landkarten sind meine Leidenschaft. Fußballspiele fangen an, auf zerackerten Plätzen zieht man die Mittellinie. Bayernfahnen am S-Bahnhof Aubing (Germering?). Der Zug wirbelte trockene Papiere hinter sich auf, es wirbelte lange, dann war der Zug fort. In meiner Hand fühlte ich noch die kleine Hand meines kleinen Sohnes, dieses seltsame Händchen, wo sich der Daumen so eigenartig gegen das Gelenk abbiegen lässt. Ich schaute in das Wirbeln der Papiere, und da wollte es mir das Herz zerreißen. Es geht langsam auf zwei Uhr.

Germering, Wirtshaus, Kinder haben Erstkommunion; eine Blaskapelle, die Kellnerin trägt Torten, und der Stammtisch versucht, ihr etwas abzujagen. Römerstraßen, Keltenschanzen, die Phantasie arbeitet stark. Samstag nachmittag, die Mütter mit ihren Kindern. Wie sieht das Kinderspielen wirklich aus? Nicht so, wie im Film. Man bräuchte ein Fernglas.

All das ist sehr neu, ein neues Stück Leben. Vorhin stand ich auf einer Brücke, unter mir ein Teil Autobahn Richtung Augsburg. Vom Auto aus sehe ich manchmal die Leute auf der Autobahnbrücke stehen und schauen, jetzt bin ich einer von ihnen. Das zweite Bier, es geht mir schon in die Knie hinunter. Ein Junge spannt mit einem Faden ein Schild aus Karton zwischen zwei Tischen, die Schnurenden mit Tesa befestigt. Der Stammtisch schreit Umleitung, wer seids denn ihr, sagt die Bedienung, dann fängt die Musik wieder sehr laut an. Der Stammtisch würde gerne sehen, wenn der Junge der Bedienung unter den Rock langen würde, aber der traut sich nicht.

Nur wenn es Film wäre, würde ich das alles für wahr halten.

Wo ich schlafen werde, kümmert mich nicht. Ein Mann in einer glänzenden, ledernen Jeans geht Richtung Osten. »Katharina«, schreit die Bedienung, ein Tablett mit Pudding in Höhe der Schenkel haltend, sie schreit Richtung Süden, weil da achte ich drauf: »Valente«, schreit einer vom Stammtisch zurück. Da freut sich der Stammtisch. Ein Mann am Nebentisch, den ich für einen Bauern hielt, entpuppt sich auf einmal, eine grüne Schürze umgebunden, als Schankwirt. Ich werde langsam betrunken. Ein Tisch irritiert mich immer mehr, nahe bei mir, weil er mit Kaffeetassen, Tellern und Torten gedeckt ist, aber rein niemand sitzt dran. Warum sitzt niemand dran? Das grobe Salz der Brezen macht mich so begeistert, dass ich es gar nicht sagen kann. Jetzt auf einmal schaut das ganze Lokal in eine Richtung, ohne dass da etwas wäre. Nach diesen wenigen Kilometern zu Fuß weiß ich, dass ich nicht bei Troste bin, das Wissen kommt von den Sohlen. [. . .]

Donnerstag, 28.11.

Hinter Volkertsheim Übernachtung in einem Strohstadel, weit und breit war sonst nichts und so blieb ich, obwohl es erst halb fünf war. Was für eine Nacht. Der Sturm wütete so, dass es die ganze Bude, die fest gebaut war, nur so schüttelte. Regen und Schnee sprühten heim Dachfirst herein und ich grub mich ins Stroh. Einmal wachte ich auf mit einem Tier, das auf meinen Beinen schlief. Als ich mich rührte, erschrak es noch mehr als ich selber, ich glaube, es war eine Katze. Der Sturm wurde so gewalttätig, dass ich mich nicht erinnern kann, je so etwas erlebt zu haben. Ein schwarzer Morgen, verdüstert, so düster und kalt legt sich ein Morgen nur nach einem großen Unglück, nach einer großen Seuche über die Felder. Die Hütte außen ist vom Schnee auf die Wetterseite zu vollgeweht, die Äcker tiefschwarz mit weißen Linien vom Schnee. Der Sturm war so stark, dass der Schnee gar nicht bis in die Furchen hinunterkam. Tiefe, jagende Wolken. Die kleinsten Anhöhen, nur hundert Meter höher gelegen, sind weiß vom Schnee überdeckt. Rebhühner, die sich nur kurz im Auffliegen vom Land unterscheiden. So eine Verdüsterung habe ich wahrhaftig noch niemals gesehen. Der Schnee ist gegen die Straßenschilder getrieben und die ganzen Schneeflächen sind jetzt etwas tiefer gerutscht, bleiben aber hängen. Bei Rottenacker erreichte ich die Donau, die Brücke kam mir so markant vor, dass ich lange ins Wasser hinabsah. Da war ein graugefleckter Schwan, der gegen die Strömung ankämpfte, aber er stand auf der Stelle still, weil er nicht schneller schwimmen kann als die Strömung. Hinter ihm der Rechen einer Mühle, vor ihm ist an einer Kante das Wasser stark abschüssig geleitet, er hat also nur ein kleines Betätigungsfeld. Nach einer Weile wilden Gestrampels und Treten auf der Stelle muss er ans Ufer zurück. Baufahrzeuge, Schmutz von Traktorenreifen, Sturmwind, niedere Wolken. Auf einmal bin ich zwischen Schulkindern, die Schule ist aus. Am Ende des Orts mustern sie mich, ich mustere sie.

Munderkingen. Wieder fängt es mit dem linken Oberschenkel von der Leiste her an, das macht mich böse, sonst ginge es nämlich. Hier ist Jahrmarkt und Viehmarkt, überall Bauern in Gummistiefeln, Schweinetransporte, Kühe. Ich kaufte eine Kappe, eine Sturmhaube, sie ist etwas zu klein und ausnehmend scheußlich. Dann eine lange Unterhose. Etwas außerhalb des Orts eine kleine Kirche, etwas seitlich gelegen, direkt daneben ein bewohnter Trailer. Ein alter Mann kam heraus, bückte sich lange über kahle, zusammengestutzte Rosensträucher. Ich zog mich in einem Winkel der Kirche aus. Der Wind trieb dabei ein einzelnes Blatt von einem Baum im Kreis um meinen Kopf. In der Ferne Kanonendonner und Düsenjäger, so beschrieb meine Mutter den Kriegsanbruch. Ein paar Kilometer weiter griff ein Düsenjäger im Tiefstflug eine Hecke an, die Hecke feuerte aus allen Rohren, sie war nichts anderes als getarnte Panzer, die rasend schnell schwenken und rasend schnell schießen, während der Düsenjäger von allen denkbaren Winkeln her angreift.

Hässliche Straße, dann Zwiefalten, die schwäbische Alb fängt jetzt an, weiter oben ist alles dicht voll Schnee. Eine Bäuerin erzählte mir vom Schneesturm und ich schwieg dazu. Geisingen, da sind die müden Menschen in den verwahrlosten Dörfern, die sich nichts mehr erwarten. Schneestille, die Äcker kommen schwarz unter dem Schnee wieder hervor. In Genkingen schlagen seit Jahren die Türen im Wind. Spatzen sah ich auf einem Misthaufen, der ausgedampft hat. Schmelzwasser rieselt ins Gully. Die Beine gehen.

Hinter Geisingen fängt Schneetreiben an, und ich gehe scharfes Tempo, ohne anzuhalten, denn wenn ich stehenbleibe, fange ich sofort zu frieren an, weil ich bis auf die Haut durchnässt bin, so jedenfalls bleibe ich im Dampf. Nasses Schneetreiben so intensiv von vorne, manchmal auch von der Seite, dass ich mich dagegenlehnen muss und sofort auf der Windseite wie eine Tanne voll Schnee bin. Ach, was lobe ich meine Mütze. Auf alten, braunen Photos ziehen die letzten Navajos, auf Pferden gekauert, in Decken geschlagen, im Schneesturm dem Untergang entgegen; das Bild kommt mir nicht aus dem Sinn und bestärkt meinen Widerstand. Die Straße ist sofort tief verweht. Im Schneesturm steckt ein Traktor im schweren Acker, die Lichter an, und kommt nicht mehr weiter; der Bauer hat es aufgegeben und steht nur noch, nichts mehr begreifend, daneben. Wir zwei, die Gespenster, grüßen uns nicht. Ach, es ist ein so harter Weg und der Wind kommt so gerade mit dem brennenden Schnee direkt ins Gesicht, ganz waagrecht. Und meist geht es aufwärts, aber auch abwärts tut alles weh. Ich bin ein Skiflieger, ich lege mich auf den Sturm, weit vorgelegt, die Zuschauer ringsum sind ein Wald, zur Salzsäule erstarrt, der Wald reißt den Mund auf. Ich fliege und fliege und höre nicht auf. Ja, schreien sie, warum hört der nicht auf. Ich denke, besser weiterfliegen, eh sie es merken, dass meine Beine so kaputt und steif sind, dass sie bei der Landung wie Kalk zerbröseln werden. Nichts anmerken lassen, weitergeflogen. [...]

Samstag, 14.12.

Im nachhinein noch dieses: ich ging zur Eisnerin, sie war noch müde und von der Krankheit gezeichnet. Irgendwer musste ihr wohl am Telefon gesagt haben, dass ich zu Fuß gekommen war, ich wollte es nicht sagen. Ich war verlegen und legte meine wehen Beine auf einen zweiten Sessel hoch, den sie mir hinschob. In der Verlegenheit ging mir ein Wort durch den Kopf, und da die Situation ohnedies seltsam war, sagte ich es ihr. Zusammen, sagte ich, werden wir Feuer kochen und Fische anhalten. Da sah sie mich an und lächelte ganz fein, und weil sie wusste, dass ich einer zu Fuß war und daher ungeschützt, verstand sie mich. Einen feinen, kurzen Moment lang ging etwas Mildes durch meinen todmüden Körper hindurch. Ich sagte, öffnen Sie das Fenster, seit einigen Tagen kann ich fliegen.

Michel Vieuchange. Smara – verbotene Stadt

I
In weiblicher Verkleidung

Donnerstag, 11. September
Aufbruch. Schon bei den ersten Schritten schmerzen mich die Pantoffeln. Vergebens krümme ich meine Zehen. Der Weg: auf beiden Seiten das Bled* im Mondschein. Drei, vielleicht fünf Kilometer zurückgelegt. Ich gehe möglichst nahe bei den beiden Frauen. Den Weg verlassen. Im Bled ein Graben wie im Kriege. Hineingestiegen, hingelegt. Ich zwischen El Mahbul und Larbi. Meine Pantoffeln unter dem Kopf. Müdigkeit: ich schlafe schnell ein.

Gegen fünf Uhr, Wecken. Wieder auf dem Weg – wie eine brave, kleine Familie auf der Wanderschaft. Kameltreiber begegnet. Besorgt über meine allzu weißen Knöchel.

Vier Stunden unterwegs. Sehr mühsam. Manchmal fürchte ich, nicht mehr weiter zu können. Geschwollene Füße, wundgerissen. Doch ich überwinde den Schmerz, der langsam abnimmt und mir etwas Ruhe läßt.

Ahl Madher, ein kleines Duar, durchquert.

Ich marschiere. Meine einzige Aufgabe: zu folgen. Für mich gibt es jetzt weder Tag mehr, noch Nacht. Ein einziges Streben: das Ziel erreichen. Wo ich schlafe, ist gleich, jeder Schmerz ist mir recht.

Ich sehe Tiznit ungefähr zwei Kilometer von hier entfernt liegen. Kleine Palmen heben sich aus Häusern mit flachen Dächern und erdfarbenen Mauern. Hecken von Feigenkaktus. Ringsum das Bled, steinig und flach.

Den Weg verlassen. Das ist immer besonders schmerzlich. Wir durchqueren Furchen voller Kieselsteine. Kleine, fast pa-

* Marokkanische Steppe.

rallele Spuren, kaum sichtbar im Laufe der Jahre entstanden unter den Füßen von Menschen und Tieren, die die Steine zur Seite traten; trotzdem rutscht man noch immer auf den runden Kieseln aus.

Ich denke an Jeannie, an Jean, an Perros. Um nicht an meine schmerzenden Füße zu denken, trällere ich ein Lied: »Ich küsse Ihre Hand, Madame.«

Aber die Füße lassen sich nicht vergessen. Dann bringt mich das Lied wieder auf bessere Gedanken. Endlich nähert sich El Mahbul und zeigt mir ein Gebäude, dessen Mauern aus der Erde des Bleds gemacht zu sein scheinen: ein Suk (Markt). Es ist noch recht weit. Ich wage nicht, vorzuschlagen, daß wir einen kurzen Halt machen. Bevor wir hinkommen, erreichen wir aber glücklicherweise einen kleinen Garten, der auch von niedrigen Mauern aus bröckliger Erde umgeben ist. Eine Bresche. Ich gehe mit El Mahbul und Larbi in den Garten. Unterwegs hat El Mahbul die ganze Zeit geredet. Er schmiedet Pläne.

[...]

Freitag, 12. September
(Fortsetzung des gestrigen Berichts)
Ich war gerade neben Larbi eingeschlafen, da weckt er mich durch eine leichte Berührung und zeigt mir einen angeschnittenen Granatapfel. Er zieht die gelbliche Haut ab und legt mir die saftigen Körner in die Hand. Am Bauche liegend, esse ich aus der Hand. Ich nehme alle Körner auf einmal in den Mund und zerdrücke sie mit der Zunge. Der Saft spritzt mir bis in den Hals. Diesen Saft will man ganz auskosten. Die Haut der ausgepreßten Körner hinterläßt einen herben Geschmack, den man noch lange genießt. Ungeduldig warte ich, daß Larbi mir wieder andre Körner zubereitet. Ich verliere kein einziges. Ich betrachte sie liebevoll, ehe ich sie in den Mund nehme. An einem

Ende sind sie zartrosa und wandeln sich langsam zu durchsichtigem Weiß – ihre Farbe ist so frisch wie ihr Saft.

[…]

Wecken gegen fünf Uhr. Man verläßt den Hof und steigt in den Berg. Es ist gerade hell genug, um zu sehen, wohin man den Fuß setzt. Rauher Pfad. Man schiebt die Esel über Felsblöcke hinweg. Die Abhänge des Dschebels mit dürftigen und knorrigen Arganusbäumen durchsetzt, überall (rote Erde und graue Felsen) eine smaragdgrüne, kugelförmige Fettpflanze; aus der Nähe gesehen eine dichtgedrängte Garbe phallusförmiger Ähren. El Mahbul öffnet eine Kugel mit einem Stein, um mir die herausquellende weißliche Flüssigkeit zu zeigen, dann deutet er auf seine Augen, wohl um mir klarzumachen, daß der Saft blind macht oder wenigstens sehr schmerzt. Das alles noch in der Dämmerung. Keine Sonne. Ein heller Schein. Vor uns schweigende Schatten. Man hört Rufe: Hoho! – die Kameltreiber bilden ihre Karawanen.

Bei Sonnenaufgang sehen wir in einer Entfernung von 300 Metern die Treiber, die sich um ihre Tiere bemühen, sie niederknien lassen, um sie zu beladen, sie zwischen Felsen hindurchführen. Prachtvolles Schauspiel. Kleine blaue Männer, verhutzelt wie Zwerge. Die Tiere – von denen oft nur der lange graue Hals hinter einem grauen Felsen sichtbar ist – nach allen Richtungen gewandt, haltend oder schreitend, liegend oder stehend.

Nach und nach setzen sie sich in einer Reihe hintereinander in Bewegung. Schauspiel eines fremden Landes, einer anderen Zeit.

Hinter uns das Tal. Ich sehe, neben anderen, das Haus, wo wir geruht haben – mit rötlichen Mauern wie die Erde. Die sehr weiße Kuppel eines Marabuts steht einsam in dem ausgangslosen Tal.

Wir folgen der Karawane in einiger Entfernung. El Mahbul ist es gelungen, das Pferd eines der Karawanenleute zu entleihen, er reitet, stolz wie ein Pfau, und legt den Weg zurück, ohne müde zu werden. Wir treffen ein oder zwei Gruppen von Frauen, die mit Larbi und Bus eine Unterhaltung beginnen. (Übrigens soll der galante Besitzer des Pferdes es zuerst für mich bestimmt haben.) Während dieser Gespräche verschleiere ich mich ganz und rühre mich nicht.

In zwei Stunden haben wir das erste Massiv* überschritten und steigen in ein Tal hinunter. Als wir zum Suk gelangen, trennen wir uns von der Karawane und erreichen eine Anhöhe, die mir allzu sichtbar zu sein scheint. Pfefferminztee und wieder Ölbrei. Scheußliches Wasser, schlecht riechend und erdig. Ich bereite mir eine Tasse Schokolade, die ich ausgezeichnet finde und in die ich einige Stücke groben Gerstenbrotes tauche.

Es muß Mittag sein.

[…]

Man bricht um 10 Uhr auf. Wir gehen die riesigen Stufen der gewundenen Treppe hinab in den Hof. Im Hof, die Esel und das Kamel beladen; der Chibani geht mit geschultertem Gewehr zu einer Mauer und spricht dort lange gedämpft mit einem Mann. Zwei weitere Bewaffnete gesellen sich zu ihnen. Rascher Aufbruch. Zuerst Sand, der in die Pantoffeln dringt, dafür aber leichtes Gehen. Nur einen Ärger: die Frauen, die an meinen Kleidern zerren, damit ich mich nicht von ihnen entferne.

Vielleicht eine Stunde unterwegs. Dann die ersten Erhebungen des Dschebels. Nackte Knöchel zwischen den Felsen, scharfe Steine, dorniges Gestrüpp, das man nicht sieht: ich stolpere, schneide mich, ein Leidensweg. Man hat nicht Zeit, den Schmerz zu vergessen, bevor der Fuß sich wieder verletzt

* Dschebel Sidi Iddir.

und der Knöchel wieder anschlägt. El Mahbul weiß sich natürlich zu helfen, er steigt auf das Kamel. Das widert mich an, ich kann einen Mann, der jede Anstrengung scheut, nicht achten.

Marsch bis zwei Uhr. Dann schläft man bis vier. Ich aber kann nicht schlafen. Ich friere; die Kleider sind vom Schweiß durchnäßt und vom Nebel durchnäßt und bald gefroren. El Mahbul ist so gnädig, mir nach wenigstens einer Stunde einen ganz kleinen Zipfel seiner Djellaba zu lassen. Die Feuchtigkeit ist so groß, daß ich einen grausamen Anfall einer Art Rheumatismus habe: ich kann meine geschwollenen Finger nicht schließen (übrigens kann ich seit zwei Tagen die vier Ringe, die ich seit Tiznit trage, nicht mehr abnehmen).

Glücklicherweise wird wieder aufgebrochen. Ich steige auf den Esel. Ich warte ungeduldig auf die Sonne. Ganz plötzlich strömt Licht wie eine goldene Welle über die Erde hinweg, Inseln von Schatten in den kleinsten Vertiefungen zurücklassend. Dann steigt die Flut, fängt an mich zu erwärmen, nicht so schnell wie ich möchte wegen der von meinen feuchten Kleidern ausgehenden Verdunstung.

Wir verlassen das Gebirge und betreten ein flaches Gebiet mit leichten Erhebungen, von Steinhaufen und Geröll eingefaßt ... Zu unserer Linken hohe, kahle Berge, von einem Gipfel überragt, dessen scharfer Grat sich schwarz gegen den Himmel abhebt. Ich frage Chibani, wie er heißt: »Tabaiut«, sagt er.

Gegen halb zehn halten wir einen Augenblick lang (den ich zum Schreiben verwende), an einer etwas grüneren Stelle: hohe Sträucher.*

* [Chibani sagt mir: »Das ist der Ued Dra.« Das wäre er also. Unser Marsch geht nach Südwesten. Der Ued, oder besser, da ich keinen Tropfen Wasser gesehen habe: das Tal des Ueds scheint einen Bogen von Osten nach Westen zu beschreiben. Das gibt mir der Chibani durch eine Bewegung zu verstehen, und es wäre ja auch das Normale.]

II
Erster Aufenthalt in Tigilit

Sonntag, 21. September, Tigilit
[Ait Buhu]
Wie hätte dieser Bericht wohl gelautet, wenn ich ihn nicht heute, wo ich mich zwar noch zerschlagen, aber doch ausgeruht fühle, sondern gestern abend zwischen 9 und 10 Uhr geschrieben hätte, als ich mit zerfetzten Füßen, verdurstet und halbtot keinen Schritt weitergehen konnte. Noch nie habe ich so Schweres geleistet: von Freitag abends zehn Uhr bis Samstag abends neun Uhr bin ich mit beinahe leerem Magen gegangen. Aber wie hätte ich eine solche Etappe, besonders die letzten vier oder fünf Kilometer voraussehen können? Wir haben vielleicht 60, 70, 80 Kilometer zurückgelegt, genau weiß ich es nicht.*

Wahrscheinlich verleitet der Chibani meinen Bruder zu einem Irrtum: die späteren Aufzeichnungen und die Wiederholungsskizzen legen den Tabaiut (der sich nach Westen durch den Ausdrart Millint, den Taulilt und den Mokto fortsetzt) nördlich des Ueds Dra und südlich von El Bordj, Tamaleht und Tigilit; der Ued Dra durchschneidet den Mokto westlich von Turg und östlich von Imi Iulcht.

* »Tgilit ist drei Marschstunden vom Ued Dra entfernt, wenn man dem Ued Arerhi folgt. Nach Gulimin (von Norden nach Süden liegen dazwischen folgende Orte: Uarun, 7000 [?] Einwohner, Zereuila, 600 Einwohner, Aferg n'Tiassin 5000 [?] Einwohner} braucht man elf Stunden. Zur Küste des Atlantischen Ozeans 16 Stunden (dazwischenliegende Orte: Talaint Ait Yussa, 9000 Einwohner, Labiher, 600 Einwohner).« (Die Auskunft stammt von den Führern, die der Kaid Haddu befragte.) Hierzu bemerkt Capitaine de La Chapelle: »Aferg n'Tiassin beißt richtig Ferkat n'Ait Yasin, es wird von den Ait Yasin des Tekna bewohnt; Talaint Ait Yussa heißt richtig Talaint Ait Ussa; Labiher heißt richtig Labiar.
Die Angaben über die Einwohnerzahl scheinen mir eher märchenhaft zu sein.«

Wir setzen unseren Marsch gegen Viertel nach zehn fort. Immer noch sind Berge auf beiden Seiten des Tals. Ein zweiter Gipfel, immer zur Linken, hebt seine schwarze, zerrissene Spitze über die gelblichen Rücken der näher gelegenen und weniger hohen Nachbarberge. Wieder erkundige ich mich nach dem Namen: Taulegt.

Vor uns oder hinter uns gehen drei Bewaffnete, die wir gemietet haben. Hier muß man bei jeder Reise einen Handstreich befürchten. Das scheint ganz unwahrscheinlich in diesen öden Ländern, in denen man keinen Menschen sieht. Ich muß mich geradezu zwingen, es für möglich halten, sonst käme ich nie auf diesen Gedanken.

Als der Nachmittag zur Hälfte vergangen war, hielten wir unter ziemlich hohem Gebüsch [Tamaleht]*. Die Männer gingen mit den Kriegern noch etwas weiter. – Ich bleibe bei den Frauen liegen. Durst. Larbi bringt den Teekessel voller Wasser und schüttet etwas für mich in den Deckel. Es ist ganz rein, schmeckt aber, als ich es versuche, abscheulich nach einem Abführmittel – Natronsulfat. Trotzdem trinke ich den Deckel leer.

Wieder unterwegs. Sogar die Esel können nicht mehr. Man durfte nicht daran denken, sie zu benützen. El Mahbul fühlt sich auf seinem Kamel sehr erhaben. Die Bewaffneten sind mit dem Ziegenbeutel fortgegangen, um besseres Wasser zu suchen. Sie brauchen lange zum Zurückkommen. Chibani ist besorgt und bleibt stehen. Ich frage El Mahbul »der Barud?« Vielleicht hat man sie entführt. Zuerst dachte ich, sie seien allzu stark aufgebrochen. Dann aber, da wir immer länger vergebens warten, scheinen sie mir nicht ganz unrecht zu haben. Endlich sehen wir sie in der Ferne und brechen wieder auf.

Die Landschaft wechselt. Felsen, Schluchten. Chaotisch.

* Schreibweise in den Heften: »Tamalilt«

Schwarze Berge, in die wir dringen. Unter uns liegt jetzt eine tiefe Schlucht mit fast senkrechten Wänden. Trotzdem steigen wir in die Schlucht [Almerkt]*, doch stützen wir die Kamele und Esel, die immer wieder erschrecken und schnaubend und schreiend umkehren. Man muß sie schlagen, um sie zu weiterem Abstieg zu bringen. Wir erreichen den Grund – steiniges Bett –, und ich entdecke, was wir hier suchen kamen: vor uns liegt ein von Schilf umgebener Tümpel, dessen abschüssiger Rand aus flachen, abgenützten Felsen besteht. Am Bauche liegend, trinke ich, trinke dieses Wasser, das nach Fäulnis und Morast schmeckt. Die Schlucht ist so eng, daß die Sonne nur spät in sie dringt. Es ist kühl und, da der Tag sich neigt, nicht sehr hell verglichen mit den höheren Schichten.

[...]

Schwarzes, zerklüftetes Land. Wir gehen und gehen. Jetzt ist es fast dunkel. Wir folgen einem schmalen, eingeengten Tal, in dem die Sonne versunken ist und zwischen dessen Wänden sie einen gelblichen Dunst zurückgelassen hat.

Chibani, den ich aus den Augen verloren hatte, ...

(ich erfahre von El Mahbul, daß einer der drei Männer, die uns begleitet haben, heute morgen hinter Tigilit getötet wurde; ich versuche Einzelheiten zu hören: ein Bauchschuß, sofort tot)

... erscheint wieder und läßt uns den Pfad, der schon schwer genug war, verlassen und im Dunkeln eine tiefe, zerrissene Schlucht hinabsteigen [Asder]**. Wir können gerade noch sehen. Aber ich kann nicht ohne Sorge daran denken, daß wir weiter unten und beim Erklettern der anderen Seite wie in einem schwarzen Farbtopf sein werden.

* Schreibweise in den Heften: »Almelick«

** Schreibweise in den Heften: »Asdra«

Zwischen diesem Augenblick und der Ankunft in dem Hause, wo ich jetzt bin, lag ein anderthalbstündiger, furchtbarer Marsch. Zwei- oder dreimal meinte ich bei unerwarteten Sprüngen von 50 Zentimetern ins Dunkel, daß meine Knöchel gebrochen seien; Fußsohlen, Absatz, Zehen vertrugen auch nicht die geringste Berührung – und doch mußten wir weitergehen, selbst auf die Gefahr hin, in den Abgrund zu stürzen. (Ich werde sicher noch oft plötzlich aus dem Schlaf aufschrecken, weil ich träumte, über Felsen an dunklen Schluchten zu stolpern.)

Wir kletterten über Felsen am Grunde der Schlucht: Fuß und Knöchel wurden mehrmals zwischen zwei Steine eingeklemmt.

Die andere Seite. Die Kletterei dauerte vielleicht zwanzig furchtbare Minuten. El Mahbul war sehr anständig. Er nahm mich bei der Hand und half mir. Ich war vor Schmerz ganz erschöpft. Ich meinte, erbrechen zu müssen. Ich wußte nicht, welchen Heiligen anrufen, was tun, um doch noch weiterzukommen. Das schwarze Loch unter mir wurde tiefer – aber, wenn ich den Kopf hob, schien der Rand der Schlucht über mir immer höher. Glücklicherweise war ich in diesem Augenblick ausgefüllt von einem Gefühl des Zorns gegen Chibani. Warum hatte er mich zu dieser Kraftleistung gezwungen? Ich konnte mir den Kopf brechen oder den Fuß und dann: *Makasch* Smara. Aber Chibani kann das gleich sein. Er ist bei sich im eigenen Lande, ich dagegen wäre verloren … (Man versucht mir zu erklären, daß wir nicht mit Kamel und Esel in Tigilit einziehen durften, weil das Aufsehen erregt hätte usw.)

Endlich sehe ich am schwarzen Himmel nur wenig über dem dunklen Rand einen Stern: Venus. Dann erreichen wir die Höhe.

Ich dachte, die Qualen seien zu Ende. Keineswegs. Wir

mußten wieder aufbrechen und waren wohl noch eine ganze Stunde lang unterwegs. Ich verzichte darauf, zu beschreiben, was ich auszuhalten hatte. Felsen und Felsen und messerscharfe Steine. Immer wieder glaubte ich angekommen zu sein, und immer wieder ging es weiter.

Mary Kingsley.
Die grünen Mauern meiner Flüsse

Gegen fünf Uhr ging ich voraus und traf auf den angekündigten Pfad, auf dem ich weitergehen sollte. Er war nicht leicht zu erkennen, aber wenn man aufpaßte, konnte man ihm folgen. Dann brach er ab, führte aber jenseits eines Gebüschs wieder ziemlich deutlich weiter. Ich nahm eine Abkürzung und lag im nächsten Moment zwischen etlichen scharfen Stacheln ungefähr fünfzehn Fuß unter der Erdoberfläche auf dem Grund einer Großwildfalle. Das sind die Augenblicke, wo die Segnungen eines guten, festen Rocks so richtig zur Geltung kommen. Hätte ich mich an die Ratschläge vieler Leute in England gehalten und mich für männliche Kleidung entschieden, wäre ich jetzt bis auf die Knochen durchbohrt gewesen. Das Ende also. So aber saß ich, abgesehen von einer Menge Schrammen, dank der Stofffülle meines Rocks vergleichsweise gemütlich auf neun Ebenholzstacheln von gut 12 Inches Länge und rief frohgemut um Hilfe. Als erster kam der Duke [einer ihrer Begleiter, sie beschreibt ihn als Mann »mit den Manieren eines Herzogs und den Angewohnheiten eines Abfalleimers«] und schaute über den Rand der Grube. »Hol eine Liane und zieh mich raus«, sagte ich. Er knurrte und setzte sich auf einen Balken. Der Passagier kam als nächster. »Tot?« fragte er. »Nicht sehr«, klärte ich ihn auf. »Hol eine Liane und zieh mich raus.« »Kann nicht«, sagte er und setzte sich auf einen Balken. Schließlich kamen Kiva und Wiki. Wiki ging los, um diejenige Liane auszuwählen, mit der als einziger eine englische Lady herausgezogen werden darf: Sie war genau auf meinen Teint, mein Alter, meine Größe und diese besondere Grube abgestimmt. Von der Zeit zu schließen, die er dafür brauchte, schienen derartige Exemplare hier rar zu sein.

[…]

Gerade als es unerfreulich tief wurde, bemerkten wir, daß unter dem Wasser ein großer Baumstamm lag. … Es gelang jedem von uns, [auf dem Stamm zu gehen], außer einem, und ich muß wohl kaum betonen, daß es sich dabei um mich handelte. Als ich am Anfang der Unterwasserbrücke stand und mir darüber klarzuwerden versuchte, ob es besser war, auf einem schlüpfrigen Baumstamm zu gehen, den man sehen kann, oder auf einem, den man nicht sehen kann, wurde ich von jenem unvermeidlichen Fluch heruntergeschleudert, der mir die intime Bekanntschaft mit allen flüssigen und sumpfigen Elementen aufzwingt. Ich machte also einen Kopfsprung und bin daher in der Lage, der Welt mitzuteilen, daß sich auf jeder Seite dieses Balkens fünfzehn bis zwanzig Fuß tiefes Wasser befindet. Ich tauchte gewissenhaft auf einer Seite ein und kam auf der anderen Seite wieder heraus. Es dürfte der Stamm einer Dumpalme gewesen sein, oder Ebenholz, seine Länge beträgt etwa fünfzig Fuß. In jedem Fall handelt es sich um eine Holzart, die nicht schwimmt. Auch meine anspruchsvollsten Freunde können wirklich nicht von mir erwarten, daß ich ohne die entsprechende Ausrüstung unter Wasser botanisiere.

[...]

Zweieinviertel Stunden gingen wir durch diesen Sumpf. Ich brauchte eindreiviertel Stunden, denn ich folgte den Gummiträgern und tauchte nur zweimal ganz und gar unter ... Blutegel überfielen uns und klebten jedem wie ein spanischer Kragen um den Hals, und auch unsere Hände waren bedeckt von den Tieren, als wir aus dem Wasser kamen. Zum Glück hatten wir etwas Salz zum Tauschen dabei. Es sah sehr lustig aus, wie wir uns gegenseitig salzten. Aber trotz der Wirkung des Salzes fühlte ich mich nach dem Blutverlust ziemlich schwindlig und als wir nach N'dorko hineinmarschierten, boten wir einen schrecklichen Anblick. Natürlich hatte das Bluten nicht sofort aufgehört, wodurch wiederum die Fliegen angezogen wurden und – aber ich verliere mich in Einzelheiten.

Verwandlungen

Matsuo Bashô. Auf schmalen Pfaden durchs Hinterland

III. Der erste Wandertag – bis Sôka

In diesem 2. Jahr Genroku ist es also soweit, die leichthin ins Auge gefaßte Wanderübung auf langen Pfaden durchs Hinterland wirklich anzutreten. Sicher wird mir so manches widerfahren: Unter dem fernen Himmel – und sei es über dem Lande Wu oder woanders – wird auch mein Haar ergrauen. Nun aber Hoffnungen zu nähren wie etwa: »Ach käme ich doch aus jenen Gegenden, die meinem Ohr zwar wohlbekannt, meinem Auge aber fremd sind, heil wieder zurück!« – davon hielt ich nicht viel; man muß alles der Zukunft überlassen. Derart in Gedanken vertieft, gelangten wir an jenem Tag allmählich nach Sôka, dem Ort, wo wir Quartier nahmen.

Erstmalig spürte ich die Last, die meinen abgemagerten, knochigen Schultern aufgebürdet wurde. Ursprünglich wollte ich nur einfach so, mit nichts anderem als meinem eigenen Körper beschwert, loswandern! Nun kam noch etliches hinzu: ein Papiergewand gegen die Nachtkälte, ein Bade-Kimono, Regenzeug, Pinsel und Tusche und ähnliches. Auch die vielen Abschiedsgeschenke, die ich nicht ablehnen, Dinge, die ich nicht wegwerfen konnte, werden jetzt zur Bürde der Reise. Das läßt sich nicht mehr ändern.

XXVII. Die Insel Ojima – eine der vielen

Die Insel Ojima, landverbunden durch eine Brücke, ragt in die Bucht hinaus. Reste der Klause des Zen-Meisters Ungo und der Stein, auf dem er stets seine »Sitzmeditation« hielt, sind uns erhalten geblieben. Im Schatten der Kiefern bemerkte ich einige Einsiedler, die da und dort ihr weltabgewandtes Leben fristen. In der Einsamkeit wohnen sie hier in Grashütten; Kienäpfel und Kiefernnadeln nähren den emporsteigenden Qualm ihrer Feuerstellen. Was es wohl für Menschen sein mögen – hätte ich gerne gewußt! Von wehmütigen Gefühlen geleitet, wollte ich gerade näher treten, als ich den Mond erblickte, der sich im Meer spiegelte. Er verwandelte die Nachtlandschaft, tauchte sie in ein völlig anderes Licht.

Zum Strand zurückgekehrt, bemühten wir uns um ein Nachtquartier und fanden auch eine einstöckige Herberge, deren Fenster sich zur See hin öffneten. Ach, in Wind und Wolken gebettet seinen Reiseschlaf halten! Es überkam mich ein wundersames Gefühl, als hätte man mich verzaubert.

XXIX. Ishinomaki, die Ungastliche

Für den 12. Tag setzten wir uns Hiraizumi zum Reiseziel. Von der Kiefer von »Schwesternzahn« und der Brücke »Seilriß« hatten wir schon gehört, ihr Ruf war uns aus der Dichtung längst bekannt. Auf Fußspuren von Menschen, (die man nach dem Weg hätte fragen können), stießen wir selten. Wir gingen Pfade, die nur Jägern und Holzknechten dienten – uns waren sie unbekannt. So kam es, daß wir uns schließlich verirrten und am Hafen von Ishinomaki herauskamen. Leer Kinkazan, ein Berg, bei dem ein Poet sich zu den Worten hinreißen ließ: »... dort, wo die Goldblüten blühen ...«, überragte alles um sich herum. Hunderte von Küstenbooten drängten sich im Hafen, die Wohnstätten machten einander den Boden streitig und aus allen Herdstellen stieg unaufhörlich Rauch empor. Wieso mußten wir, ohne es je vorgehabt zu haben, ausgerechnet in so einem Ort landen – dachten wir und machten uns daran, Quartier zu suchen. Es fand sich aber niemand, der uns aufgenommen hätte. Schließlich übernachteten wir in einer kleinen, elenden Hütte. Kaum daß es hell wurde, brachen wir schon auf und setzten unsere Irrfahrt auf unbekannten Wegen fort. Die Furt von Sode, die Weideplätze von Ubuchi und die Schilffelder von Mano würdigten wir nur eines flüchtigen Blickes und wanderten weiter. Am Rande des furchterregenden, »sich lang hinziehenden Naganuma-Moores« schritten wir einen Deich entlang, quartierten uns in Toima in einer Herberge ein und gelangten dann nach Hiraizumi. Es wird wohl eine Entfernung von 20 »Meilen« gewesen sein.

XXXI. Die Grenzschranke Shitomae

Der Weg durch das Nambu-Gebiet verlor sich in der Ferne. Wir aber blieben über Nacht im Dorf Iwate. Durch Ogurozaki und Mizu no Kojima, bekannte Orte aus der Dichtung, ging unsere Route anderntags weiter. Über das Heißquellgebiet von Narugo gelangten wir zur Grenzbarriere, die Shitomae (»Pinkle-mal-schön«) genannt wird, wo wir die Grenze der Provinz Dewa zu überschreiten gedachten. Dieser Weg wird kaum je von Reisenden betreten; kein Wunder, daß wir vom Grenzwächter argwöhnisch beäugt wurden. Schließlich ließ er uns durch. Wir erklommen einen großen Berg, als die Sonne fast schon untergegangen war. Da erblickten wir das Haus eines Grenzpostens und baten ihn um eine Unterkunft. Drei Tage wüteten Sturm und Regen. Es war nichts zu machen: wir mußten gegen unseren Willen in jener ungastlichen Berggegend verbleiben.

Nomi shirami
oma no shito suru
makura-moto
Nichts als Flöhe und Läuse!
Und nah an meinem Kopfkissen
pißt auch noch ein Pferd!

XXXII. Der Natagiri-Paß – eine mühsame Bergwanderung

»Von hier aus bis zur Grenze der Provinz Dewa stehen hohe Berge wie Trennwände, fast unpassierbar; die Wege sind unsicher, so daß man sie ohne die Hilfe eines Ortskundigen nicht bewältigen kann!« – sagte unser Gastgeber und daher vertrauten wir uns einem kräftig aussehenden Burschen an, der einen Krummsäbel umhängen hatte und einen Eichenstecken trug. Er ging voraus. »Ausgerechnet an einem Tag, der uns Böses bringen kann!« – sagte er, und wir strauchelten entsprechend eingeschüchtert hinter ihm drein. Unser Gastgeber hatte recht behalten, es gab nichts als hohe Berge und dichte Waldungen, durch die keine Vogelstimme drang. Durch Waldesdunkel und wucherndes Gestrüpp führte der Pfad – es war uns, als schritten wir durch die Nacht. Wir erlebten die Stimmung von Tu Fus Gedichtworten: »… aus Wolkenrändern wirbelte Nebelstaub …« Schritt für Schritt zwängten wir uns durchs dichte Bambusgrasgewirr, zerteilten es mühsam, und nur so konnten wir uns langsam einen Weg bahnen. Wir staksten über Wildbäche, und suchten unseren Halt über manchen Felsen kletternd, während kalter Schweiß über unsere Körper rann. Erst als wir die Ländereien von Mogami erreichten, hatten wir es hinter uns. »Dieser Weg hält sonst immer Unvorhergesehenes bereit. Euch unversehrt bis hierher geführt zu haben ist ein großes Glück!« – sagte freudestrahlend der Bursche, der uns gebracht hatte. Dann trennten wir uns von ihm. Aber noch lange nachher spürte ich das kalte Grauen, das seine ersten Worte in mir hinterlassen hatten. Angst schnürte mir die Brust zusammen.

Johann Gottfried Seume. Spaziergang nach Syrakus

Schottwien

Nun nahm ich von meinen alten und neuen Bekannten in der Kaiserstadt Abschied, packte meine Siebensachen zusammen und wandelte mit meinem neuen kaiserlichen Dokument Tages darauf fröhlichen Mutes die Straße nach Steiermark. Schnorr hatte als Hausvater billig Bedenken getragen, den Gang nach Hesperien weiter mit mir zu machen. Man hatte die Gefahr, die auch wohl ziemlich groß war, von allen Seiten noch mehr vergrößert; und was ich als einzelnes isoliertes Menschenkind ganz ruhig wagen konnte, wäre für einen Familienvater Tollkühnheit gewesen. Komme ich um, so ist die Rechnung geschlossen und es ist Feierabend: aber bei ihm wäre die Sache nicht so leicht abgetan. Er begleitete mich den zehnten Januar, an einem schönen, hellen, kalten Morgen eine Stunde weit heraus, bis an ein altes gotisches Monument, und übergab mich meinem guten Genius. Unsere Trennung war nicht ohne Schmerz, aber rasch und hoffnungsvoll uns in Paris wieder zu finden.

Ich zog nun an den Bergen hin, die rechts immer größer wurden, dachte so wenig als möglich, denn viel Denken ist, zumal in einer solchen Stimmung und bei einer solchen Unternehmung, sehr unbequem, und setzte gemächlich einen Fuß vor den andern immer weiter fort. Als die Nacht einbrach, blieb ich in einem Dorfe zwischen Günselsdorf und Neustadt. So wie ich in die große Wirtsstube trat, fand ich sie voll Soldaten, die ihre Bacchanalien hielten. Die Reminiszenzen der Wachstuben, wo ich ehemals Amts wegen eine Zeitlang jede dritte Nacht unter Tabaksdampf und Kleinbierwitz leben mußte, hielten mich, daß ich nicht sogleich zurückfuhr. Ich pflanzte mich in einen Winkel am Ofen, und ließ ungefähr dreißig Wildlinge ihr Unwesen so toll um mich her treiben, daß mir die Ohren gellten. Einige spielten Karten, andere sangen, andere disputierten in allen Sprachen der Pfingstepistel mit Mund und Hand und Fuß. Bald entstand Streit im Ernst, und die Handfestesten schienen schon im Begriff, sich einander die Argumenta ad hominem mit den Fäusten zu applizieren; da fing ein alter Kerl an in der Ecke der großen gewölbten Stube auf einer Art von Sackpfeife zu blasen, und alles ward auf einmal friedlich und lachte. Bei dem dritten und vierten Takte ward es still; bei dem sechsten faßten ein Paar Grenadiere einander unter die Arme und fingen an zu walzen. Der Ball vermehrte sich, als ob Hüons Horn geblasen würde; man ergriff die Mädchen und sogar die alte dicke Wirtin, und aller Zank war vergessen. Dann traten Solotänzer auf und tanzten steierisch, dann kosakisch, und dann den ausgelassensten, ungezogensten Kordax, daß die Mädchen davonliefen und selbst der Sackpfeifer aufhörte. Dann ging die Szene von vorn an. Man spielte und trank, und fluchte und zankte und drohte mit Schlägen, bis der Sackpfeifer wieder anfing. Der Mann war hier mehr als Friedensrichter, er war ein wahrer Orpheus. Der Wein, den man aus großen Glaskrügen trank, tat endlich seine Wirkung; alles ward ein volles, großes, furchtbar bacchantisches Chor. Hier nahm ich den Riemen meines Tornisters auf die linke Schulter, meinen Knotenstock in die rechte Hand und zog mich auf mein Schlafzimmer, wo ich ein herrliches Thronbette fand und gewiß wie ein Fuhrknecht geschlafen hätte, wäre ich nicht von den Grenadieren durch eine förmliche Bataille geweckt worden. Der ehrliche Wirt machte den Leidenden, überall das sicherste bei militärischer Regierung, und hätte seinen kriegerischen Gästen wohl gern ihre Kreuzer geschenkt, wenn sie ihn nur in Ruhe gelassen hätten. Ein Offizier, wie ich aus dem Ton vermutete, mit dem er sprach, machte endlich um zwei Uhr Schicht, und es ward ruhig.

[…]

Mürzhofen

Von Schottwien bis hierher war heute in der Mitte des Januars eine tüchtige Wandlung. Der Sömmering ist kein Maulwurfshügel; es hatte die zweite Hälfte der Nacht entsetzlich geschneit; der Schnee ging mir bis hoch an die Waden; ich wußte keinen Schritt Weg, und es war durchaus keine Bahn. Einige Mal lief ich den Morgen noch im Finstern unten im Tal zu weit links, und mußte durch Verschläge in dem tiefen Schnee die große Straße wieder suchen. Nun ging es bergan zwei Stunden, und nach und nach kamen einige Fuhrleute den Sömmering herab, und zeigten mir wenigstens, daß ich dorthin mußte, wo sie herkamen. Links und rechts waren hohe Berge, mit Schwarzwald bewachsen, der mit Schnee behangen war; und man konnte vor dem Gestöber kaum zwanzig Schritte sehen. Oben auf den Bergabsätzen begegneten mir einige Reisewagen, die in dem schlechten Wege nicht fort konnten. Der Frost hielt noch nicht, und überdies waren die Gleise entsetzlich ausgeleiert. Herren und Bedienten waren abgestiegen und halfen fluchend dem Postillon das leere Fuhrwerk Schritt vor Schritt weiter hinaufwinden. Ich wechselte die Schluchten bergauf bergab, und trabte zum großen Neide der dick bepelzten Herren an dem englischen Wagen fürbaß. Ein andermal rollten sie vor mir vorbei, wenn ich langsam fortzog. So gehts in der Welt: sie gingen schneller, ich ging sicherer. Auf dieser Seite des Sömmerings kommt aus verschiedenen Schluchten die Wien herab; und auf der zweiten Hälfte der Station, nach Mürzzuschlag, nachdem man den Gipfel des Berges erstiegen hat, kommt eben so die Mürz hervor, und ist in einer Stunde schon ein recht schöner Bach. Bei Mürzzuschlag treibt sie fast alle hundert Schritte Mühlen und Hammerwerke bis herab nach Krieglach, wo sie größer wird, nun schon einen ansehnlichen Fluß bildet, und nur mit Kosten gebraucht werden kann. Es ist angenehm, die Industrie zu sehen, mit welcher man das kleine Wässerchen zu seinen Behufen zu leiten und zu gebrauchen weiß; und die kleinen Täler an dem Flusse herunter sind außerordentlich lieblich, und machen auch unter dem Schnee mit ihren fleißigen Gruppen ein schönes Winterbild.

Die Wörter Mürzzuschlag und Krieglach klangen mir nach den Wiener Mordgeschichten gar sehr wie nomina male ominata, deren Etymologie ich mir gern hätte erklären lassen, wenn ich nicht zu faul gewesen wäre irgendeinen Pastor aufzusuchen: und ich war herzlich froh, als ich gegen Abend so ziemlich aus der abenteuerlichen Gegend heraus war. Es ist etwas sehr gewöhnliches, daß man einem Gaste, wenn er die Zeche bezahlt hat und abzieht, glückliche Reise wünscht, und man denkt weiter nicht viel dabei: aber Du kannst nicht glauben, wie angenehm es ist, wenn es in einer solchen Lage, im Januar, wenn der Sturm den Schnee gegen die Felsen jagt, mit Teilnahme von einem artigen, hübschen Mädchen geschieht, zumal wenn man den Kopf voll Räuber und Strauchdiebe hat.

Rom

Wider meine Absicht bin ich nun hier. Die Leutchen in Ankona legten es mir so nahe ans Gewissen, daß es Tollkühnheit gewesen wäre, von dort aus an dem Adria hinunter durch Abruzzo und Kalabrien zu gehen, wie mein Vorsatz war. Ihre Beschreibungen waren fürchterlich, und im Wirtshause betete man schon im voraus bei meiner anscheinenden Hartnäckigkeit für meine arme erschlagene Seele. Vous avez bien l'air d'être un peu François; et tout François est perdû sans ressource en Abruzzo. Ce sont des sauvages sans entrailles; sagte man mir.

Das klang nun freilich nicht erbaulich, denn ich denke noch manches ehrliche Kartoffelgericht in meinem Vaterlande zu essen. On Vous prendra pour François, et on Vous coupera la gorge sans pitié; hieß es. Fort bien, sagte ich; ou plûtot bien fort. Was war zu tun? Ich machte der traurigen Dame zu Loretto meinen Besuch, ließ auch meinen Knotenstock von dem Sakristan mit zur Weihe durch das Allerheiligste tragen, beguckte etwas die Votiven und die gewaltig vielen Beichtstühle, ließ mir für einige Paoli ein halbes Dutzend hochgeweihte Rosenkränze anhängen, um einige gläubige Sünderinnen in meinem Vaterlande damit zu beglückseligen, und wandelte durch die Apenninen getrost der Tiber zu. Freilich gab es auch hier keinen Mangel an Mordgeschichten, und in einigen Schluchten der Berge waren die Arme und Beine der Hingerichteten häufig genug hier und da zum Denkmal und zur schrecklichsten Warnung an den Ulmen aufgehängt: aber ich habe die Gabe zuweilen etwas dümmer und ärmer zu scheinen, als ich doch wirklich bin; und so bin ich dann glücklich auf dem Kapitol angelangt.

Die Gegend von Ankona nach Loretto ist herrlich, abwechselnd durch Täler und auf Höhen, die alle mit schönem Getreide und Obst und Ölbäumen besetzt sind; desto schlechter ist der Weg. Es hatte noch etwas stark Eis gefroren, eine Erscheinung, die mir in der Mitte des Februars bei Ankona ziemlich auffiel; und als die Sonne kam, vermehrte die Wärme die Beschwerlichkeit des Weges unerträglich.

Ich war seit Venedig überall so sehr von Bettlern geplagt gewesen, daß ich auf der Straße den dritten Menschen immer für einen Bettler ansah. Desto überraschender war mir ein kleiner Irrtum vor Loretto, wo es vorzüglich von Armen wimmelt. Ein ältlicher, ärmlich gekleideter Mann stand an einem Brückensteine des Weges vor der Stadt, nahm mit vieler Deferenz seinen alten Hut ab, sprach etwas ganz leise, das ich, daran gewöhnt, für eine gewöhnliche Bitte hielt. Ich sah ihn flüchtig an, fand an seinem Kleide und an seiner Miene, daß er wohl bessere Tage gesehen haben müsse, und reichte ihm ein kleines Silberstück. Das setzte ihn in die größte Verlegenheit; sein Gesicht fing an zu glühen, seine Zunge zu stammeln: er hatte mir nur einen guten Morgen und glückliche Reise gewünscht. Nun sah ich dem Mann erst etwas näher ins Auge, und fand so viel feine Bonhommie in seinem ganzen Wesen, daß ich mich über meine Übereilung ärgerte. Wahrscheinlich hielten wir beide einander für etwas ärmer, als wir waren. Du wirst mir zugeben, daß solche Erscheinungen, die kleine Unannehmlichkeit des augenblicklichen Gefühls abgerechnet, unserer Humanität sehr wohltun müssen. Die Gegend um Loretto ist ein Paradies von Fruchtbarkeit, und die Engel müssen ganz gescheite Leute gewesen sein, da sie nun einmal das Häuschen im gelobten Lande nicht behaupten konnten, daß sie es durch die Luft aus Dalmatien hierher bugsiert haben. Es steht hier doch wohl etwas besser, als es dort gestanden haben würde, wo es auch den Ungläubigen, sozusagen, noch in den Klauen war. Zwar hatte es den Anschein, als ob der Unglaube auch hier etwas überhand nehmen wollte und einen dritten Transport nötig machen würde; denn die entsetzlichen Franzosen, die doch sonst die allerchristlichste Nation waren, hatten sich nicht entblödet der heiligen Jungfrau offenbare Gewalt anzutun, worüber die hiesigen Frommen große Klagelieder und Verwünschungen anstimmen: aber die neue Salbung des großen Demagogen gibt auf einmal der Sache für die Gottseligkeit eine andere Wendung. Die Mummerei nimmt wieder ihren Anfang, man macht Spektakel aller Art, wie ich denn selbst das Idol des Bacchus auf einer ungeheuern Tonne zum Fasching vor dem heiligen Hause in Pomp auf- und abführen sah; und man verkauft wieder Indulgenzen nach Noten für alle Arten von Schurkereien. Es ist überhaupt nicht viel Vernunft in der Vergebung der Sünden; aber wer diese Art derselben erfunden hat, bleibt ein Fluch der Menschheit, bis die Spur seiner Lehre getilget ist.

Christoph Ransmayr.
Nachrichten aus der Höhe
Vom Gehen im Himalaya

I

Über das Spaltengewirr des Gletschers
glitten Wolkenschatten dahin
und stiegen die Wandfluchten empor,
bis sie sich in einem blauschwarzen,
mit Kumuluswolken behängten Himmel verloren.
Hier führte jeder Blick nur noch höher:

aus der prunkenden Vegetation
mit ihrem Überfluß an Düften,
ins Grün gesprengten Farben und Blütenformen
himmelhoch hinaus über alle organische Pracht
und durch seidig schimmernde Dunstbarrieren weiter
in den blendenden,
alles überstrahlenden Glanz des Eises,
das in seinen Kristallen den Sauerstoff, das Aroma
und die Atemluft von Jahrtausenden bewahrte.

Hier erschien uns die Vertikale,
der Weg ins Gebirge,
zum ersten Mal als ein Weg durch die Zeit.
Denn so leuchtend, so leer
und von allem Leben entblößt
wie in der Eisregion, wie dort oben,
war die Welt nicht nur schon einmal gewesen,
sondern würde sie nach Ablauf meßbarer Fristen
auch wieder werden, eine Welt ohne uns.

II

In der Tiefe sahen wir das bleigraue Tal,
so breit, daß darin Städte Platz gefunden hätten und so lang,
daß sein Ende in bläulichen Schleiern versank.
Auf dem Talboden, der immer noch
fünftausend Meter über dem Spiegel des Meeres lag,
wand sich ein Fluß in zahllosen Mäandern dahin.

Dann füllten Wolken das Tal wie einen Trog,
wälzten sich im Sog der Thermik die Steilhänge empor
und verrauchten über den Graten
in einem nachtblauen Himmel
und ließen den Fluß, seine Ufer, die Gebirgszüge,
jedesmal in einer anderen Schattierung zurück,
als spendeten sie nicht bloß Regen, Schnee oder Hagel,
sondern auch Farben.

Und wir erinnerten uns
an die Überschreitung des Flusses,
an ein Ufer, so scheinbar unberührt und verlassen,
als wären wir die ersten Menschen an ihm –
und doch waren dann, beim Durchwaten
des glatten, schnell ziehenden Wassers,
über die ganze Breite des Stroms beschriebene,
mit Schriftzeichen behauene Steine
am Grund erkennbar geworden:

Tausende, Hunderttausende Steine, kieselgroße,
faustgroße, manchmal kopfgroße Steine,
im Verlauf von Jahrhunderten von Pilgern,
die ihrem Heiligtum entgegenzogen

oder von dort zurückkehrten,
im seichten Wasser versenkt,

damit der Strom die dem Stein anvertrauten Gebete
ans Meer trage und so jedes Wort bewegt, gebetet
und unter der Sonne wieder zu Wasserdampf werde,
und die Schwaden des Dampfes wieder zur Wolke,
aus der dann Zeichen für Zeichen zurückregne,
zurückschneie oder selbst als Hagel zurückschlage
auf das allein den Göttern gehörende Land.

III

In einer höher und höher führenden
und dabei alles Leben abstreifenden Felswand
die Einzigen zu sein, allein zu sein
in einer gekippten, vertikal gestellten Steinwelt,
die selbst am Himmel nicht endete,
sondern die Wolkendecke durchstieß
und sich erst irgendwo hoch oben in der Unabsehbarkeit,
vielleicht Unerreichbarkeit erschöpfte,
hatte manchmal in uns etwas auszulösen vermocht,
wofür wir kein anderes Wort wußten als Grauen.

Dabei war es nicht die Stille der Höhe,
die uns wie ein Dröhnen aus unserem Innern
in den Ohren klang, nicht die Verlassenheit,
die alles Vertraute an das Tal, an die Tiefe verlor,
sondern vor allem dieser verwehende,
aufsteigende und wieder absinkende Himmelsrand,
der eine Felswand gleichzeitig mit der Wolkendecke

vernähte und sie von ihr trennte,
diese fliegende Grenze
zwischen einem überschaubaren Diesseits
und einem in Regen- oder Sturmwolken
verborgenen Jenseits.

Dieses Grauen, eine Angst,
die wohl damals wie heute im Grunde dem Tod galt,
schreckte uns zugleich ab
und zog uns an – wußten wir doch,
daß wir nur weitersteigen, höhersteigen, unserer Route
ins Unabsehbare folgen und diese Grenze keuchend,
schreiend oder stumm überwinden mußten,
wenn wir im Innern der Wolken,
im treibenden Nebel oder Schnee
jene Besänftigung finden wollten,
die sich in Begeisterung verwandeln konnte,
wenn uns der Entschluß, weiter!, weiter,
weiterzugehen, zu steigen, zu klettern,
wieder hinaus in eine sonniges
oder doch wenigstens klares Schneereich führte,
in die nackte Höhe.

Aber manchmal erfaßte uns dieses Grauen
sogar auf dem Weg nach unten, zurück ins Tal,
in die Tiefe, wenn dabei der Himmelsrand
abermals zu überwinden war, die Grenze,
die alles Dahinter-, Darüber- oder Darunterliegende
zum Ungewissen, Verborgenen machte,
so, als ob uns auch unter den Wolken
und am Ende unseres Weges zurück zu den Menschen
nun nicht mehr das Vertraute, eine Weide,

ein Zeltplatz im Tal, sondern nur noch Leere,
undurchdringliche Verlassenheit erwarten würde,
ein lebloser Grund.

IV

Über dem schwarzen Grat,
der uns zum Weg werden sollte,
schien der Mond durch Wolkenfronten zu jagen,
die umbrandeten, rauchenden Bollwerken glichen,
Ruinen, in denen er sich verfinsterte
und wieder erstrahlte,
um in einer Folge rasender Auf- und Untergänge
die Trümmer des Himmels einmal mit einer Gloriole,
dann wieder mit zarten Silberrändern zu umgeben.

Nur Bruchstücke von festem Land,
Bruchstücke von Höhenzügen, Eisfeldern, Gipfeln
waren in diesem Lichtspiel zu sehen
und was beschneiter Fels und was Wolke war,
wurde ununterscheidbar.

Unser Berg, dieser verfluchte Berg,
hatte sich während unseres Anmarsches
immer nur in Bruchstücken gezeigt,
gefaßt von schmalen Talöffnungen
und stets umlagert von benachbarten Gebirgszügen,
hatte sich mit jedem neuen Tal,
jedem neuen Ausblick verändert, ja schien sich
vor uns wie in einem langsamen Tanz zu drehen,
als müßte uns Ahnungslosen

der wahre Formenreichtum der Erdkruste
erst noch vorgeführt werden:

zeigte sich einmal als Pyramide, dann wieder
als keilförmig aufragender Koloß,
als zerklüfteter Block, sogar als gleißende Düne
und war über seine wechselnden Gestalten hinaus
doch allmählich zu einer einzigen,
ungeheuerlichen Barriere emporgewachsen, einer Wand,
an der sich der Rest des Gebirges, aller Raum,
der Himmel selbst zu stauen schienen.

V

Vor der blauen Barriere eines Gletscherabbruchs
hielten wir endlich Rast
und empfanden in unserer Erschöpfung
eine solche Gleichgültigkeit gegenüber allem,
was uns jemals bewegt und in dieses Gebirge geführt hatte,
daß wir schon wie der Stein zu werden glaubten,
an den wir uns lehnten, grau, teilnahmslos, stumm,
ausgesetzt allein den Kräften der Erosion und der Zeit.
Unser Haar verwuchs mit den Schmelzwasserrinnsalen,
die Nägel unserer Hände, unserer Füße wurden zu Schiefer,
unsere Augen zu Basalt.
Vor der ungeheuren Masse dieses Gebirges
hatte nichts Bestand und Bedeutung, was nicht selbst Fels war.
Von uns und allen Generationen vor uns und nach uns
wußten die Schluchten nichts; teilnahmslos
gähnten sie die Wolken an,
deren Schatten teilnahmslos über die Abstürze glitten.

VI

Unendlich lange, eine Ewigkeit lang
hatte sich der Gipfel in den qualvollen
letzten Stunden des Aufstiegs verborgen,
in Eiswolken, kristallinen Fahnen,
ja schien, als er sich endlich
und wie zum Hohn zeigte,
eine gleißende Kuppe,
sogar zurückzuweichen vor uns,
mit jedem Mal weiter zurück,
wenn er für einige schmerzhafte Atemzüge
zwischen den Wolken aufglänzte
und gleich wieder verschwand,
vor jedem unserer Schritte zurück
ins immer tiefere Blau des Himmels,
dann in die drohende Schwärze des Alls,
die sich durch zerreißende Vorhänge aus Eis
auf uns herabzusenken begann.

Und als aller Himmel endlich zerrissen
und bis auf einen ungeheuerlichen Wolkenturm
im Nordwesten geklärt und verfinstert war,
wußten wir nicht mehr, ob wir hinab- oder aufblickten
zu sterngleichen, flimmernden Lichtquellen,
versprengten Sonnen,
weil dort oben, ganz oben,
Höhe und Tiefe eins
und ununterscheidbar wurden.

Und wir starrten uns an
und starrten empor und starrten hinab

und rangen nach Luft, keuchten, hechelten,
spürten, wie der Schneeboden
unter unseren Füßen nachgab
und dann sachte und immer steiler
wieder abzufallen begann:
Wir hatten den Gipfel erreicht.

Von hier, endlich,
führte kein Weg mehr in die Höhe,
sondern jeder Weg in den Abgrund,
zurück zu den Menschen.

James Holman.
Vesuv

Mein Freund C. war so begeistert vom stattlichen Anblick des Aquädukts von Maddaloni, daß es uns nicht gelang, ihn zum Aufbruch zu bewegen, bis die Dunkelheit ein weiteres Verweilen unmöglich machte und wir nach Neapel zurückkehrten. Auf der Fahrt hatten wir einigen Grund, die Furcht unseres Kutschers vor einem Überfall ernst zu nehmen, denn als wir uns vier Meilen vor der Stadt befanden, wurden wir von drei Gesellen überrascht, die aus der Heide auftauchten. Sie folgten unserer Kutsche einige Zeit und begutachteten uns, als ob sie unsere Schlagkraft einschätzen wollten. Einer von ihnen versuchte sogar hinten auf die Kutsche aufzuspringen, aber mein Freund C. brüllte etwas auf Italienisch, woraufhin der Mann abließ und umgehend mit seinen Kumpanen verschwand. Es war natürlich unvorsichtig von uns, zu so später Stunde in der Gegend um Neapel unterwegs zu sein, denn auch wenn die Stadt von österreichischen Truppen geschützt wurde, war es doch wohlbekannt, daß etliche entlassene Soldaten und unzufriedene Bauern durch das ganze Land streiften. Wir erreichten Neapel erst nach halb elf, und ich ging umgehend in meine Unterkunft und überließ es meinem Begleiter, den Fahrpreis mit dem Kutscher auszuhandeln. Dieser Auseinandersetzung zog sich bis Mitternacht hin und endete damit, daß wir einen Taler mehr zahlten als gefordert.

Mein Freund war übrigens unglücklicherweise taub und auch sonst schlechter Gesundheit. Es mag als seltsamer Zufall unserer Zweierreisegesellschaft gelten, daß es mir am Augenlicht und ihm am Hörsinn mangelte. Dieser Umstand war einigermaßen drollig und erregte beträchtliche Heiterkeit bei jenen, die mit uns reisten, und so waren wir des öfteren Zielscheibe ihrer Scherze, an denen wir uns für gewöhnlich beteiligten und die wir manchmal sogar auf die Spitze trieben.

Am nächsten Tag folgten auf einen schönen Morgen gegen Mittag Wolken, und auf dem Rückweg vom Zollhaus, wohin ich einen Gentleman begleitet hatte, holte uns ein fürchterliches Gewitter ein, das von Regenstürmen begleitet wurde. Es gelang uns jedoch, Schutz zu finden. Bei dieser Gelegenheit vermißte ich mein Taschentuch – ob es nun vom unverschämten Wind oder vom flinkfingrigen Adel, von dem es in dieser Stadt nur so wimmelt, entwendet wurde, kann ich nicht sagen, obwohl ich dazu neige, letzteren zu verdächtigen. Dies war jedoch der einzige Verlust dieser Art, den ich auf meiner Reise erlitt.Montag, der 4. Juni schien für mein Vorhaben, die Überreste von Pompeji zu besuchen, das ungefähr vierzehn Meilen von Neapel entfernt liegt, günstig zu sein. Mein Freund C. und ich mieteten ein *curriculo* oder Gig, das uns an diesen Ort bringen sollte. Für diese Strecke zahlten wir nur zwölf Carlini, was ungefähr vier Shilling entspricht, ruft man sich aber ins Bewußtsein, daß der Fahrer sich und sein Pferd für ein Achtel dieser Summe den ganzen Tag versorgt, wirkt dieses Entgelt nicht mehr verachtenswert.

Wir verließen Neapel kurz vor sechs und erreichten, nach einem Frühstückshalt in Torre del Annunciata, gegen neun Uhr Pompeji. Unser Weg führte durch üppige Weinberge und mehrere Lavabetten – Überreste von Ausbrüchen des Vesuvs. 1794 wurde Torre del Greco, eine Stadt, durch die wir fuhren, durch eine dieser fürchterlichen Heimsuchungen zerstört – und dennoch ist die Anhänglichkeit der verblendeten Bewohner dieses Ortes so groß, daß an selber Stelle eine neue Stadt entstand.

Wir betraten die Außenbezirke Pompejis durch die Villa jenes Römers, dessen Skelett im Garten gefunden wurde, mit einer Börse Goldstücke in der Hand, mit der er wohl zu fliehen versuchte, als er vom überwältigenden Ascheregen aufgehalten wurde. Nachdem wir diese Außenbezirke, in denen uns mehrere Grabmale und Gefäße für die Asche der Toten auffielen, hinter uns gelassen hatten, gelangten wir durch ein antikes Tor in die Stadt selbst. Es ist weder einfach, die Gefühle zu schildern, die meine Seele bestürmten, als ich mich inmitten dieser imposanten Stadt befand, noch ihr eine so detaillierte Beschreibung angedeihen zu lassen, wie sie es verdient hätte. Unser Erkundungsgang unterschied sich jedenfalls von jenem, der gewöhnlich von den Cicerones eingeschlagen wird, die einen zuerst zum Amphitheater führen. Wir hingegen begannen mit jenen Dingen, mit denen Fremde normalerweise ihren Besuch beschließen, betrachteten das Amphitheater als letztes und arbeiteten uns so vom Kleinen zum Großen vor.

Wie sehr mir von allen Seiten auch ausgemalt wurde, welche Schwierigkeiten eine Besteigung des Vesuvs für mich bereithielte, mein Wunsch war so brennend, daß ich den Versuch sicherlich auch allein unternommen hätte, wäre ein Freund, Mr M., nicht so freundlich gewesen, mir seine Begleitung anzubieten. Ich erwartete mir von ihm allerdings, auf die Gefahr hin, für eitel gehalten zu werden, eher Unterhaltung und Beschreibungen denn Schutz und Führung.

Meine Freunde trachteten, mich von diesem Unternehmen abzubringen, und antworteten mir auf meine Frage, auf welche Weise andere die Besteigung angingen: »Na ja, sie *sahen* ihren Aufstiegsweg.«

»Dann habe ich keine Zweifel, daß es mir möglich sein wird, den meinigen zu *fühlen.*« Ich gestehe, ich war verärgert, da ständig auf Schwierigkeiten hingewiesen wurde, von denen mir keine unüberwindlich schien. Auch gestehe ich Menschen, die sich nicht in der gleichen Lage wie ich befinden, nicht zu, eine Einschätzung abzugeben, welche Fähigkeiten jemand erwirbt, dem ein Sinn abhanden gekommen ist.

Wir verließen Neapel gegen fünf Uhr nachmittags mit der Absicht, den Berg im Mondschein zu sehen. Nachdem wir durch Portici gefahren waren, erreichten wir gegen sieben Uhr Resina, wo die Kutsche nach unserer Expedition auf uns warten und nach Neapel zurückbringen sollte. Wir heuerten einen Führer aus dem Hause Salvatori an – diese Familie stellt die angesehensten Reisebegleiter für den Vesuv – und begangen unverzüglich mit dem Aufstieg.

Am Fuß des Vulkans stehen ständig mehrere Esel für jene zur Verfügung, die des Gehens nicht mächtig sind oder Erschöpfung fürchten; die Tiere können ihre Reiter zwei Drittel der Strecke bis zum Gipfel transportieren. Da ich aber eine genauere Vorstellung des Weges gewinnen wollte, entschlossen wir uns, zu Fuß zu gehen.

Wir gingen eine ordentliche Straße entlang, bis wir ein Haus erreichten, das ungefähr auf halbem Weg zu einer Eremitage am Westhang lag. Wir rasteten dort kurz und erfrischten uns mit Wein und Wasser. Danach wurde die Straße allmählich schlechter und schließlich so beklagenswert, daß ich, hätte ich nicht bei früheren Gelegenheiten die erstaunlichen Fähigkeiten von Eseln und Maultieren erlebt, es für unmöglich gehalten hätte, daß die Tiere sie emporklettern könnten. Wir erreichten die Einsiedelei gegen halb neun, rüsteten uns auf Vorschlag unseres Führers mit ein wenig Wein und Brot des Einsiedlers aus und nahmen den mühseligeren Teil unserer Reise in Angriff. Der Weg wurde bald sehr weich, er bestand aus dem Staub, der aus dem Krater gespuckt worden war, war aber mit großen und scharfen Steinen aus derselben Quelle durchsetzt. Einige von ihnen waren von solch enormer Größe, hätten wir nicht um die erstaunliche Kraft des Elements Feuer gewußt, wir hätten es kaum für möglich gehalten, daß solche Brocken derart weit aus den Eingeweiden des Berges geschleudert werden.

Zu den größten Unannehmlichkeiten dieses Aufstiegs gehörten die Ascheteilchen, die sich in meine Schuhe mogelten und meinen Füßen solche Pein verursachten, daß ich mehrmals gezwungen war, sie auszuziehen, um die lästige Materie loszuwerden. Nachfolgenden Reisenden empfehle ich daher für den Aufstieg feste Lederstiefel.

Endlich erreichten wir den einzigen Teil des Berges, der zu diesem Zeitpunkt aktiv war und Flammen und Schwefeldampf ausstieß. Der Führer nahm mich beim Arm und geleitete mich zu einer Stelle, an der Feuer und Rauch aus den Rissen zwischen jenen Steinen drangen, auf denen wir gingen und die wir ständig unter unseren Füßen knacken hörten, als ob sie auseinanderbrechen und wir ins Innerste des Berges stürzen würden. Unweigerlich kam mir die erhabene Schilderung Vergils in den Sinn.

Ich muß zugeben, daß sich meine Phantasie an all den möglichen Unfällen entzündete, und doch ließ ich mich führen, mein Zutrauen von der Überzeugung inspiriert, mich in der Obhut eines achtsamen Führers zu wissen. Mein Cicerone schien höchst zufrieden und versicherte mir, es sei das erste Mal, daß sich ein Mensch, der das Augenlicht verloren hatte, dort hingewagt hätte. Er fügte hinzu, er sei sicher, dies würde den König sehr erstaunen, wenn er darüber aus dem Rapport erführe, der täglich die Personen, die den Berg besteigen, auflistet. Ein weiteres Verweilen war nicht möglich, da der Boden unter unseren Füßen zu heiß und der Schwefeldampf zu intensiv war. Auch war unser Fremdenführer der Meinung, er habe uns einen ausreichenden Eindruck von diesem Teil des Berges vermittelt und so zogen wir uns auf eine festere und kühlere Position zurück. Zuvor hatte er jedoch meinen Gehstock in Richtung Flammen gehalten, welche die Eisenspitze schmelzen ließen und den unteren Part ankokelten. Ich bewahre ihn immer noch als Erinnerung auf.

Wir wurden nun zum Rand eines schmalen, nun erloschenen Kraters geführt, von dem aus ein Franzose, der mit der Unsterblichkeit des Empedokles konkurrieren und einen Tod zu sterben suchte, der einer großen Nation würdig sei, sich in den feurigen Abgrund gestürzt hatte. Der Cicerone führte meine Hand an genau jene Stelle, an der er zuletzt gestanden haben soll, ehe er übereilt die Ewigkeit ansteuerte.

Ich war erpicht, bis zum Trichter des höchsten und größten Kraters weiterzusteigen, aber unser Cicerone hatte Einwände, ja weigerte sich, uns dorthin zu führen, es sei denn, wir warteten bis zum Morgengrauen. Der Mond, sagte er, sinke schnell, so daß wir in die Dunkelheit gerieten, noch ehe wir den Trichter erreicht hätten. Folglich sei dieser Versuch mit höchstem Risiko verbunden.

Dies verhinderte die vollständige Erfüllung meines sehnlichen Wunsches, aber unsere Vereinbarungen in Neapel ließen es weder für meinen Freund noch für mich erstrebenswert erscheinen, bis zum nächsten Morgen zu verweilen. Es wäre auch nicht angenehm gewesen, hier einige Stunden ohne Verpflegung zu verbringen, vor allem da ich meinen Mantel in der Einsiedelei gelassen hatte und wir in dieser Höhe sehr froren.

Nachdem wir uns einige Zeit damit beschäftigt hatten, manche der riesigen, kalzinierten Felsbrocken zu untersuchen – manche von ihnen bildeten Würfel von zwanzig Fuß Durchmesser –, die durch die vulkanische Kraft ausgespuckt worden waren, begannen wir unsere Schritte zur Einsiedelei hinabzulenken. Diese war, wie unser Führer uns mitteilte, vier Meilen entfernt, aber das muß eine übertriebene Schätzung gewesen sein. Als wir uns dem Haus nährten, trafen wir eine Gruppe, die den Berg bestieg, mit der Absicht, den Tagesanbruch abzuwarten, um dann bis zum Gipfel vorzudringen.

Wir bedienten uns nun reichlich an den Vorräten des braven Eremiten und genossen seinen Lacrimae Christi, sowohl den weißen als auch den roten – wogegen er keine Einwände hatte, da er doch erwartete, reichlich dafür entlohnt zu werden. Wahrscheinlich sind es ähnliche Gründe, die ihn bewegen, an diesem Ort zu leben. Der jetzige Eremit wohnt noch nicht lange hier; sein Vorgänger, ein sehr alter Mann, zog sich vor ein paar Jahren zurück, um den Rest seiner Tage im Schoß seiner Familie zu verbringen.

Die Lage der Einsiedelei ist wahrscheinlich nicht so gefährlich, wie man sich vorstellt; an die kleinen Eruptionen hat sich unser Klausner gewöhnt und sich von ihrer Harmlosigkeit überzeugt, und was die heftigeren betrifft, so geht ihnen eine Vielzahl von Vorboten voraus, die von jenen, die ihnen ausgesetzt sind, sehr wohl erkannt werden und ihnen rechtzeitig als Warnung dienen. Zudem ist unser Eremit kein einsamer Mensch, denn die vielen Gruppen, die seine Zelle besuchen, verschaffen ihm ein reges gesellschaftliches Leben. Er legte uns sein Buch vor, das die Namen jener verzeichnet, die seine Zelle besucht haben. Wir konnten ihm entnehmen, daß sie aus allen Herren Ländern kamen, dazwischen fanden sich Bemerkungen in Reim und Prosa. Mein Freund war erpicht, daß ich mein Scherflein zu diesem Sammelsurium beitragen sollte, und da ich nicht besonders hochgestimmt war, die Schwierigkeiten bewältigt zu haben, die meine Freunde dazu bewegt hatten, mir von dieser Exkursion abzuraten, verfaßte ich folgenden Zweizeiler

Some, difficulties, meet full many;
*I find them not, nor seek for any.**

* Manche treffen auf Schwierigkeiten zuhauf,
Ich geh ungestört durch den Weltenlauf.

Colin Thubron. Ein Berg in Tibet

Es kommen nur mehr wenige Pilger an uns vorbei. Sie gehen schnell, zielgerichtet und lächeln. Viele bringen den schweren zweiundfünfzig Kilometer langen Weg in sechsunddreißig Stunden hinter sich, einige schaffen es in einem Tag. Dabei ist Mühsal von größter Wichtigkeit. Die Kora folgt einem Pfad intensiver Läuterung vorbei an Stätten ritueller Reinigung von Sünden hinauf zum furchterregenden, Tara geweihten Pass und der Klimax der Erlösung, und selbst die großlungigen Pilger aus den Tälern des Himalaya können unterwegs erschöpft ins Stocken geraten. Unterdessen generiert der Puls des steinernen Fußabdrucks unter ihren salbenden Händen, ihres auf die Erde gestreckten Körpers, des Blicks des Berges selbst einen tiefen sinnlichen Austausch. Sie sammeln ermächtigte Erde und pflücken heilende Kräuter. Sie trinken göttliches Wasser. Die Sünde wird wie Schweiß von ihrem Körper gewaschen. Laut sprechen sie ihre Gebete in die lauschende Luft, ich höre sie, kann sie aber nicht unterscheiden, vielleicht sind sie ein Familienerbe, oder das Mantra, das atmend gemurmelt wird, während sie voranschreiten. Und irgendwann äußern sie die Bitte, dass ihre Pilgerreise allen empfindenden Geschöpfen Erleuchtung bringen möge.

Es überrascht mich, drei Männer zu sehen, die gegen den Uhrzeigersinn auf mich zukommen. Ich stelle mir vor, dass es sich um Bönpo handelt, deren ältere Gläubige den Berg auf diese Weise umkreisen, gegen den buddhistischen Strom, und ich rufe einen zögerlichen Gruß zu ihnen hinüber. Aber sie gehen mit unter ihren Kapuzen verborgenen Gesichtern vorbei, abgewandt, wie aus Scham, und ich bleibe verwirrt zurück.

[...]

Die rosafarbenen Wände des Amitabha-Tales, die Iswor und mich näher an den Kailash herangebracht haben, öffnen sich in großartiger Weise, und mit einem Mal bricht der Berg hinter den Steilhängen hervor und hängt nahe und bedrohlich über uns. Die ebenmäßige Kuppel ist verschwunden. Im Gegensatz zur Südseite wird die Westflanke von massiven Traufkanten aus schwarzem Fels umwunden, eine über der anderen, die den Berg zu einer gigantischen Pagode werden lassen. Die gekrümmten Überhänge fallen konzentrisch zu Eissimsen ab, die Kessel mit reinem Schnee beschirmen, während über den weißen Feldern hoch oben auf dem Gipfel silberner Staub davontreibt.

Es ist erst Mittag, aber es sind jetzt weit weniger Leute unterwegs. Erst verstehe ich das nicht. Oft sehe ich in dem weiten, sich krümmenden Tal nur den einsamen kleinen Fleck Iswors vor mir, wie es auch in Nepal war, dazu ein paar auseinandergezogene österreichische Trekker. Wo sind die Pilger hin?

Da kommen andere, von vorn, gegen den Uhrzeigersinn. Sie reiten auf Ponys und Yaks, und als sie näher kommen, sehe ich, dass es keine Bönpo sind, sondern indische Hindus, die offenbar umkehren. Es ist ein trauriger, unzusammenhängender Trupp. Ihre tibetischen Treiber pfeifen und rufen neben ihnen, aber die Pilger reiten stumm dahin, dick eingewickelt, unter Kapuzen, die Gesichter im Schatten. Sie sagen auch nichts, als sie an mir vorbeikommen. Viele von ihnen wirken völlig erschöpft, die Gesichter der Männer sind wie dunkle Asche, die Schnauzbärte matt, die Blicke gesenkt. Einige halten Sauerstoffkanister gepackt, die sie zwischen die Felsen werfen werden, wenn sie leer sind. Für ein, zwei Stunden scheint es niemanden auf diesem Berg zu geben als ein paar blonde Trekker, die kräftig vorwärtsstapfen, und diesen Zug dunkler, zurückkehrender Pilger.

Der Wind ist eiskalt und schneidend, er bläst vom Kailash herunter. Die Berge vor uns zeigen nackte Flanken und

Schneefelder. Eine einzelne Gestalt kommt auf mich zu, eine Frau in einem braunen Anorak und mit einer Strumpfmütze, die stehen bleibt, um den Reißverschluss bis unter die Augen zuzuziehen. Ihre Gruppe kommt aus Bangalore, sagt sie, ganz im Süden Indiens, und nichts und niemand hat sie auf das hier vorbereitet. Ihre Stimme klingt leicht und wie entkernt durch den Wind.

»Ich weiß nicht, was mit uns geschehen ist. Alle waren so sicher, dass sie es schaffen würden. Wir haben die Regierungstests gemacht, Lunge, Herz, alles. Vielleicht haben sich ein paar gedrückt, ich weiß es nicht.« Sie klingt weniger müde als verblüfft. Von ihrem Gesicht sehe ich unter der Kapuze und hinter der dunklen Brille nur ein paar ergrauende lose Haarsträhnen und den schwarz umrandeten roten Tika auf ihrer Stirn, der irgendwie etwas Tragisches hat. »Am Anfang waren wir achtundsechzig, aber die Hälfte ist am Manasarovar umgekehrt, wegen der Gesundheit. Atembeschwerden, Bluthusten. Zwei sind dort gestorben, auch eine erst vierzigjährige Frau. Etwas ist in ihrer Brust passiert. Also haben wir alle Angst bekommen. Wir sind die Kälte nicht gewöhnt. Sie im Westen schon, nehme ich an. Ich bin so voller Traurigkeit. Der Rest von uns ist weitergegangen, bis auf fünftausendzweihundert Meter, dann ging es nicht mehr. Der Mut hat uns verlassen. Deshalb kehren wir um, ohne unsere *parikrama* zu vollenden. Ich bin so traurig und schäme mich.«

Hinter ihr kommen die Letzten von ihrer Gruppe das Tal herunter. Eine Frau in einer blumenbedruckten Pluderhose hängt halb bewusstlos auf einem Pferd, das von einem grimmig wirkenden Hirten geführt wird. Ihr Mann geht neben ihr und versucht sie zu stützen.

Die Frau vor mir nimmt die Brille ab, und ich sehe in wache, sehr schöne Augen. Sie sagt: »Der Manasarovar war auf jeden Fall wundervoll. Wir sind ein wenig hineingewatet und haben uns mit seinem Wasser übergossen, vom Kopf an, und wissen Sie, es hat sich überhaupt nicht kalt angefühlt, sondern recht warm, wegen der Heiligkeit.« Sie lächelt. »Wenigstens hatten wir das.« Dann nimmt sie ihren langen Abstieg wieder auf, die Arme um sich geschlungen, und sieht sich nicht noch mal um.

Alexandra David-Néel. Mein Weg durch Himmel und Hölle

Wir waren nun an dem Punkt der Straße angekommen, von wo aus man einen Ausblick über das ganze Tal hatte, an dessen Eingang Londre lag. Durch dichten Dschungel, von einem klaren Strom durchflossen, führte ein Pfad vom Wasserlauf nach der Straße hin. Hier rastete ich ein paar Minuten und zerbrach mir den Kopf, wie ich unsere beiden unwillkommenen Begleiter nun am besten loswürde. Schließlich sagte ich zu den Männern: »Meine Füße sind wund und geschwollen, ich kann nicht weiter. Wir wollen zum Fluß hinabgehen, Tee machen und das Lager aufschlagen.«

Das kam ihnen nicht überraschend. Meine Füße waren wirklich durch die chinesischen Stricksandalen aufgescheuert, und die Kulis hatten sie selbst bluten sehen, als ich sie in einem Bach wusch.

Wir stiegen hinab und stellten das Zelt auf einer kleinen, von dichtem Buschwerk umgebenen Lichtung auf. Das vorhandene Wasser und der durch das Dickicht gewährte Windschutz hätten genügt, um die Wahl des etwas düsteren Platzes vollauf zu rechtfertigen, falls den beiden Trägern oder sonst jemand eingefallen wäre, sich darüber zu wundern.

Die Männer zündeten ein Feuer an, und ich ließ sie eine gute Mahlzeit kochen. Yongden und ich versuchten etwas Tsamba* hinunterzuschlucken, aber der nahe bevorstehende Aufbruch und die Angst, unsere Pläne könnten im letzten Augenblick noch durchkreuzt werden, nahmen uns den Appetit. Nach beendetem Mahl befahl ich einem der Männer, weiter oben am Berge trockenes Holz zu sammeln, da es in unserer Nähe nichts als Buschwerk gab. Kaum war er fort, setzte ich

* Ein aus gerösteter Gerste hergestelltes Mehl, das Hauptnahrungsmittel der Tibeter und auch unseres während der ganzen Reise – falls wir nicht gerade wieder einmal hungern mußten.

dem zweiten auseinander, daß ich ihn nicht mehr gebrauchen könnte, weil ich nun, bevor ich nach Lu-tse-kiang ginge, etwa eine Woche hierbleiben und in den Bergen Pflanzen sammeln wollte. Ich fügte noch hinzu, daß ich mir im Notfall ja immer irgendeinen zweiten Mann aus Londre zum Tragen meines Gepäcks holen könnte. Das sah er ein, und froh über seine reichliche Entlohnung, machte er sich gleich auf den Heimweg, natürlich im guten Glauben, der Mann, den ich nach Holz ausgeschickt hatte, bliebe noch zu meiner Bedienung da.

Als dieser mit dem Holz zurückkehrte, wurde ihm das gleiche eröffnet. Natürlich wünschte ich kein baldiges Zusammentreffen der beiden Leute, damit sie sich nicht über meinen sonderbaren Einfall, ohne Diener im Lager zu bleiben, aussprechen konnten. So fügte ich hinzu, er müsse mir, weil ich ja nicht so bald selbst nach Lu-tse-kiang käme, einen Brief und ein Paket dorthin besorgen. Von da aus könnte er dann, ohne Londre nochmals zu berühren, in sein Dorf zurückkehren.

In dem Paket waren einige überzählige, für die Armen des Ortes bestimmte Kleidungsstücke. Allerdings mußten Yongden und ich bei der Untersuchung des Gepäcks betrübt feststellen, daß es noch viel zu schwer war und daß wir auf die wasserdichte Unterlage verzichten mußten, die uns nachts den einzigen Schutz gegen direkte Berührung mit dem nassen oder gefrorenen Boden gewährt hätte. Auch von den paar Kleidungsstücken, die uns bislang noch zum Wechseln gedient hatten, mußten wir uns leider trennen. Nun hatten wir nichts mehr als das, was wir auf dem Leibe trugen, nicht einmal eine Wolldecke, obgleich wir wohl wußten, der Weg würde über hohe, verschneite Gebirgsketten und über mehr als 5400 Meter hohe Pässe führen. Nahrungsmittel mußten wir dagegen soviel wie möglich mitschleppen, da wir uns wenigstens eine Woche lang nicht in den Dörfern sehen lassen durften. Der ganze Erfolg, ja sogar unser Leben konnte davon abhängen.

Das Paket wurde an einen mir völlig unbekannten Missionar adressiert, der vermutlich seinerseits auch von mir nie gehört hatte. So schüttelte ich also meinen zweiten Kuli ab, und er zog mit seinen paar Dollar in der Tasche ebenso zufrieden davon wie vorher sein Kamerad, von dem er annahm, er sei mit irgendeinem Auftrag weggeschickt worden und würde noch vor Abend wieder zurück sein.

Ich hätte wohl hören mögen, was die beiden bei ihrem Wiedersehen zueinander sagten, nachdem der eine links, der andere rechts um den Gebirgsstock herumgelaufen war.

Alles war gut vorbereitet. Yongden und ich standen allein und frei im dichten Urwald. Das Neue an unserer Lage war beinahe berauschend. Monatelang, auf der ganzen langen Reise von der Sandwüste Gobi nach Jünnan, hatten wir die Frage unseres »Verschwindens«, wie wir es nannten, erörtert und beraten, welche Verkleidung wir wählen sollten. Nun war die Stunde da, und noch diese Nacht wollten wir nach dem Dokar-Paß aufbrechen, der mit seinen 6100 Metern die Grenze zum »unabhängigen Tibet« markiert.

»Erst trinken wir eine Tasse Tee«, sagte ich zu Yongden, »und dann mußt du auf Kundschaft ausgehen. Wir müssen versuchen, den Fuß des Kha-Karpo-Pfades ungesehen zu erreichen und vor Tagesanbruch außer Sicht des Dorfes zu sein.«

Ich schürte hastig das Feuer. Yongden holte Wasser vom Fluß, und wir bereiteten den Tee so, wie das arme Tibeter auf Reisen tun, das heißt ohne den Schüttelapparat, der dazu dient, Butter und Salz gut zu vermischen. Wir hatten nur einen Aluminiumtopf, zugleich Kessel, Teetopf und Kochgeschirr; außerdem noch eine Holzschüssel, wie sie die Lamas mit sich führen, für Yongden, eine Aluminiumschüssel für mich, zwei

Löffel und am Gürtel einen chinesischen Reisekasten mit einem langen Messer und Eßstäben. Das war alles. Auf höhere Kochkünste verzichteten wir also ganz; wir wollten ganz wie die gewöhnlichen tibetischen Reisenden leben, das heißt vom Tsamba, mit Buttertee angemacht oder auch fast trocken gegessen, nur mit etwas Butter durchknetet. Auf Gabeln konnten wir also leicht verzichten, und selbst unsere beiden Löffel mußten vorsichtig im Hintergrund gehalten werden. Sie waren sichtlich ausländischen Ursprungs und konnten daher nur wohlhabenden Tibetern zugetraut werden, nicht uns »Arjopas«, für die wir gehalten werden wollten: zu Fuß wandernde Pilger, die ihre Nahrung erbetteln. Wirklich sollten die verräterischen Löffel später eine dramatische Situation auslösen, in der ich beinahe einen Mann getötet hätte. Aber davon wird noch die Rede sein.

Nachdem der Tee getrunken war, brach Yongden auf. Die Stunden vergingen, die Nacht sank herab. Ich blieb am Feuer sitzen, das ich nicht höher anzufachen wagte, aus Furcht, daß man es von weitem sehen und uns dadurch entdecken könnte. Der Rest Tee, der eine letzte Herzstärkung vor dem langen Weg sein sollte, verdampfte über der glimmenden Asche; der aufgehende Mond verlieh den düsteren Tiefen des Tales bläulich-rötliche Farben, und alles ringsum war Einsamkeit und Schweigen.

Auf was für gewagte Träume hatte ich mich da eingelassen? In was für törichte Abenteuer wollte ich mich da verstricken? Böse Erinnerungen an meine früheren Reisen in Tibet stiegen in mir auf, mit all den Strapazen, mit all den Gefahren, die sich mir entgegengestellt hatten. Und all das, nein, noch Schlimmeres, lag nun wieder vor mir! Warum? fragte ich mich. Nur um bei der Ankunft in Lhasa hohnlachend über die vergeblichen Versuche, mich davon zurückzuhalten, zu triumphieren? Oder erzwungene Umkehr auf halbem Wege, oder gar ein endgültiger Fehlschlag, der Tod durch Absturz in den Abgrund, durch die Kugel eines Räubers oder ein elendes Sterben in Fieberschauern unter einem Baum, in einer Höhle, gleich Tieren der Wildnis? Ja, wer das im voraus wüßte!

Aber ich ließ die trüben Gedanken nicht Herr über mich werden. Was auch die Zukunft bringen mochte, ich wollte nicht aufgeben. »Halt! Nicht weiter!« Ein paar Politiker des Westens wagten es, diesen Befehl Forschungsreisenden, Gelehrten und Missionaren zuzurufen; nur ihren eigenen Agenten sollte das Betreten und Bereisen des sogenannten verbotenen Landes völlig freistehen? Mit welchem Recht errichteten sie Schranken um ein Land, das ihnen von Rechts wegen nicht gehörte? Wie viele Reisende waren nicht schon auf dem Wege nach Lhasa einfach verlorengegangen. Mir sollte das nicht passieren, das hatte ich mir geschworen, und nun wollte ich zeigen, was eine Frau vermag!

Das alles ging mir durch den Kopf, als Yongden plötzlich aus dem Gebüsch heraustrat. In dem seltsamen Licht des Mondes sah er einem Berggeist ähnlich. Er berichtete kurz das Ergebnis seines Erkundungsganges. Wenn wir das Dorf umgehen wollten, mußten wir einen schwankenden Laufsteg weiter oben im Tal benutzen und uns dann am gegenüberliegenden Ufer stromabwärts halten. Vielleicht wäre es auch möglich, den Fluß an einer schmalen Stelle zu durchqueren. Das würde den Weg sicher abkürzen, aber wegen einiger Bauern, die auf den Feldern arbeiteten, hatte Yongden nicht untersuchen können, wie tief das Wasser war. Einerlei, wie wir auch gehen mochten, wir mußten immer an ein paar Häusern vorbei. Diese lagen zwischen dem schmalen Steg über den Fluß, der aus dem Tal, in dem wir gelagert hatten, hervorkam, und der großen Brücke, die über den Nebenfluß des Mekong führte, den wir bei unserer Ankunft gesehen hatten.

Nach Überschreiten dieser zweiten Brücke würden wir den Seitenpfad, der zur Pilgerstraße abzweigte, suchen können. Yongden hatte ihn ganz deutlich gesehen, wie er sich den steilen Hang hinaufschlängelte, aber nicht den genauen Punkt feststellen können, wo er das Flußufer verließ.

Mit dieser vagen Idee von unserem Weg im Kopf brach ich nun auf. Es war spät geworden, und wir ahnten nicht, wie viele Meilen wir noch im Lauf der Nacht zu wandern haben würden, bis wir an einen Ort kämen, an dem wir uns halbwegs sicher fühlen konnten.

Meine Last lag schwer auf meinen Schultern, die derben Riemen schnitten tief ins Fleisch, doch anfangs spürte ich das alles noch nicht. Ich rannte gegen scharfe Felskanten an, ich zerriß mir Gesicht und Hände an den Dornbüschen, aber ich war gleichsam unempfindlich geworden, wie hypnotisiert von dem festen Willen, mein Ziel zu erreichen.

Mehrere Stunden lang trabten wir das Tal entlang; zuerst waren wir zur Hauptstraße hinaufgeklettert, hatten uns vorsichtig an vereinzelt liegenden Bauernhöfen vorbeigeschlichen und versucht, den Fluß zu durchwaten. Allein das erwies sich als unmöglich. Das Wasser war sehr hoch, die Strömung stark und brach sich an vielen Felsblöcken; wir hätten uns nicht zwei Minuten lang im Wasser aufrecht halten können. So wandten wir uns wieder dem schmalen Steg zu, kamen aber ein paarmal vom Wege ab. Die Pfade, die mein junger Freund sich bei Tage gemerkt hatte, waren im fahlen Mondlicht, das noch dazu von Nebel verschleiert war, schwer zu finden. Endlich gelangten wir auf einen bequemen, wenn auch vielfach gewundenen Fußweg am jenseitigen Ufer. Wir folgten den Windungen in heller Verzweiflung über die kostbare Zeit, die wir durch sie verloren. Als das Dorf endlich in Sicht kam, setzten wir unsere Lasten nieder, tranken einen Schluck von dem an uns vorbeirauschenden klaren Wasser und schluckten rasch ein Körnchen Strychnin, um unsere ermüdeten Körper zu frischer Energie anzupeitschen, dann ging es im Laufschritt durch die gefährliche Zone und über die größere Brücke.

Ein einziger Hund hatte ein leises, unterdrücktes Gebell hören lassen, als wir gerade in der Nähe des Flusses waren – nur ein einziger Hund, wo doch gewiß ein Dutzend dieser ziemlich wilden Tiere sich die ganze Nacht im Freien herumtrieb! Ich mußte dabei an die indischen Erzählungen von den Söhnen aus guter Familie denken, wie sie auf der Suche nach Moksha, dem »höchsten Heil«, ihre Heimat verlassen, um sich als Sannyasin dem religiösen Leben zu widmen. Wir können da lesen, daß die Götter, um ihnen die Flucht zu erleichtern, »die Menschen in Schlaf lullten und die Hunde zum Schweigen brachten«. Das hatten sie offenbar auch für mich getan, und lächelnd richtete ich meinen Dank an die unsichtbaren Freunde, die meinen Aufbruch begünstigt hatten.

In unserer Hast hatten wir einen kleinen Erdrutsch gerade vor uns übersehen, der nichts anderes war als der verschüttete Anfang des aufwärtsführenden Abzweigungsweges. Wir suchten am Fluß entlang nach einer Umgehungsmöglichkeit, und zwar so lange, bis wir an eine steile Schlucht gerieten, die uns zwang, zur Brücke zurückzukehren. So ging wieder eine halbe Stunde verloren; wir waren in voller Sicht des Dorfes und zitterten davor, entdeckt zu werden. Der richtige Weg, den wir endlich kurz nach Mitternacht fanden, war so steil und sandig, daß wir, so schwer beladen, nur langsam und angestrengt vorwärtskamen und oft stehenbleiben mußten, um Atem zu holen. Es war fürchterlich, und ich fühlte mich ganz wie unter einem Alpdruck, wenn der Träumende sich von Mördern verfolgt glaubt, alle seine Kräfte anspannt, um wegzulaufen, aber keinen Fuß rühren kann.

Gegen Morgen kamen wir zu einem düsteren, von hohen Bäumen beschatteten Ort. Unsere Schritte schreckten eine Menge großer Vögel auf, die geräuschvoll fortflogen. Ein kleiner Wasserlauf war in der Nähe, und Yongden, der seit dem vergangenen Morgen auch nicht eine Minute Ruhe gehabt hatte, verlangte sehnsüchtig nach einer Schale Tee. Ich war ebenfalls halb verschmachtet und teilte seinen Wunsch, entschloß mich aber doch nur zögernd zum Bleiben. Sehr sicher erschien mir dieser düstere Ort, der einzige, wo Wasser erreichbar war, nicht gerade. Es war sehr gut möglich, daß er von den in diesen Berggegenden häufigen Panthern und Leoparden aufgesucht wurde. Vor allem aber wollte ich so weit wie möglich von Londre fort. Ich allein hätte lieber die größten Qualen erduldet und wäre, wenn ich mich nicht mehr auf den Beinen halten konnte, auch auf den Knien weitergekrochen. Doch Yongden war so erschöpft, daß alle Vorsicht zurückstehen mußte. Er konnte nicht mehr weiter und fiel auf den nassen Boden mehr nieder, als daß er sich hinsetzte. So ging ich auf die Suche nach Brennholz.

Der heiße Trank war sehr wohltuend, aber leider schläferte er meinen Gefährten ein. Ich hätte heulen können; jede weitere verlorene Minute verkleinerte die Aussicht auf Erfolg. Aber was war da zu tun, gegen den Schlaf ist man machtlos! Allerdings erlaubte ich Yongden nur ein kurzes Ausruhen, und wir setzten bald unseren Marsch fort.

Die Einsamkeit wirkte beruhigend auf uns. Die Sonne stand schon ziemlich hoch, als wir oberhalb von uns eine Stimme hörten. Ohne auch nur ein Wort zu wechseln, stürzten Yongden und ich wie aufgescheuchtes Wild in panischem Schrecken in den dichten Wald, nur von dem einen Gedanken besessen, außer Sicht zu kommen. Erst bei einer von Dornbüschen umgebenen Mulde hielt ich inne und schaute mich um: von Yongden keine Spur.

Aber er war nicht weit. Wir fanden uns bald wieder zusammen, wagten es jedoch nicht mehr, bei Tageslicht weiterzugehen. Es war nicht ausgeschlossen, daß uns, wenn wir auf dem Wege blieben, Pilger einholten, denen an unserer Erscheinung etwas auffiel und die jenseits der Grenze darüber schwatzten. Wir waren auf das Schlimmste gefaßt und wollten möglichst wenig riskieren. Wir verbrachten deshalb unseren ersten »Reisetag« unter Bäumen hockend. Von unserem Ruheplatz aus konnten wir hören, wie unsichtbar bleibende Leute ebenfalls unsichtbares Vieh vorbeitrieben. Am jenseitigen Abhang tauchte einmal ein Holzfäller auf, der bei seiner Arbeit ganz hübsch vor sich hin sang, ohne etwas von der Angst zu ahnen, die er einer fremden Frau verursachte.

Bald nach Sonnenuntergang setzten wir unsere nächtliche Wanderung fort. Bei einbrechender Dunkelheit sahen wir mehrere Feuer vor uns am Berghang, was uns sehr irritierte, denn möglicherweise führte ja unser Pfad gerade darauf zu. Sicher lagerten dort Hirten oder Köhler, und die Aussicht, nachts mit Einheimischen zusammenzukommen, lockte uns sehr wenig, denn das neugierige Volk konnte die lästigsten Fragen stellen.

Wir blieben lange auf einer Lichtung im Grase sitzen und warteten auf den Mondaufgang. Den Pfad konnten wir nicht sehen, wohl aber diese abscheulichen glühenden Feuer. Sie wirkten geradezu dämonisch inmitten der dunklen, verschwommenen Umgebung der mit Föhren bestandenen riesigen Felsen, die, durch die Flammen unheimlich beleuchtet, zum dunklen bestirnten Himmel emporragten.

Stunden später kamen wir im Mondschein zu einem kleinen Tschörten*, gerade an der Stelle, wo unser Weg in die Pil-

* Opferschreine, die man in Tibet errichtet, um Kultgegenstände oder die Überreste von berühmten verstorbenen Lamas darin aufzubewahren.

gerstraße einmündete. Letztere war ein ziemlich breiter Saumtierpfad und erleichterte unser Weiterkommen sehr. Daß wir diesen Punkt, ohne gesehen worden zu sein, erreicht hatten, war kein geringes Glück. Blieb es uns weiter so treu, dann durfte ich sicher damit rechnen, daß der Übergang über den Dokar-Paß und in das Mekong-Tal gelingen werde. Ich konnte mir dann Glück wünschen zum ersten entscheidenden Schritt dem vollen Erfolg entgegen, denn dort kreuzten sich viele Wege, auf denen Reisende aus allen Himmelsrichtungen zusammenströmten. Mit nur ein wenig Schlauheit mußte es uns gelingen, in der namenlosen Menge der armen tibetischen Pilger zu verschwinden, die von den Beamten keines Blickes gewürdigt werden.

Der Durst quälte uns noch mehr als in der verflossenen Nacht, als wir an einem wildrauschenden Gebirgsbach ankamen, der quer über die Straße floß. Ziemlich hoch über dem Wasser, das mit weißem Schaum über ein Chaos von Felsblöcken hinwegströmte, schwebte eine schmale Brücke. Yongden dachte an nichts als seinen Durst und wäre am liebsten gleich hinabgestiegen, um zu trinken. Aber das war gefährlich, denn im Dunkeln vermochte er die Hindernisse, die ihn zum Stolpern und Fallen bringen konnten, nicht zu sehen, und beim Fallen konnte er leicht in den Sturzbach geraten und von diesem mitgerissen werden. Ich versuchte, ihm das klarzumachen, aber er blieb eigensinnig dabei, Wasser sei hier selten, und da wir seit gestern abend an keins mehr gekommen waren, war es freilich möglich, daß es wiederum Stunden dauern würde, bis wir auf einen neuen Wasserlauf stießen. So unwiderlegbar das auch war, Durst war immerhin weniger schlimm als Ertrinken, und ich befahl ihm daher, den Steg zu benutzen. Das jenseitige Ufer war weniger steil, und man sah, dort war ein Abstieg möglich. Obgleich die Zeit drängte und ich ungern so nahe an der Straße ein Feuer anzünden wollte, dachte ich doch an einen Halt, als ich zu meinem Schrecken plötzlich hörte, wie uns jemand anrief. Die Stimme gehörte einem Mann, der uns glühende Kohlen zum Entfachen eines Feuers und dann sogar noch eine Tasse Tee anbot! Wir blieben bewegungs- und sprachlos stehen. Soeben hatten wir noch englisch miteinander gesprochen; ob der Mann das etwa gehört hatte?

»Wer seid ihr?« fragte eine zweite Stimme. »Warum wandert ihr bei Nacht?«

Noch immer konnten wir niemand sehen, aber die Stimmen kamen aus der Richtung eines großen Baumes. Vielleicht war er hohl, und Reisende hatten in ihm übernachtet.

»Wir sind Pilger«, antwortete Yongden, »Dokpas aus Amdo, und wir vertragen die Hitze hierzulande nicht. Wir bekommen Fieber, wenn wir in der Sonne wandern, deshalb gehen wir bei Nacht um den heiligen Berg herum.«

Das klang ganz glaubwürdig, und der Mann beruhigte sich auch mit dieser Antwort, aber Yongden fuhr fort: »Und wer seid ihr?«

»Wir sind auch Pilger.«

»Nun gut, lebt wohl«, sagte ich kurz abbrechend, »wir wollen noch etwas weiter und erst das nächste Mal, wenn wir an Wasser kommen, lagern.«

So verlief die erste zufällige Begegnung auf unserm Wege nach Lhasa ganz harmlos. Wir begriffen jedoch, daß wir überall und stets darauf vorbereitet sein mußten, auf unverdächtige Weise von unserem Hiersein Rechenschaft abzulegen.

Wir setzten unseren Weg mehrere Stunden lang fort, ohne wieder auf Wasser zu stoßen. Ich war erschöpft und ging nur noch mechanisch, halb im Schlaf, weiter. Einmal glaubte ich, wir kämen an eine Hütte am Wegesrand, und zerbrach mir den Kopf, was ich sagen und tun sollte, wenn ich dort Tibeter träfe.

Aber die »Hütte« erwies sich als ein Durchgang zwischen zwei großen Felsen. Schließlich zwang uns unsere gänzliche Erschöpfung doch, anzuhalten. Der Ort war freilich zum Lagern ganz ungeeignet; der sehr schmale Pfad zog sich an der einen Seite dicht an einer natürlichen Steinmauer hin und endete an der andern Seite an einem schroffen Absturz. Als Bett mußten uns die Felsen dienen, die sich durch unsere Kleider hindurch unangenehm bemerkbar machten, und dabei durften wir auch im Schlaf ja nicht vergessen, daß wir am Rande eines in der Dunkelheit unergründlich scheinenden Abhanges lagen.

So verlief die zweite glückliche Nacht unseres wunderbaren Abenteuers. Noch war der Tag nicht angebrochen, als Yongden und ich unsere Last schon wieder auf dem Buckel hatten und den Marsch durch den Wald fortsetzten. Es war nun über vierundzwanzig Stunden her, daß wir nicht mehr gegessen und getrunken hatten, und wir waren noch nicht an verlängertes Fasten gewöhnt, so daß wir diese erste Probe schlecht ertrugen. Wir gingen, so schnell wir nur konnten, um irgendeinen Wasserlauf zu erreichen, bevor wir uns einen Unterschlupf für den Tag suchten, und liefen obendrein um die Wette mit der nun schnell aufgehenden Sonne. Sie erschien oberhalb einer durch dichtes Laubwerk verkleideten Anhöhe, und ihre Strahlen begannen bald das Unterholz zu beleuchten und zu erwärmen. Es wurde Zeit für uns, den Schutz des Waldes aufzusuchen.

Karl Philipp Moritz. Reisen eines Deutschen durch England im Jahre 1782

Da ich nun von da weiter ging, und die Berge wieder vor mir aufstiegen, welche mir von meiner Hinreise noch bekannt waren, las ich gerade im Milton die Schöpfungsscene, welche der Engel dem Adam schildert, wie sich das Wasser senkt, und die nackten Berge ihren breiten Rücken emporheben.

Immediately the Mountains huge appear
Emergent, and their broad bare Backs upheave
Into the Clouds, their Tops ascend the Sky.

Mir war es, indem ich diese Stelle las, als ob alles, was um mich her war, erst wurde, und die Berge schienen wirklich vor meinen Augen emporzusteigen, so lebhaft wurde mir diese Scene.

Etwas ähnliches empfand ich bei meiner Herreise, da ich gerade einem Berge gegenüber saß, dessen Spitze bloß mit Bäumen bewachsen war, und im Milton die kolossalische Beschreibung von dem Streit der Engel las, wo die abgefallenen Engel ihre Gegner mit einem starken Bombardement angreifen, diese sich aber dagegen verteidigen, indem ein jeder einen Berg gleichsam oben beim Schopf ergreift, ihn mit der Wurzel ausreißt, und so in seinen Händen aufgehoben trägt, um ihn auf die Feinde zu schleudern.

-- they ran, they flew
From their Foundations loos'ning to and fro
They pluck't the seated Hills with all their Load,
Rocks, Waters, Woods, and by the shaggy Tops
Uplifting bore them in their Hands. --

Als ich den Abend, da es schon dunkel war, in das letzte Dorf vor Matlock kam, entschloß ich mich die Nacht da zu bleiben, und erkundigte mich nach dem Gasthofe, von dem man mir sagte, daß er am Ende des Dorfs sei. Allein ich ging beinahe bis um Mitternacht, ehe ich an das Ende des Dorfs kam, das fast gar kein Ende zu haben schien. Bei meiner Herreise mußte ich entweder nicht auf dies Dorf zugekommen, oder auf seine Länge gar nicht aufmerksam gewesen sein.

Ermüdet und halb krank kam ich endlich in dem Gasthofe an, wo ich mich in der Küche ans Feuer setzte, und zu essen verlangte. Als man mir sagte, ich könne kein Bette bekommen, ließ ich mich schlechterdings nicht wieder wegtreiben, sondern sagte, ich wolle die Nacht beim Kaminfeuer sitzen bleiben, welches ich denn auch tat, und mich mit dem Kopfe auf den Tisch legte, um zu schlafen.

Da man nun glaubte ich schliefe, hörte ich in der Küche über mich deliberieren, was ich wohl für ein Mensch sein möge. Eine Frau nahm meine Partei, und sagte: I dare say, he is a well bred Gentleman, (ich glaube er ist ein Mensch von gutem Stande); eine andre widerlegte sie damit, daß ich zu Fuße ginge, und sagte: he is a poor travelling Creature! (er ist ein armes herumwanderndes Geschöpf). Von diesem poor travelling Creature gellen mir noch die Ohren, wenn ich daran denke, denn es scheint mir alles Elend eines Menschen, der nirgends eine Heimat hat, und die Verachtung der er ausgesetzt ist, in kurzen Worten auszudrücken.

Endlich, als man sahe, daß ich doch einmal da blieb, gab man mir ein Bette, als ich es gar nicht mehr vermutete. Und da man am Morgen einen Schilling von mir forderte, gab ich ihnen eine halbe Krone, worauf ich mir nichts wieder herausgeben ließ, um das poor travelling Creature von mir abzuwälzen. Man entließ mich darauf mit vieler Höflichkeit und Entschuldigungen, und ich setzte nun vergnügt meinen Weg weiter fort.

Jack Kerouac.
Gammler, Zen und hohe Berge

Ich sah also Japhy, wie er mit dem seltsamen langen Schritt des Bergkletterers heranstapfte, einen kleinen Rucksack auf dem Rücken, der mit Büchern, Zahnbürsten und allem möglichen angefüllt war und der sein kleiner Rucksack war, bestimmt für Ausflüge in die Stadt, im Gegensatz zu seinem großen Rucksack, in dem er seine vollständige Ausrüstung mit Schlafsack, Wolldecke und Kochtöpfen hatte. Er trug einen kleinen Schnurrbart und sah mit seinen etwas schief gestellten grünen Augen auf seltsame Weise orientalisch aus, aber er wirkte ganz und gar nicht wie ein Bohemien, wie einer, der im Kielwasser der Künste mitschwimmt. Er war drahtig, von der Sonne gebrannt, kräftig, offen, bestand nur aus: »Na, wie geht's denn« und vergnügtem Gerede und rief sogar den Gammlern auf der Straße ein lautes »Hallo« zu, und wenn ihn jemand was fragte, antwortete er ohne Umschweife, und ich weiß nicht recht, ob das, was er sagte, nun hochstehend oder tiefgründig war, jedenfalls war es immer lustig und sprühte vor Leben.

»Woher kennst du Ray Smith?« fragten sie ihn, als wir ›The Place‹ betraten, die Lieblingsbar der Typen, die da in der Gegend der Bucht rumlungern.

»Ich lerne meine Bodhisattvas immer auf der Straße kennen!« rief er und bestellte Bier für alle.

[...]

Noch nie hatte ich eine so friedliche Szene gesehen wie an jenem so schnell verdämmernden roten Nachmittag, als ich einfach seine kleine Tür aufmachte und hineinguckte und ihn am Ende der Hütte mit gekreuzten Beinen auf einem Kissen auf einer Strohmatte sitzen sah. Er hatte seine Brille aufgesetzt, wodurch er alt und gelehrt und weise aussah, und er hatte ein Buch auf dem Schoß, und die kleine Teekanne aus Zinn und die Porzellantasse dampften neben ihm. Er blickte sehr friedlich auf, sah, wer es war und sagte: »Ray, komm rein«, und senkte seine Augen wieder über den Text.

»Was machst du da?«

»Ich bin dabei, Han Shans gewaltiges Gedicht ›Der kalte Berg‹ zu übersetzen. Es ist an die tausend Jahre alt, und manches davon hat er auf die Seitenwände von Felsen gekritzelt, Hunderte von Meilen von jedem anderen Lebewesen entfernt.«

»Toll!«

[...]

»Soll ich dir mal was aus dem Han-Shan-Gedicht vorlesen? Soll ich dir mal was von Han Shan erzählen?«

»O ja!«

»Weißt du, Han Shan war ein chinesischer Gelehrter, den die große Stadt und die Welt ankotzte und der loszog, um sich in den Bergen zu verstecken.«

»Genau wie du, Alter.«

»Damals konnte man das wirklich machen. Er lebte in Höhlen, nicht weit entfernt vom Buddhistenkloster im T'ang Hsing-Distrikt von T'ien Tai, und der einzige Freund, den er unter Menschen hatte, war der komische Zen-Besessene Shih-Te, dessen Job es war, das Kloster mit einem Strohbesen auszufegen. Auch Shih-Te war ein Dichter, aber er schrieb nie viel auf. Gelegentlich kam Han Shan in seiner Fellkleidung dann vom Kalten Berg herunter und kam in die warme Küche und wartete auf Essen, aber keiner der Mönche gab ihm was, denn er wollte sich den Regeln des Ordens nicht unterordnen und dreimal am Tage zu den Meditationsstunden kommen, wenn die Glocke läutete. Du verstehst das sofort, wenn du dir einige seiner Äußerungen anhörst, wie zum Beispiel ... hör du zu, und ich sehe ins Buch und lese aus dem Chinesischen«, und ich lehnte mich über seine Schulter und sah zu, wie er die großen wilden Krähenfüße der chinesischen Zeichen las.

»Am Kalten Berg Pfad hinaufklettern,
Weit geht der Weg den Kalten Berg empor.
Langer Schlund, versperrt von Schutt und Felsen,
Weiter Bergbach, nebeltrübes Gras.
Regen fiel nicht, doch das Moos ist glitschig,
Pinie singt, doch nirgends ist ein Wind.
Wer kann den Banden der Welt entfliehen,
Mit mir in weißen Wolken sitzen?«

»Das Größte!«

»Das ist natürlich meine eigene Übersetzung, mußt du wissen … Jede Zeile besteht aus fünf Schriftzeichen, und ich mußte westliche Präpositionen und Artikel und all so was dazutun.«

»Warum übersetzt du es nicht einfach, wie es da steht? Fünf Schriftzeichen, fünf Worte? Was bedeuten die fünf Zeichen?«

»Ein Zeichen für kalt, ein Zeichen für Berg, ein Zeichen für Pfad, ein Zeichen für hinauf, ein Zeichen für klettern.«

»Na also! Kalten Berg Pfad hinaufklettern. Was ist da lange zu überlegen?«

»Klar, das ist einfach. Aber was würdest du machen, wenn du ein Zeichen für lang, ein Zeichen für Schlund, ein Zeichen für versperren, eines für Lawinenschutt und eins für Felsen hättest?«

»Wo steht das?«

»Hier, dritte Zeile. Die würde dann heißen: Langen Schlund sperrt Lawinenfelsen.«

»Das ist sogar noch besser.«

»Sicher, habe ich auch schon gedacht, aber ich muß mir erst mal die offizielle Beglaubigung von den chinesischen Studenten hier an der Universität geben lassen.«

»Mensch, ist das ’ne Mordssache!« sagte ich und sah mich in seinem kleinen Häuschen um. »Und du sitzt hier so ganz ruhig zu dieser ganz ruhigen Stunde und studierst ganz für dich allein mit deiner Brille auf…«

»Ray, du solltest einmal mit mir auf einen Berg steigen. Hättest du Lust, mit mir aufs Matterhorn zu klettern?«

»Herrlich? Wo ist das?«

»Oben in den High Sierras. Wir können mit Henry Morley und seinem Wagen hinfahren und unser Gepäck mitnehmen und vom See aus loswandern. Ich könnte die ganze Verpflegung und die Ausrüstung in meinem Rucksack tragen, und du könntest dir Alvahs kleinen Rucksack pumpen und Extrasocken und Schuhe und Zeug mitnehmen.«

Textnachweis

Die mit * gekennzeichneten Titel stammen nicht vom Autor des jeweiligen Textes, sondern von Ilija Trojanow und Susann Urban. Auslassungen innerhalb geschlossener Textpartien sind durch eckige Klammern gekennzeichnet. Die Orthographie folgt den im Nachweisangegebenen Vorlagen.

Aufbrüche

Elizabeth von Arnim: Freiwillig, unfreiwillig*, in: dies.: *Elizabeth auf Rügen*, aus dem Englischen übersetzt von Anna Marie von Welck, Frankfurt am Main/Berlin: Ullstein, 9. Aufl., 1993, S. 7–8. © der deutschen Übersetzung: 1998 List Verlag in der Ullstein Buchverlage GmbH, Berlin.

Lew Tolstoi: Zigeunertraum*, in: ders.: *Krieg und Frieden*, übersetzt von Barbara Conrad, München: Carl Hanser Verlag, 2010, 1. Band, S. 853–854. © Carl Hanser Verlag München 2010.

Max Beerbohm: Spaziergang* (Going Out for a Walk), in: ders.: *And Even Now*, London: Heinemann, 1920, S. 187–193, übersetzt von Susann Urban.

Honoré de Balzac: Theorie des Gehens, in: ders.: *Pathologie des Soziallebens*, übersetzt von Christiana Goldmann, Leipzig: Reclam Verlag, 2002, S. 124–133. © 2002 Philipp Reclam jun. GmbH & Co. KG, Stuttgart.

Tomas Espedal: Gehen, in: ders.: *Gehen: oder die Kunst, ein wildes und poetisches Leben zu führen*, aus dem Norwegischen übersetzt von Paul Berf, Berlin: Matthes und Seitz, 2011, S. 7–8, 25–29. © Matthes& Seitz Berlin Verlagsgesellschaft mbH 2011.

Jean-Jacques Rousseau: Träumereien eines einsam Schweifenden*, in: ders.: *Träumereien eines einsamen Spaziergängers*, übersetzt von Ulrich Bossier, Leipzig: Reclam 2003, S. 21–26. © 2003 Philipp Reclam jun. GmbH & Co. KG, Stuttgart.

Will Self: Mein Vater war ein Wandersmann* (*Raised to be a Walker*), in: Duncan Minshull (Hg.): *The Burning Leg*, London: Hesperus Press 2010, S. 5– 6, übersetzt von Susann Urban.

Rebecca Solnit: Wanderlust, aus: dies.: *Wanderlust. A History of Walking*, London: Penguin 2001, S. 6–10, übersetzt von Susann Urban. Mit freundlicher Genehmigung von MSB Matthes & Seitz Berlin: Rebecca Solnit. Wanderlust. Aus dem Englischen von Daniel Fastner © 2019 MSB Matthes & Seitz Berlin Verlagsgesellschaft mbH.

Henry David Thoreau: *Vom Spazieren.* Übersetzt aus dem Amerikanischen von Dirk van Gunsteren, Zürich: Diogenes Verlag, 2001, S. 12–15, 19–24, 90. Copyright der deutschsprachigen Übersetzung: © 2001, 2004 Diogenes Verlag AG Zürich.

Robert Louis Stevenson: Vom Wandern, in: ders.: *Reise mit einem Esel durch die Cevennen*, aus dem Englischen übersetzt von Hans-Joachim Polleichtner, Hannover: hohesufer.com 2009, S. 168–178. Mit freundlicher Genehmigung von Hans-Joachim Polleichtner.

Charles Fletcher Lummis: Wanderung quer durch die USA*, in: ders.: *Tramp Across the Continent*, New York: Charles Scribner's Sons, 1892, S. 1–3, 4–7, 15–16, 29–30, übersetzt von Susann Urban.

Michael Holzach: *Deutschland umsonst. Zu Fuß und ohne Geld durch ein Wohlstandsland*, München: Malik Verlag, 2011. S. 14–16. © Hoffmann und Campe Verlag, Hamburg 1982.

Jeremy Seal: Mäandern*, in: ders.: *Meander: East to West Along a Turkish River*, London: Chatto& Windus 2012, S. 51–54, übersetzt von Susann Urban.

Mark Mason: Die Landkarte als Kunst betrachtet*, in: ders.: *Walk the lines. The London Underground, Overground*, London: Random House, 2011, S. 51–56, übersetzt von Susann Urban.

Andrzej Stasiuk: *Unterwegs nach Babadag*, übersetzt von Renate Schmidgall, Frankfurt am Main: Suhrkamp Verlag, 2005,

S. 14–15. © der deutschen Ausgabe Suhrkamp Verlag Frankfurt am Main 2005.

Edward Thomas: Über Wege und Straßen*, in: ders.: *The Icknield Way*, London: Constable& Co., 1913, S. 1–5, 27–28, übersetzt von Susann Urban.

Alan Booth: Die Straße nach Sata*, in: ders.: *The Roads to Sata. A 2000-Mile Walk Through Japan*, Kodansha usa, 1997, S. 37–40, übersetzt von Susann Urban.

Betrachtungen

Jacob Haafner: Reise zu Fuß durch die Insel Ceylon, übersetzt von Thomas Kohl, Mainz: Verlag der Gutenberg Buchhandlung, 2004. S. 96– 97, 110–115. Mit freundlicher Genehmigung von Dr. Thomas Kohl.

Curt Grottewitz: Sonntage eines Großstädters in der Natur, herausgegeben von Wilhelm Bölsche, Berlin: J. H. W. Dietz Nachf., 1925.

Bodo Hell: Zum Bärenloch tour/retour. Originalbeitrag, 2014. © Bodo Hell.

Jürgen von der Wense: *Wanderjahre,* Berlin: Matthes& Seitz, 2006, S. 203–204, 238–242. © 2006 Matthes& Seitz Berlin Verlagsgesellschaft mbH.

Peter Handke: Der große Wald, in: ders.: *Die Lehre der Sainte-Victoire*, Frankfurt am Main: Suhrkamp, 1980. S. 93–102. © Suhrkamp Verlag Frankfurt am Main 1980.

Robert MacFarlane: Die alten Wege noch, die alten Stege noch*, in: ders.: *The Old Ways. A Journey on Foot*, London: Penguin 2013, S. 62–68, übersetzt von Susann Urban. Mit freundlicher Genehmigung von MSB Matthes & Seitz Berlin: Robert Macfarlane. *Alte Wege.* Aus dem Englischen von Andreas Jandl und Frank Sievers. In der Reihe Naturkunden erschienen,

herausgegeben von Judith Schalansky. © 2016 MSB Matthes & Seitz Berlin Verlagsgesellschaft mbH.
Patrick L. Fermor: *Die Zeit der Gaben. Zu Fuß nach Konstantinopel: Von Hoek van Holland an die mittlere Donau*, Deutsch von Manfred Allié, Zürich: Dörlemann Verlag, 2005. S. 154–160. © der deutschen Ausgabe: 2005 by Dörlemann Verlag ag, Zürich.

Meditationen

Georg Büchner: Lenz, in: ders.: *Nachgelassene Schriften*, Frankfurt am Main: J. D. Sauerländer's Verlag 1850, S. 201–203.
John Clare: In Essex, um Essex und um Essex herum*, in: ders.: *John Clare by Himself*, (hg. Eric Robinson und Davin Powell) Rontledge, New York 2002, S. 258–264, übersetzt von Susann Urban.
Charles Dickens: Nächtliche Streifzüge, in: ders.: *Reisender ohne Gewerbe*, herausgegeben und aus dem Englischen übersetzt von Melanie Walz, Verlag C. H. Beck, München 2012, S. 70–84.
Jack London: *Das Feuer im Schnee,* übersetzt von Erwin Magnus, München: dtv 1977, Seite 78–104 (Auszüge).
Annie Dillard: Expedition zum Pol*, in: dies.: *Teaching a Stone to Talk. Expeditions and Encounters*, New York: Harper & Row 1982, übersetzt von Susann Urban. Mit freundlicher Genehmigung von MSB Matthes & Seitz Berlin: Annie Dillard. Teaching a stone to talk. Aus dem Englischen von Karen Nölle. © 2022 MSB Matthes & Seitz Berlin Verlagsgesellschaft mbH.
Adalbert Stifter: *Bergkristall,* in: ders.: *Bunte Steine*, Pest: Verlag von Gustav Heckenast 1870, S. 198–203.
Thomas Hardy: *Auf verschlungenen Pfaden,* aus dem Englischen übersetzt von Helga Schulz. München: dtv, 1996/2015. S. 369–374. © 1996 dtv Verlagsgesellschaft, München.

Esther Kinsky: Am Fluß, Berlin: Matthes & Seitz, 2014, S. 40–44. © 2014 Matthes& Seitz Berlin Verlagsgesellschaft mbH.
W. G. Sebald: Die Ringe des Saturn. *Eine englische Wallfahrt*, München: Carl Hanser, 2015. S. 213–215. © Carl Hanser Verlag München 2015.

Spaziergänge

Robert Walser: Der Spaziergang, in: ders.: *Sämtliche Werke in Einzelausgaben*. Herausgegeben von Jochen Greven. Band 5, S. 7–15. Mit freundlicher Genehmigung der Robert Walser-Stiftung, Bern © Suhrkamp Verlag Zürich 1978 und 1985.
Thomas Rosenlöcher: *Die Wiederentdeckung des Gehens beim Wandern. Harzreise*, Frankfurt am Main: Suhrkamp, 1991, S. 23–25. © Suhrkamp Verlag Frankfurt am Main 1991.
Franz Hessel: *Spazieren in Berlin,* Leipzig und Wien: Verlag Dr. Hans Epstein, 1929, S. 7.
Jacques Réda: Les ruines de Paris. Die Ruinen von Paris, übersetzt von der Gruppe »Transports« und herausgegeben von Wolfram Nitsch, Passau: Verlag Karl Stutz, 2007, S. 7–13. Mit freundlicher Genehmigung von Karl Stutz.
Louis Aragon: Pariser Landleben, Le Paysan de Paris, übersetzt von Rudolf Wittkopf, München: Rogner& Bernhard bei Zweitausendeins, 1969, S. 82–85. © Mirjam Wittkopf.
Edgar Allan Poe: Der Mensch in der Menge, (*The Man of the Crowd*) in: *Burton's Gentleman's Magazine*, Philadelphia 1840, übersetzt von Susann Urban.
Virginia Woolf: Der Tod des Falters, in: dies.: *Der Tod des Falters. Essays*, herausgegeben von Klaus Reichert. Deutsch von Hannelore Faden, © S. Fischer Verlag GmbH, Frankfurt am Main 1997, S. 9–12.

Teju Cole: *Open City,* aus dem Amerikanischen von Christine Richter-Nilsson, Berlin: Suhrkamp, 2012, S. 9–15. © 2011, Teju Cole. © der deutschen Ausgabe Suhrkamp Verlag Berlin 2012.

Entbehrungen

Ma Jian: Lockende Ferne, in: ders.: *Red Dust*, übersetzt von Barbara Heller, München SchirmerGraf, 2009, S. 134–141. © Ma Jian.

Hector Malot: Heimatlos, aus dem Französischen übersetzt von Paul Moritz, bearbeitet von Gerd F. Rumler, München: dtv, 7. Auflage, 1988, S. 104–107. © der Bearbeitung: 1980 dtv Verlagsgesellschaft, München.

Fynes Moryson: Regenroute. Zitiert nach: Herbert und Inge Schwarzwälder: *Reise und Reisende in Nordwestdeutschland bis 1620*, Hildesheim: Lax Verlag, Band 1, 1987.

Werner Herzog: *Vom Gehen im Eis,* München: Carl Hanser Verlag, 1978/2012, S. 9–12, 32–35, 103. © Carl Hanser Verlag München 2012.

Michel Vieuchange: *Smara – verbotene Stadt,* hsrg. v. Jean Vieuchange, übersetzt von Wilhelm Otto von Riedemann, Stuttgart: Klett-Cotta, 1995, S. 32–35, 46 f., 62– 68.

Mary Kingsley: *Die grünen Mauern meiner Flüsse. Aufzeichnungen aus Westafrika,* übersetzt von Ulrike Budde und Angelika Felenda, herausgegeben von Ulrike Budde, München: Bertelsmann, 1989. Mit freundlicher Genehmigung von Ulrike Budde.

Verwandlungen

Matsuo Bashô: *Auf schmalen Pfaden durchs Hinterland,* aus dem Japanischen übersetzt sowie mit einer Einführung und Annotationen versehen von G. S. Dombrady, Mainz: Dieterich'sche Verlagsbuchhandlung, 5. Auflage 2014.

Johann Gottfried Seume: *Spaziergang nach Syrakus,* Braunschweig und Leipzig: Vieweg 1803, S. 36–38, 40–42, 111–114.

James Holman: Vesuv*, in: *Fühlend sehe ich die Welt. Die Aufzeichnungen des blinden Weltreisenden James Holman,* herausgegeben von Ilija Trojanow und Susann Urban, übersetzt von Susann Urban, München: Malik, 2010, S. 41–51. © 2010 Piper Verlag GmbH, München.

Christoph Ransmayr: Nachrichten aus der Höhe, Passagen aus *Der fliegende Berg* unter dem Titel *Nachrichten aus der Höhe.* © S. Fischer Verlag GmbH, Frankfurt am Main 2006.

Colin Thubron: *Ein Berg in Tibet. Zu Fuß durch den Himalaya zum heiligen Berg Kailash*, übersetzt von Werner Löcher-Lawrence, Ostfildern: Dumont, 2014, S. 190, 195–197.

Alexandra David-Néel: *Mein Weg durch Himmel und Hölle,* aus dem Französischen übersetzt von Ada Ditzen, München: Droemer Knaur, 1999, S. 50– 60. © Scherz Verlag, Bern 1983. Alle Rechte vorbehalten S. Fischer Verlag GmbH, Frankfurt am Main.

Karl Philipp Moritz: *Reisen eines Deutschen durch England im Jahre 1782,* Friedrich Maurer, Berlin 1785, S. 236–240.

Jack Kerouac: *Gammler, Zen und hohe Berge,* ins Deutsche übersetzt von Werner Burckhardt, Bearbeitung von Michael Kellner. Reinbek bei Hamburg: Rowohlt, 1996, S. 12, 19–21. © 1963, 2010 Rowohlt Verlag GmbH, Hamburg.

Der Verlag hat sich bemüht, die Inhaber der Nutzungsrechte für die Texte zu ermitteln und deren Veröffentlichungsgenehmigungen einzuholen. Falls dies in einzelnen Fällen nicht gelungen sein sollte, bitten wir die Inhaber der Rechte, sich an den Verlag zu wenden.

Durch Welt und Wiese oder Reisen zu Fuß
ist als ORIGINALAUSGABE im Oktober 2015 als dreihundertsiebzigster Band der ANDEREN BIBLIOTHEK erschienen.

Als EXTRADRUCK wurde *Durch Welt und Wiese* im Mai 2021 wiederaufgelegt.

Die Herausgabe lag in den Händen von Christian Döring. Gemeinsam mit Linda Vogt besorgte er die Redaktion.

Wir bedanken uns auch bei Susann Urban für die Übersetzung vieler Texte aus dem Englischen für diesen Band.

Ilija Trojanow, der gemeinsam mit Susann Urban *Durch Wald und Wiese* zusammengestellt hat, wurde 1965 in Bulgarien geboren und wuchs in Deutschland und Nairobi auf.
Sein 2006 erschienener Roman *Der Weltensammler* machte ihn bekannt, sein literarisches und essayistisches Werk wurde vielfach ausgezeichnet. 2015 veröffentlichte er den Roman *Macht und Widerstand.*

In der Anderen Bibliothek erschien von ihm 2007 als Band 269 *Nomade auf vier Kontinenten. Auf den Spuren von Sir Richard Francis Burton.*

Wir bedanken uns für die Abdruckgenehmigungen.

Dieses Buch wurde von Katja von Ruville, Frankfurt am Main, mit der Schrift DTL Documenta gesetzt und gestaltet.
Schlaufe und Bezug gestaltete Katja Holst, Frankfurt am Main.
Die Herstellung betreute Katja Jaeger, Berlin.

Gedruckt und gebunden wurde bei Friedrich Pustet GmbH & Co. KG, Regensburg.
Als Inhaltspapier wurde 90 g/m² Munken Premium Creme der Firma Arctic Paper verwendet.

ISBN 978-3-8477-2033-1
AB – Die Andere Bibliothek GmbH & Co. KG
Berlin 2021

Extradrucke der Anderen Bibliothek
№ 370

Die Geschichte der 1985 von Hans Magnus Enzensberger und dem Schriftsetzer, Drucker und Verleger Franz Greno noch im Bleisatz aus der Taufe gehobenen Buchreihe DIE ANDERE BIBLIOTHEK ist längst zum Bestandteil unserer deutschsprachigen Lesekultur geworden.

Monat für Monat ist seitdem ein Band erschienen.
Seit Januar 2011 wählt Christian Döring monatlich sein Buch aus und gibt es im neuen Verlag DIE ANDERE BIBLIOTHEK unter dem Dach des Aufbau Hauses am Berliner Moritzplatz heraus.

Das Programm der ANDEREN BIBLIOTHEK folgt inhaltlich seit Anbeginn nur einem Maßstab: Genre-, epochen- und kulturraumübergreifend wird entdeckt und wiederentdeckt, die branchenübliche Einteilung in Sachbuch und Literatur hat nie interessiert, nur Originalität und Qualität sollen zählen.

– Jeden Monat erscheint ein neuer Band, von den besten Buchkünstlern gestaltet.
– Die ORIGINALAUSGABE erscheint in einer einmaligen Auflage von 3.333 Exemplaren, limitiert und nummeriert.

Sind die limitierten und nummerierten ORIGINALAUSGABEN vergriffen, bieten wir Ihnen unsere EXTRADRUCKE der ANDEREN BIBLIOTHEK, damit Sie alle an den Erfolgen unserer schönen Bücher teilhaben können. Gewohnte beste Inhalte, durchgesehen und aktualisiert, zum moderaten Preis in einer fein bedruckten Ausgabe.

Unser Vorschlag:
Werden Sie Mitglied im Club unserer Abonnenten, so erhalten Sie garantiert jede ORIGINALAUSGABE zum Vorzugspreis. Und als persönliches Dankeschön: eine unserer Prachtausgaben im Folioformat.

030 / 28 394–229

info@die-andere-bibliothek.de
www.die-andere-bibliothek.de